視野　起於前瞻，成於繼往知來

Find directions with a broader **VIEW**

寶鼎出版

地下經濟

透析全球網路拍賣、攤販文化、山寨仿冒、水貨走私、盜版猖獗的金錢帝國

羅伯特・紐沃夫 著

林豊智／張維書／王淑儀 譯

Robert Neuwirth

STEALTH OF NATIONS

The Global Rise of the Informal Economy

目錄 CONTENTS

D體系的商業規模充滿許多衝突——看似重要卻被輕視，明明是開放的交易過程卻充滿恐懼，看似小規模交易的背後卻連結著全球供應鏈，維繫許多人的生計來源；諷刺的是，大多數經濟學者、企業經理人與政治人物，卻往往忽視這一切。

A等級、B計畫、C中盤、D體系與E維他命

全世界地下交易的總值高達數十億美元。由此推論，在全球化的影響下，D體系的總價值恐怕已接近十兆美元之多，僅次於總價值十四兆美元的美國。不過，兩者的差距正逐年縮小；如果美國再不趕快從低迷的經濟景氣中振奮，D體系很可能會在這個世紀超越美國。

展的過程中，人們習慣將各種不同的賺錢方法汙名化；我們只嘉許成功的人，卻很少讚賞努力奮鬥的人。但是，當你面臨經濟困頓的瓶頸，卻仍期許自己可以擁有更好的生活時，一切都是值得嘉許的。

D體系就是實際的生活，不但活絡了經濟，也讓更多人有機會進入市場，從事交易行為。應該要在互動的過程中，討論彼此的關係與貿易合作，進而重新定位發展；因為有組織的商業行為，才能讓我們有足夠的經濟能力維持生計。

對喬治而言，就像對經濟學家彼得•鮑爾（Peter Bauer）所言，大部分的官員往往戴著西方世界的眼罩在看待非洲、拉丁美洲、亞洲的商業。但是當你、觀察他們的群體，D體系反而是個成為極度高效率的團體現——他們熟知自己的需求。

【推薦序一】

許嘉棟

台灣金融研訓院董事長

與本書出版社素無淵源，之所以應允寫序，純因受本書之內容吸引，且過去亦曾做過相關之研究（台灣的民間借貸）而起。

本書英文書名為*Stealth of Nations*。Stealth為「隱密」、「隱身」的意思，書名要找到國人熟知的通俗中文譯名並不容易；又書中作者對其所描述的經濟體系，又一直以罕為人知的「D體系」名之，故而譯者取書名副標題的Informal Economy，將本書書名譯為「地下經濟」。

作者在書中說明，所謂「D體系」是流傳於非洲法語系國家與中南美地區的俚語，指的是該等地區所盛行，未向政府登記、沒被納入管理、以現金支付，且不繳稅的生產與交易活動，以及其所形成的經濟體系。經濟學文獻上與此種經濟體系相近的用詞，包括了非正式（Informal）、未納入管理（Unregulated）或無組織（Unorganized）之體系，或簡稱其為黑市（Black Market）、地下經濟（Underground Economy）或影子經濟（Shadow Economy），並將同時兼有D體系，以及現代化、有組織、被納入管理的正式體系兩者的經濟，稱為雙元經濟體（Dual Economy）。

D體系普遍存在於較貧困、落後的未開發國家、正發展中地區、先進國家的發展初期，甚至先進國家的發展落後地區。由於此體系具有不受規範、不繳稅的特質，故多予人落後、製造髒亂、逃漏稅，以及破壞市容與公共秩序之不良印象，甚且易讓人將之與盜版仿冒、走私、販毒等非法活動相互聯想，但是此一體系亦扮演了許多正面的功能：它為不計其數的社會底層人士提供了維持生計與就業的機會，也因而活絡了整體經濟、提高消費力與經濟景氣。此外，社會底層在此體系中，鮮少接受政府協助，獨自努力奮鬥，展現旺盛的生命力，此種精神亦頗值得稱道。事實上，「英雄不怕出身低」，出身D體系，終至事業有成，轉型升級進入「正式體系」的事例全球隨處可見。而由D體系演化為雙元經濟，再進化為現代化經濟體系，原本也就是全球所有已開發國家，過去由落後逐漸邁向先進，皆曾經歷過的發展過程。

正因D體系亦存在不少正面功能，而且全球賴此體系維生的民眾難以勝數，其交易量及經濟規模在全球經濟中占有相當地位，因此，世人及各國決策者對此體系實應多予了解、包容、體諒，進而對此體系提供必要的輔導，協助紓緩、解決其所面臨的困難與問題，提升D體系的生產力與運作效率。

本書對非洲、拉丁美洲、中國，甚至美國的D體系如何運作，以及社會底層人士是如何在努力奮鬥維生的內容，有極深入、精彩的描述；作者對D體系的功過、政府與社會應如何看待、面對D體系，以及如何處理D體系產出的問題，也提出不少值得省思的看法。雖然我個人未必完全認同作者在書中的所有觀點，但本書確實值得一讀，故為之序，並予推薦。

【推薦序二】

林建甫

臺灣大學經濟系教授、臺灣大學人文社會高等研究院副院長

如果你是一個喜歡聽故事的人，那這是一本你該看的書；因為這本書充滿了故事。如果你是一個喜歡旅行，考察風土民情的人，那這也是一本你該看的書；因為這本書充滿了各地的風土民情。如果你是位商業人士，這本書你更應該看；因為這些故事、這些風土民情，都是圍繞在商業的事情在打轉，能給你啟發。

有人類的地方就有經濟活動。經濟社會的演進從漁獵採集發展到農業社會，到工業社會，商業交易都是無時無刻不在發生。透過貿易，不論是以物易物或是用金錢做媒介的商業活動，不管合法不合法都是交易雙方都得到了好處。只要有需求，就會創造供給來滿足。另一方面，只要有供給，也都會想盡辦法創造需求來進行銷售。這是古今往來，顛撲不破的真理。只是習慣在台灣或是制度化先進國家生活的我們，實在有點難想像作者羅伯特．紐沃夫（Robert Neuwirth）描述的各項「地下經濟」。

因此，這本書可以讓你大開眼界。讀完這本書，你或許會發現，在辦公室上班，擁有一份穩定的收入、或自己開店營業，規矩開發票、繳稅，有勞健保和退休金，這種我們視為正常的經濟制度是不正常的。因為全世界有一大半的人口都是在使用非正規的經濟體系，從事地下經濟

【推薦序二】

許嘉棟 台灣金融研訓院董事長

的工作。羅伯特·紐沃夫把它冠上個好聽的法語名詞 débrouillards（足智多謀），意味著是充滿創造力的經濟模式，簡稱「D體系」。

過去，我們傾向於認為，販賣毒品、賣淫、槍枝的走私、犯罪非法所得，才是地下經濟。但羅伯特·紐沃夫 的這本大作展示了全球大規模存在非正規經濟體系中的各項交易。書中詳實的描述世界各地攤販、市集、夜市的買賣生活，各個開發中國家的新興城市是如何的在自給自足。例如成千上萬的非洲人前往中國購買手機、3C 產品及汽車配件等物品，然後通過各式各樣的祕密通道運回自己的國家。巴拉圭的數百名商家如何走私各式各樣的物品跨越邊境的運到巴西。連在美國都有大量被裁員的失業者，沒有任何工作許可證，卻大量使用推特（Twitter）來販賣自製的食品。而數十家大型知名的跨國公司的物流也透過街角的報攤亭、小販將產品交到消費者手中。書中引用的估計數據，全世界地下經濟約有十萬億美元的年產值規模，是僅次於美國的世界第二大經濟體。

為了瞭寫詳細的地下經濟運作模式，羅伯特·紐沃夫花了四年的時間，明察暗訪街頭市集、和世界各地的走私者鬼混，探詢地下經濟的網絡，才有辦法完成如此生動活潑的著作。尤有進者，羅伯特·紐沃夫也有淵博的歷史知識，他的研究明確的指出，這種非正式的地下經濟，可以追溯到只要有人類存在，就有這樣的貿易交易；而且利用這些不成文的規則運作，有時反而可以順利有效地來提供基本的服務、關鍵的就業，來填補正式體系的空白。他的文筆流暢，妙筆生花，引經據典，言之有物，信手拈來，論證極為精彩。

然而有關這種全球化地下經濟的形成及未來發展趨勢，是書中較少探究的。我的論點是，一九七九年鄧小平的改革開放，讓中國成為世界的大工廠、甚至是今天世界的大市場。而一九八九柏林圍牆倒下來，蘇聯解體，東歐共產國家開始轉型，沉睡的勞動力釋出，進入市場經濟，推波助瀾的開啟大量生產，大量需求的時代。之後，伴隨全球化的浪潮，各種產品就開啟在各國的通路往來。但跨境的關稅、繁文縟節的手續，跟不上變化，正式制度的建立或舊有的改革速度相對緩慢，因此地下經濟於焉成形。加上前述的需求創造供給，供給也回過頭來創造需求，活絡的地下經濟於是欣欣向榮的開展出來。

未來，雖然WTO（世界貿易組織）的自由貿易規則，一體適用仍然相當困難。但隨著區域的自由貿易區（RTA）、雙邊自由貿易協定（FTA）的普及，跨國關稅大量減低及各國租稅制度的合理化，地下經濟終要被規範。畢竟為確保產品品質及責任歸屬，產地證明、產品來源，販賣者的資料，甚至退貨服務，都必須清楚的交代，消費者權益才有辦法保障。

台灣經濟發展到今天，買賣已經有良好的制度規範及保障。對比地下經濟的各項描述，我們應慶幸不規範的地下經濟，我們已經走出來。但是太多的法條束縛，很多創新也綁手綁腳，造成最近緩慢的經濟增長。這是我們現在面臨的挑戰。為了突破困境，我國政府剛推出「自由經濟示範區」，希望藉此能釋放出台灣的經濟活力，讓台灣的經濟更上一層樓。我們樂觀其成。

【推薦序三】

李顯峰

臺灣大學經濟系副教授

經濟成長率能完全反映經濟實力嗎？答案是否定的。地球上每個角落裡，街頭巷尾的攤販或是醒目招牌的公司交易行為都是人類經濟活動的一環，長久以來交易活動逐漸演進約定成俗，相當多的交易活動卻未記錄在官方的統計數據中。「地下經濟」不必然都是非法或有害人類社會的一些經濟活動，大部分只是沒有正式統計納入官方的統計數據而已，何況政府的不完備法規常常落後於實際的經濟活動，這些交易活動對經濟社會的演進及發展也發揮一些正面的功能。

作者應用法語（débrouillards，形容積極有效率、足智多謀的人）的觀念，將這樣的非正式經濟交易活動稱為「D體系」，推論在全球各地的交易金額可能高達十兆美元，大到僅次於美國的一年國民生產毛額，令人不能加以忽視。接續引起思考的問題是，D體系彌補及潤滑了經濟活動，走私、山寨文化的盛行，究竟這些市場交易違背一般的道德規範的價值嗎？會打擊創新研發的誘因嗎？其次，D體系是社會結構中的一環，它的運作效率是否有助於降低城鄉的貧富差距？這些交易活動導致價格破壞——價格一再被殺低——是否會打擊追求利潤動機，未來新的商業經營模式為何？這個體系是否只是經濟發展過程中的一個階段，未來能繼續生存嗎？

但另一方面，全球許多地區甚至美國的鄉村地區也藉著D體系維生，活絡了經濟，全球有不少人依賴在這樣的體系中維持生計，甚至能改善生活，使更多人有能力進入正式組織的市場從事交易行為。隨著全球化及經濟發展，各國的所得分配不均顯現日益不均的現象，D體系也提供部分人民生存的工具。

本書的內容生動有趣，結合經濟理論與全球各地的事例，挑戰現有的市場經濟的固定思維，可以提供經濟發展理論與政策的重要補充教材，增進了解全球化過程中生產者與消費者的角色及功能。D體系無處不在，雖然各國政府都設法想將其納入合法交易體系內，但D體系不會完全消失的。非正式經濟活動在演變的過程中，一部分演化逐漸納入合法交易體系內，也有促進成長的功能。另方面，它有助於彌補解決部分全球化過程中失業及不均的難題，但它需要協助更為透明化，隨著D體系共存互蒙其利，人類社會才能發展得更為美好。

【推薦序四】

郭國興 文化大學國貿系副教授、日本東京大學特任客座副教授

本書以細膩手法及鮮明例證，深入描述地下經濟在我們周遭日常生活中的運作情形，引領讀者一窺金字塔底層勞工最真實的謀生模式。而作者生動的述事方式，於書中赤裸裸鋪陳所觀察及訪談地下經濟之交易內幕，更讓世人審視地下經濟活動與正規經濟部門之交互依存與影響態勢。值全球化風潮，跨國企業蔚為國際經濟運行核心主軸之際，作者願投入數年心力，探索多數弱勢族群所依附之地下經濟活動，個人予以高度肯定。

【推薦序五】

尹乃菁 九八新聞台「今晚亮菁菁」節目主持人

作者喊出「芝麻開門」的密語，帶領我們進入全球「地下經濟」寶庫；當主流經濟體系失能、衰退，寶庫的金礦，會是另類救亡的解藥嗎？

【推薦序六】

康文炳

《今周刊》執行副總編輯

真實的財經，存在著兩個世界。一個檯面上的世界，盡是例行公事及繁文縟節；一個檯面下的世界，充滿著無例可循的挑戰和蓬勃的生機。如果你已經聽膩了學院派的僵固教條，歡迎來到《地下經濟》的世界！

【推薦序七】

蘭萱

中廣「蘭萱時間」節目主持人

就算你常買被警察追著跑的LBT，看到它在全球創造形同第二大經濟體的驚人產值，仍會感到訝異；即便你愛逛晨昏夜市跳蚤市場，閱讀書中一幕幕生猛活跳荒謬炫惑的交易場景在城市邊緣搏命上演，還是目瞪口呆。

傲人的全球化經濟秩序正在眼前崩壞；陽光照不到的夜晚和角落，古老地下經濟卻從一片混亂脫序的生存遊戲中頑強地逆勢成長。本書試著描繪這個灰色世界並提出重要思考：在貧富拉大失業蔓延的現代經濟裡，不合法沒繳稅的攤商小販是否更符合經濟弱勢者就業與消費的公平需求？如果是，一個太陽有沒有同時照亮地上地下兩個世界的那麼一天。

Chapter

01

全球清倉大拍賣

一國在政策完善的前提下，可以經由社會分工提高產量，進而達到全國均富的理想，使人民過著安居樂業的生活……。高度社會化的強國裡，即使是最基層的技術工程師，或辛苦付出勞力的藍領階級，企業也會充分保障他們的工作，使生活無虞匱乏。

——《國富論》

D體系的商業規模充滿許多衝突——看似重要卻被輕視，明明是開放的交易過程卻充滿恐懼，看似小規模交易的背後卻連結著全球供應鏈，維繫許多人的生計來源；諷刺的是，大多數經濟學者、企業經理人與政治人物，卻往往忽視這一切。

放眼望去，攤子上琳瑯滿目的商品讓人看得眼花撩亂，除了餅乾、氣球、電池式刮毛球機、布娃娃、光碟、特價筆記本，還有小包裝的洗衣粉、滅蟑劑、鼠餌，以及面膜。不只如此，就連新鮮水果、手指玩偶、太陽眼鏡、放大鏡、NuBra隱形胸罩，以及裝在貝殼保麗龍盒裡的凱文．克萊（Calvin Klein）仿冒古龍水，都不難在雜亂的商品堆裡發現它們的蹤影。你一定想不到，這些沒有商品主題、讓人摸不著頭緒的攤販背後，其實都默默地支持著某群人，或是某些家庭的生計。

一位沿街叫賣溜溜笛的小販，吹著刺耳嘲諷般的笛音吸引客人上門；每分鐘七次、一天七小時吹個不停……。對街有個高大的男人正佇足在堆積如山的衣服前，用沙啞的聲音賣力嘶吼著，「便宜內衣！便宜內衣！」他的隔壁是個販賣盜版混音錄音帶的小販，只是簡陋地用個托盤盛裝他的商品，再透過車用電瓶供電的音響，播放著嘈雜的音樂。一旁，兩個女人正不亦樂乎地把玩著手中的金屬製玩具，她們將這個小玩意兒拋向空中，又驚又喜地對著它發出的響尾蛇喀啦喀啦聲響呼聲連連（註1）。

街角邊，兩個小販商人正透過簡單的塑膠發射台，向路過的行人展示他們所賣的小型直升機，只見這小飛機酷炫地施展技藝，隨著氣流上升、起降，接著瘋狂的旋轉。廣場上的小販，手裡握著超大型的勺子（外觀有點兒像乒乓球拍），吹出一個又一個幾乎與孩子體型一般大小的肥皂泡泡。只見晶瑩剔透的大泡泡在陽光下閃著如夢似幻的彩虹般色彩，搖搖晃地飄啊飄，最後瞬間化為烏有……

克勞蒂亞．尤瑞雅斯（Claudia Urias）是街頭市集發展與改善非營利機構「Univinco」的祕書長。她在不遠處的六樓辦公室落地窗前，眉頭深鎖地看著眼前人聲鼎沸的熱鬧街頭，忍不住搖頭嘆息說，「這實在是太混亂了！」

儘管對這條街瞭若指掌，克勞蒂亞還是低估了這裡的一切。這條位於巴西聖保羅市中心的三月二十五日街（Rua 25 de Março）（註2），其實真的只是表面「看起來」非常混亂而已。每天，來自四面八方的零售商會聚集在此進行採購，只因為這裡可以買到各式各樣的商品，不是在別處買不到，就是價格出乎意料之外的昂貴。在這裡，無論是零售商或批發商，彼此間好像有著絕佳的默契，遵循著不成文的規定與時程，合作無間地互相配合。仔細觀察就會發現，這裡的混亂彷彿……經過精心策劃。

03:00 ~ 05:00 街頭市集開幕

市場早在破曉前就開始活動了。清晨三點半，四個男子齊聚在泰曼杜瓦太河畔的街頭市集小巷，腳下踩著剛剝下的新鮮洋蔥皮，儘管味道刺鼻，但卻對他們絲毫沒有任何影響。接著，他們從一處殘破不堪的倉庫裡搬出幾十個壓扁的木箱，以及外觀斑駁的染色塑膠板。他們用繩子將這些物品雜亂無章地綁在手推車上，沿著水星大道穿越河流，最後抵達三月二十五日街。一到現場，只見他們手腳俐落地快速將一塊一塊塑膠板堆疊在木箱上，當作臨時桌子；不一會兒功夫，三月二十五日街到阿布都斯卡辛指揮官街的人行道上，已經搭出兩排臨時攤位了。

接下的場景不難想像，就像是完成了隆重的開幕儀式，開啟街道市集活絡的一天。很快的，所有聖保羅批發市場的盜版唱片與光碟攤販商，在短短幾分鐘內迅速地抵達這裡；一群人齊聚麵包車旁，就這麼大喇喇地賣起走私品。其他扛著行李徒步而來的小販，也紛紛各自找到滿意的位置，然後一股腦兒地將袋子攤在桌上大喊，「就這裡啦！」一聲響徹天際的大喊，就好像賽馬現場「砰」的一聲槍響，宣布開市營業。可別小看這裡！一兩天前戲院剛上檔的首輪電影票，也可以在這裡買得到呢！

大約清晨四點，愛迪生．拉莫斯．達托拉（Edison Ramos Dattora）已經在桌旁準備就緒。他是個無照的街頭攤商，大約二十年前開始在這個上班族通勤必經的朱利葉斯地鐵站落腳，販售巧克力、服飾與小禮品；轉眼間，已經過了十五年。直到三年前他念頭一轉，才開始在街頭販售利潤更高的音樂與盜版電影光碟；後來因為生意太好，擔任銷售員工作的妻子索性辭去正職，全心全意幫忙他經營生意。不久前，他們夫妻倆為了追求更好的生活，於是決定開始朝向批發銷售領域發展；因為只有這樣，他的妻子才能稱職地扮演好母親的角色，在家照顧年幼的兒子。

他們花了五十分（註3）巴西幣（大約相當於新臺幣十元）買入一片盜版光碟片，然後再以兩倍價錢賣出。他們通常會分頭進行，以便能提供城市裡的小販們更充裕的貨源；遇到特別節日，甚至還會集中人力與資源供貨。

雖然他們常會被警察或電影公司檢舉，但愛迪生卻對這一份工作引以為傲，並堅持他們認真經營生意的理念。這點與他的妻子先前任職銷售員的工作，道理是相同的。

他說，「在商言商，任何生意都是以賺錢為目的，只不過方法不同而已。」愛迪生從小在巴西中部的農村長大，從來沒想過這一份街頭擺攤的工作能為他帶來做夢也想不到的生活品質——他不但在巴西中部最大的城市買了棟公寓，還在近郊擁有一間別墅（別墅目前出租給別人，希望租金能多少補貼家裡的開銷）；此外，他們還有銀行的存款帳戶與信用卡。老實說，雖然愛迪生的積蓄已足夠他在歐洲街頭再闖一線相同的生意；不過他告訴我，就算再怎麼熱愛冒險旅程，目前還是暫時不考慮這麼做。畢竟，「還是巴西的生意好做」，他說。

正當他在回答我的問題時，三個巴西警察正巧經過聖伊菲珊妮雅天橋，準備前往對街的安亞卡巴巫市中心公園。愛迪生瞬間保持緘默，並且機警地用大腿上的粉紅色背包蓋住手上的商品，目不轉睛地盯著警察走向天橋的另一端後，才若無其事地繼續剛才的話題。

大約一小時後，愛迪生完成與供應商的供貨交易。隨後，另一位攤商珍狄拉（Jandira）開著小貨車出現，開始了她今天的生意；一星期工作六天，數十年如一日，即使都是重覆相同的動作，她依然無怨無悔。

她每天必須將車子停在市場同一處角落的停車位後，再拉開貨車後門做生意。街頭工作的人們與他們的顧客，都是她的主要客源。她的商品包括小蛋糕與麵包（每天製作二十五個麵包、十八種不同口味的蛋糕，包括巧克力蛋糕、巧克力香草大理石蛋糕，以及橙香蛋糕等），以及她的招牌咖啡「cafezinho」（其實只不過是加了大量果糖的黑咖啡或拿鐵而已）。

這些點心的定價都不超過一美元，像是一塊蛋糕只賣一元雷亞爾幣（註4），一杯咖啡也只要五十分巴西幣。儘管如此，低價策略仍為她帶來豐盈的利潤。她一邊準備橙香蛋糕，一邊自在地與我閒聊，她說，「這個工作不但讓我買了兩輛新車，還讓我買了米納斯吉拉斯（距離聖保羅市北邊大約五百公里）旁的一棟別墅；不但如此，我的孩子還因此有機會就讀私立學校呢！」

這個販售仿冒品的市集營業時間很短暫，通常在日出前就結束了。打烊後，那些早上在市集開市後火速消失的搬運工又會重回這裡，在一陣討價還價與叫喊中，逐一向每個攤商收取手續費。一旦攤販們完成付款並騰出自己的位置，這些壯漢便會再度將木箱與板子堆在人行道兩旁，熟練地將東西固定在手推車上，然後推著這些簡陋的設備過河，最後回到泰曼杜瓦太河畔那個充滿刺鼻洋蔥味的街頭市集小巷內。

除了少數零星攤販聚集在一棟建築物大門前，正與晚到的供應商迅速地進行交易。其他攤販大都已快速離開市集。清晨五點半（距離開市不過兩小時左右的光景），要不是水溝還散落著塑膠光碟外殼殘骸，實在很難看出這裡曾經是賣盜版商品的市場。

時間還很早呢！那些專門撿拾資源回收的人在街上來回地穿梭，尋找紙箱、塑膠與金屬等物品，準備再轉賣給收購廢棄品的商人；偶爾可以看到這些人坐在街道中央的店舖門口抽菸打盹兒，小憩片刻。雖然市中心還很安靜，但是三月二十五日街早就已經準備好迎接另一波街頭商人了。

05:00～7:00　中盤商進場

中國商人進入，開啟第二波銷售喧鬧聲。

不到六點，他們就已經抵達這裡，拉著折疊式推車，上頭堆滿貨物跟摺疊桌，儼然一群聲勢浩大的行動攤販團體。這些中國商人所販售的商品不同於稍早的盜版光碟，有人賣手鐲、有人賣背包，還有人賣的是太陽眼鏡。

攤位大都提供時下最流行的商品，像是紐約洋基隊的迷彩帽、綠橙兩色相間的彩格披肩，以及其他少見圖騰、仿冒巴西職業足球隊（例如哥林多人隊、帕梅拉斯隊、山度士隊等）的運動衫。這些商品幾可亂真，除非從顏色暈開的印刷瑕疵，或是模糊的標誌等細微處觀察，否則很難直覺判斷它們是仿名牌貨的劣質品。由於這些攤販沒有能力負擔大量買賣，也沒有專屬的倉庫可以存放商品；因此，他們只能向街上更小的攤販與小規模零售業者兜售商品。

舉例來說，賣太陽眼鏡的小販，可在兩條街外的凱羅斯參議員大道進貨便宜的太陽眼鏡（商店早上九點開門，規定最低進貨量是每款二十副）。中國商人在這裡可以直接用五元雷亞爾幣交易三副太陽眼鏡（以一．七元雷亞爾幣兌換一美元的匯率計算，一副太陽眼鏡大約只要一美元；如此一來，小販們大約還有百分之七十五的利潤）。因為有三月二十五日街中盤商的協助，因此這些無力負擔大量進貨與存貨的下游小供應商，才得以單次進貨多款、每款少量的方式取得貨源；當他們回到當地轉售給鄰居時，還是可以回收可觀的利潤。

中國商人僅需在三月二十五日街短暫停留大約一小時。他們從早上七點開始忙著打包自己的貨物後，大舉遷離。不過七點半左右，除了現場少數零星商家，大多數的商人都已推著自己超載的推車，步向大教堂斜坡下的商業混合大樓區（中盤商囤貨處）。

07:00～09:00 合法與非法的競爭

現在這條街已再次準備迎戰下一輪活動。

此時，終於有合法的供應商攤販進駐。雖然多達八十個攤商領有殘障執照，被允許能在三月二十五日街做生意，但其中只有極少數是真正的殘障人士。大多數的攤商營業執照與街頭營業權，早已被私底下轉售或轉租給其他四肢健全（還能推著手推車）的攤販。這些攤販會僱用搬運工，推著已經備貨一整晚的推車，從鄰近的停車場進駐到自己位在街上的合法攤位。推車上的貨物早在前一晚就被妥善地覆蓋藍色防水布，主要目的是預防貨物能在惡劣的環境被完善保存良好。

八點鐘一到，街上最大的合法商店——阿馬利歐．法蘭杜，也開始營業了；這家店專門販售學校用品、文具、電器跟家用品。店裡有個不成文的規定——絕對禁止攤販在門口的人行道上臨時擺攤（無論時間長短）。

同一時間，十幾個穿著橘色連身裝的市政府衛生單位專員，聚集在商店邊。他們手裡拿著硬豬鬃掃把、長柄鐵鏟，以及塑膠垃圾桶，大步穿越大街，清理街上的紙箱、盜版光碟殘骸、吃剩的玉米、木瓜皮、椰子殼，以及鄰近果菜批發市場遺留下來的破箱子。

八點半，一些無照小販陸續抵達現場，為這條街帶來些微雜亂，卻充滿吸引力的奇特氛圍。保羅．羅伯特（Paulo Roberto）就站在門牌八百二十一號的辦公室外，每天七小時重覆相同的動作——向大理石外牆拋出塑膠蜘蛛人小玩具。這些身高僅四吋的塑膠小蜘蛛人，紅色的四肢帶有黏性，可以黏附在物體上並持續幾秒鐘後再往下墜。當第一個小蜘蛛人開始下墜尚未彈回保羅的腰間前，他會接著向外牆高處再丟出下一個；很快地，牆上就會同時出現黏滿十幾個小蜘蛛人的熱鬧景象。由於這些小玩具會靠著地心引力搖搖晃晃地逐漸緩慢下墜，因此保羅完全不需要扯破喉嚨大聲叫賣（比起大聲叫賣，牆上展示這些玩具小人們的宣傳效果好多了）。你相信嗎？這些玩具彷彿經歷一趟奇幻的冒險旅程；它們在中國製造，接著被進口到巴拉圭，經過走私越過巴西邊境，最後被卡車載到聖保羅市中心。

保羅告訴我，他以每個八十分巴西幣（相當於五十美分）的成本買進這些玩具，然後再以每個二元五十分雷亞爾幣，或三個五元雷亞爾幣的售價賣出。如果順利，一天幾乎可以賺進百分之兩百的利潤。不過因為街上還有其他攤販在賣相同的玩具，激烈的競爭環境已經影響了他的商品銷售速度。保羅不願透露他的收入。「還過得去啦！」是他對我的提問，唯一做出的回應。

不遠處的阿方索指揮官街角，總會有個老人在相同的地點賣著兩種整人玩具——逼真的塑膠狗大便，以及用手拉就能發出雞叫聲的玩具。他必須每天一次又一次不斷地重覆拉著拉環；屈指算算，一天至少需要拉個上百次到上千次。雨天時，大部分的攤販都會離開馬路到屋簷下躲雨，唯獨老人還是帶著他的玩具們，技巧性地用著他的脖子夾著傘遮雨，繼續一次又一次地拉著拉環，兜售這些玩具。

纖瘦的馬爾西歐（Marcio）則在另外一邊，頂著灰色的凱薩大帝髮型，帶著道歉般的靦腆笑容，在阿馬利歐．法蘭杜折扣店門口附近的街道徘徊。他手裡拿著裝滿筆的架子（因為他沒有桌子，所以不會受到阿馬利歐．法蘭杜商店的不成文規定影響），數十年如一日，在三月二十五日街上老老實實地做著自己的生意。馬爾西歐透過鄰近的批發商，以每個五十分巴西幣的價格，批貨他所要販賣的筆，然後再以每個一元雷亞爾幣的價錢（相當於七十美分）賣出（他的售價比合法商店便宜）。生意好的時候，每天大概可以賣出五十枝筆，平均可以為他賺進二十元雷亞爾幣（相當於十二美元）。換句話說，他只花了零碎的時間在街上叫賣，賺進的報酬幾乎相當於巴西當地的最低薪資（想當然爾，既然不用繳稅，他所賺的一定比最低薪資高了）。

現在的時間是九點零八分，對清晨的攤販供應商來說，這個時候已經相當晚了。但因為小販整個大白天都必須做生意，所以，他們還是徘徊在他們的販賣地點附近。此時，街上的合法商店也拉起了鐵門，開始做生意。

此時，該是珍狄拉離開的時候了，她必須快速打包東西，以免被員警驅趕。有些時候，警察甚至會來得更早，以便可以驅趕在此做生意的珍狄拉、中國中盤商，以及其他供應商。通常，小販們會在這個時候放下手邊的生意，一起走上街等待，直到警察離開。當然了，這些警察也不是笨蛋，偶爾也會偽裝成小販，然後在市集開始交易後強力掃蕩。

遇到這樣的情況，小販們會機靈地翻倒桌子，銷毀所有來不及收拾的仿冒品後立刻閃人。現在，珍狄拉一邊拉下小貨車的帆布，一邊對著還在吃蛋糕與喝咖啡的顧客們播放輕快的廣播「親愛的，明天請再度光臨」，然後開車離開。但是，她的工作還沒有結束。返抵家門後，珍狄拉還必須清理塑膠蛋糕盤、用沸水消毒咖啡壺，並繼續準備明天要用的蛋糕與麵包。之後她才有時間充分休息，以便來得及在日出前打包好熱騰騰的食物與咖啡，將新鮮的商品呈現給顧客。

就在珍狄拉驅車返家的同時，人群也開始聚集在格萊里亞購物中心（這是全市場最古老的室內購物中心）的門口了。這個六層樓的購物中心在一九六二年開幕，由於商人們在這裡進貨可以拿到低於批發價的價格，因此在當年可以說是大家心中的競爭力指標。目前，格萊里亞購物中心主要是以販賣手機、電子用品、玩具，以及小飾品為主。

格萊里亞購物中心內至少有數百間店鋪，每天少說也有五萬名顧客會到這裡買東西，甚至就連無照的小販（馬爾西歐就是最好的例子），也會來這裡採購。還有一個有趣的現象，就是在雷雨來臨前，無論是小供應商，或是合法的小販，總是不約而同地在一樓的批發攤前排隊等待進貨——一包十二把，每把一元雷亞爾幣的雨傘。

因為像珍狄拉、保羅這類無照的小販都是現金交易，因此他們不需要繳納所得稅，或負擔其他營業費用支出。相較之下，大多數合法商家（例如，格萊里亞購物中心裡的店家，以及一些合法營業的公司行號）就需要負擔較重的營業稅。但是這並不代表無照的小販們做的就是正當的生意。雷金納德．貢薩爾維斯（Reginaldo Goncalves）是利迪普拉男爵街上東方世界購物商業大樓（該大樓被規劃用來供應格萊里亞購物中心內的高科技產品）的大樓經理，他要求所有想進商場營業的店家，必須在承租攤位前提出自己的營業執照；不過他也承認，這個要求根本沒有堅持的必要。他解釋，「巴西市場廣為流傳的一句俗話，『如果百分之百合法營業，你的生意將無法在此環境生存。』其實，我的本意並不是要求他們要百分之百合法營業，但是他們還是應該要有政府核准的營業執照。」「但現在，這些商家們只是自顧自的做生意」他聳聳肩，對我比了一個「非禮勿視、非禮勿聽、非禮勿言」的手勢，接著說，「他們這麼做，我可不負法律責任。」

根深柢固的地下經濟

雖然雷金納德對這裡的商業模式沒有責任，但是他的評論卻點出一個重點——這根本無關是否合法的問題，因為這裡的店家關係錯綜複雜。房東向從事非法生意的店家收取租金並無不妥；再說，合法店家也是心甘情願供應非法市場所需。

舉例來說，這裡的五金行所展示的各式各樣手推車與手拉貨車，非常受到無照街頭攤商歡迎；折扣店裡不定期推出一整區的折疊桌、輕鋼架與塑膠架，也非常受到盜版光碟攤商好評（因為架上可以展示光碟的空殼吸引顧客，遇到警察取締強行扣留時，你也沒有任何損失）。還有店家出售厚帆布，讓小販得以用來覆蓋商品，避免無預警的豪大雨淋毀商品。此外，也有合法的飲料經銷商，透過批發的方式提供小販成箱的汽水與啤酒，好讓他們可以賣給市場裡的消費者解渴。至於當地的停車場與商業大樓，也會在非營業時間出租空間給這些小販，充當臨時倉庫儲放貨物。攤販們甚至可以利用擦鞋亭或書報攤提供的小時計費服務，來藏匿自己的貨包。當地有個店家非常有商業頭腦，他壟斷紙箱市場，並提供小販紙箱作為臨時販賣桌，展示一些重量較輕的商品。如果不幸遇到警察臨檢，也可以很方便地一把抓起展示品迅速離開現場；如此一來，頂多也只會損失五十分巴西幣（相當於三十美分）而已。

烈日當頭，三月二十五日街的生意越來越旺，遇上遊牧民族般的叫賣小販進場時，其他小販會很識相地搬到別處繼續生意。傍晚時，這樣的情況還會再次重演，老人忙著打包他的塑膠狗大便與雞叫聲玩具、馬爾西歐帶著他的筆、保羅率領他的塑膠蜘蛛人大陣仗、……；幾乎在同一時間，大家很有默契地打包商品，然後迅速丟進帆布袋拎走。

街上的人群不但不會因此減少，反而越來越多。小玩具與文具用品對下午的客群較不具吸引力，這對盜版光碟小販來說是再好不過的機會了。此時，愛迪生這類盜版光碟小販會重返街上，向這群白天在市中心工作，下班回家前找小樂子的上班族兜售。愛迪生旁的一處流動攤販們，則會販賣塑膠玩具、PlayStation 與 Xbox 的遊戲光碟、打折的超低價電腦作業系統、絨毛填充娃娃，以及仿冒名牌背包等商品。

日落西下，市場慢慢恢復平靜。入夜後，這裡幾乎完全休市，越夜越靜，就連三月二十五日街附近的道路也一樣，就這麼維持著詭異的寧靜氛圍。一直到隔天凌晨三點半，四個壯漢再度出現在街頭，愛迪生、珍狄拉、保羅、馬爾西歐，以及其他人陸續重回現場做生意，繼續日復一日不變的熟悉場景……

歷經三個世紀，流動攤販已成為聖保羅市中心的一部分了。

十七世紀時，小販在城中的窄巷內販賣商品與家用品，農夫則在連接城內外的吊橋兩端架起臨時展示桌，販售自家生產的蔬菜。如今，市中心發展成商業區，房仲業者不但將昔日的跳蚤市場炒作成高科技商業區，甚至還僱用警衛驅趕小販。

特別是對那些為了生計不得不屈服的流動攤販而言，中東移民所建立的這個新商圈的地理位置，剛好座落在陡峻的山丘下，並延伸至泰曼杜瓦太河邊，無疑是最好的遷徙區；這裡存在已久的沿街叫賣模式，很容易讓人聯想到黎巴嫩首都貝魯特（註5）裡的古老露天市場。也難怪，新遷徙的小販們可以很快地融入當地生活，開始他們的生意。

三月二十五日街的命名，最早是為了紀念巴西帝王日多祿一世（Emperor Dom Pedro I）在一八二四年三月二十五日核准的首部巴西憲法，現在卻演變成非法商業市集，這樣的轉變讓人匪夷所思。當時還曾經在這條柏油道路上舉辦過市集呢！如今，絕大多數市集還是繞著這些區域的外圍做生意。一百年過去了，依舊沒有法律允許這些市集在此持續經營；小販們因此肆無忌憚地無照開店，既沒有登記，也不用繳稅……

根據小販的說法，這個市集彷彿約定俗成維持不變的「傳統」：小販不用繳稅（甚至連保護費、營業稅等其他費用都不需要繳交），就可以在人行道旁做生意。

愛迪生向我描述整個商圈的營運模式，「你只要隨口問問，『我可以在你旁邊設攤嗎？』只要沒有任何異議，當下你就可以立刻開業。」（不過，如果有人持反對意見，而你又堅持非得在此擺攤，那麼可能就得先經過一場激烈的鬥毆了）。

馬爾西歐坦白地告訴我，因為他不需要負擔在阿馬利歐・法蘭杜商店外擺攤的權利金，所以他的東西可以賣得比大賣場更便宜。珍狄拉也說，她原本在距離這裡數個路口之遠的地方擺攤，後來因為原本占領這個駐點的人離開了，她才有機會到此做生意。照慣例，她可以使用這個據點，直到她不想做為止。

愛迪生告訴我，在這條街上，除了領取身心障礙者營業執照所必須支付給政府的費用，以及仿冒品批發商繳交給搬運工的規費（付錢請搬運工每天幫他們搭設臨時展示桌，並在市集結束後搬離；還有支付租金給洋蔥中盤商，感謝他們每天提供空間存放這些簡陋設備），其他一切免費。

根據統計，三月二十五日街從週一到週五，平均會吸引至少四十萬名顧客消費（週六的人數更多）；更別提在特別節慶（例如嘉年華會），每天少說也會吸引上百萬名顧客。就連克勞蒂亞也曾經說過，「他們不是為了逛街，而是特地前來這裡買東西的。」

根據她的推論，市場裡總共有八千個零售商，其中至少有八成，不是無照營業，就是用了某些方法躲避商業登記；每年為自己賺進一百七十億元雷亞爾幣（將近一百億美元）營業額。巴西是強國，不但擁有一．九億人口，還有雄厚的工業背景，如果把這裡當作是企業個體，那麼這條街上的商業活動所產出的經濟總和，已經足夠與巴西最強的五個國營事業體系互相抗衡了。

全球化規模的D體系

一天即將結束，這裡依舊人聲鼎沸。就像那個小販吹出的大泡泡，這裡的一切的確非常與眾不同。泡泡肥皂水、不時發出討人厭聲音的整人玩具、像蝴蝶標本般展示在保麗龍盒裡的仿冒古龍水、電影明星小公仔、一箱箱放滿山寨足球運動衫與棒球帽的紙箱，以及猶如聖誕老人所背的麻袋裡的盜版光碟等，都必須長途跋涉繞過大半個地球被送到這棟大樓，最後才能在三月二十五日街上以更便宜的價格出售。小販、顧客、搬運工，甚至是常到這裡找麻煩的警察，這些人共同創造出這條街的特殊環境。

其實，需要耗費龐大的人力與物力，才能將全世界所有事物匯集於此，塑造出這個商業環境。也就是說，如果將生產每件商品的所有國家、城市，甚至村落裡的勞工都列入計算，那麼這個地方的經濟規模，何止數千萬，應該遠遠超過數億，甚至是數十億之多吧！

就像那些肥皂泡泡，這裡實踐了另類的經濟模式，你越是想接觸它，它越是容易消失不見；它不但逾越了法律範疇，而且還與合法商業環境維繫著錯綜複雜的關聯，靠著小規模的銷售活動與薄利多銷，累積龐大財富。只是，這樣的商業規模又充滿許多衝突——看似重要卻被輕視，明明是開放的交易過程卻充滿恐懼，看似小規模交易的背後卻連結著全球供應鏈，維繫許多人的生計來源；諷刺的是，大多數經濟學者、企業經理人與政治人物，卻往往忽視這一切。

我們稱它為「D體系」（System D）。

註1　這種名為「novas brincadeiras」的玩意兒，是葡萄牙語所指的「新的整人玩具」。外觀僅僅用橡皮筋簡單地將兩個松果狀金屬綁在一起，孩子因為它發出的響尾蛇嘈雜聲響而感到新奇，常因此惹得媽媽與學校老師生氣發飆。

註2　巴西聖保羅市中心的「Rua Vinte e Cinco de Março」，又名「Rua 25 de Março」，是當地著名的街道市集區。

註3　「centavo」是菲律賓與拉丁美洲的貨幣單位，簡稱「分」。

註4　「Reai」是巴西目前通用的貨幣，葡萄牙語發音為「黑奧」。

註5　貝魯特是中東地區的重要商業、銀行與財經中心；不少跨國企業都會將中東總部設在這裡。

Chapter

02

A等級、B計畫、C中盤、D體系與E維他命

任何時候，從事危險交易行為的商人，可能都會為了不得不將真實狀況揭露在陽光下，而感到憂慮。因為這麼一來，他們的商譽不但可能隨即瓦解，預測計畫也可能面臨失敗的命運。

——《國富論》

全世界地下交易的總值高達數十億美元。由此推論，在全球化的影響下，D體系的總價值恐怕已接近十兆美元之多，僅次於總價值十四兆美元的美國。不過，兩者的差距正逐年縮小；如果美國再不趕快從低迷的經濟景氣中振奮，D體系很可能會在這個世紀超越美國。

你也許從來沒有聽過「D體系」這個名詞。在開始採訪這些世界上的街頭小販與無照市場前，我也對這個名詞相當陌生。

什麼是D體系

「D體系」這個名詞，是非洲法語系國家與加勒比海地區流傳的俚語，法國人常常會用「débrouillards」（註1）這個單字，來形容有效率與積極的人；目的是告訴人們，這個人非常聰明，而且滿懷策略。早期法國殖民地也會用這個字來反映他們所屬的社會與經濟現況；他們稱這些有創造力、自發性的創業商人是「策略經濟學」的一部分，因為他們既沒有登記、也不受政府官僚管控，更不用繳納營業稅金。為了更具體形容街頭生活的模式，於是使用了由充滿創造力的經濟模式延伸而來的「D體系」這個名詞；擁有即時性、自力更生，以及自己動手做等特質。有些非常知名的主廚甚至還會拿這個字來形容他們隨手取材廚房現有食材，創造即興美食料理所需要的精湛技巧與愉悅心情。

我喜歡這個名詞，因為它帶有一點輕快步調，以及容易讓人產生共鳴的感覺。就如同三月二十五日街（Rua 25 de Março）的一切，沒有登記營業的市場，以及街頭攤販的景象，一切絕非偶然發生，而是腦力、適應力、自製力與團體合作等元素激盪出來的產物，應運而生符合現實的不成文規定；按照字面意思解讀，這就是一個完整的D體系。

D體系曾經相當微小，原本的意思是指婦女在市集賣胡蘿蔔賺取微薄收入，屬於鋌而走險的經濟模式。但是隨著交易擴張，並且向全球化發展，D體系的規模也逐漸升級。今日D體系不但是讓人充滿憧憬的經濟模式，而且充滿就業機會。

二〇〇九年，全世界三十個最有權力的國家，組成了經濟合作暨發展組織（Organisation for Economic Co-operation and Development，OECD，簡稱經合組織），致力發展自由貿易制度。根據該組織的統計，全世界大約有百分之五十的人口（相當於十八億人），曾經在D體系付出勞力。簡單的說，這些人都在從事沒有登記、沒有規範、現金支付與不用繳稅的工作。在很多國家（尤其是發展中的國家），D體系相較於其他經濟模式更快速地成長，並在世界貿易市場裡逐漸占有一席之地，具有舉足輕重的力量。特別是在經歷了二〇〇八至二〇〇九年經濟恐慌後，更突顯出D體系的重要應對機制。根據德意志銀行（德國最大的商業融資銀行）在二〇〇九年的一份研究報告指出，相較於擁有良好商業制度的國家，歐盟會員國裡那些從事未登記且未受商業行為規範的國家，在二〇〇八年的經濟蕭條中發展得更好。而在拉丁美洲國家的研究報告中也顯示，最近的經濟恐慌期間，絕望的民眾大都轉向D體系尋求生存之道。

在二十一世紀，以臨時工會為主的自發性系統，將是都市發展中最為重要的一環。二十世紀工廠員工在負責的崗位上貢獻一生的舊標準，已經瀕臨絕種。在中國，即使許多工廠提供優於務農的薪資前景，也不能保證這份工作能永遠存在。誰也無法保證，究竟何種工作占盡優勢。於是，零工、創業、顧問、兼差與補貼收入等性質的工作相繼出現。OECD預測在二〇二〇年，全世界有三分之二的勞動人口會投入D體系。D體系內沒有跨國公司、沒有沃巴克斯（註2）與比爾蓋茲（Bill Gates）、沒有因為政府干涉而產生的職業層級。在明確了解它的規模後，如果我們還一味地刻意忽略它，可能無法討論發展、成長、永續經營與全球化。

經濟學之父亞當．史密斯（Adam Smith）在一七七六年出版《國富論》（*The Wealth of Nations*）時，就已經察覺到這個問題。他寫道，「我們必須持續觀察各國中產階級以下族群的消費規模，因為無論是該族群的數量或創造出的價值，都遠遠超過中產階級以上的族群。」儘管如此，大多數的經濟學者還是不願意承認D體系在合法的財務名單裡占有一席之地。任教於荷蘭鹿特丹伊茲拉瑪斯大學教授藝術與文化經濟學的阿傑・克萊門（Arjo Klamer）教授曾在他最新的著作裡寫道，「經濟學是一門選擇的社會科學，教導人們如何分配有限資源。」說明經濟學家所面對最重要的課題，是要探討人類如何能在有限的資源下求生存。

D體系與非正式經濟體系之間的差異

世界上大多數經濟學大師常常會將D體系納入灰色地帶；英國人類學家基斯・哈特（Keith Hart）稱之為「非正式經濟」。

當基斯在一九七〇年初創造這個名詞時，他自認是找到了一個不會受到強烈質疑的名詞，來形容這個充滿活力的經濟體系。他發現非洲迦納阿克拉市裡的一些攤販、小販、推銷員，以及其他生意人，都沒有固定的營業地點。他們就在道路的兩旁做起生意，既沒有向政府登記，也不受政府法令規範。他創造這個名詞的目的，不是要汙衊這個族群，而是希望社會承認這種自利更生的經濟體系。

儘管如此，基斯還是不自覺地把路邊的小販，與從事檯面下犯罪行為這類非正式經濟的商業活動混為一談。雖然人們譴責那些在十字路口兜售柳丁且隱匿收入的幼童遊走法律邊緣，但在現實生活中，聯合壟斷的企業也同樣不合法；又如三月二十五日街兜售塑膠蜘蛛人玩具的保羅・

羅伯特（Paulo Roberto），雖然他沒有合法執照，但是世界上許多惡棍，不也一樣無照持有槍械。事實上，那些迴避政府管轄，並且不繳納稅金的小販，他們從事的工作與那些惡棍全然不同，而且沒有任何關係。若真的要說有關係，恐怕也只能勉強說，這些小販與「camelos」（葡萄牙語，指攤販），都跟小偷一樣不合法。這種種連結，都影響了學術研究與大眾刊物的內容。即使歐洲南部對移民與街頭經濟的最新一份研究報告中指出，「地下經濟與誤入岐途的人們之間，是有關聯的」，但至今仍沒有足夠證據可以顯示出兩者之間有任何關係。

同樣的狀況，也發生在二〇一〇年十二月二十七日的土耳其報紙《自由日報》（*Hürriyet*，以報導八卦新聞起家），報導指出，「沒有經過合法登記的經濟活動，已經在世界各地造成嚴重問題。」但文章只是簡單比較土耳其與其他國家境內的非正式經濟規模，並沒有任何證據顯示問題如何產生。然而，這篇簡單的報導卻已經影響許多讀者相信問題確實存在；於是，越來越多在街頭從事流動商業行為的街頭市集，逐漸被視為是陰暗不可告人的活動。

一個賣胡蘿蔔的女人並不會對任何人造成威脅；的確，我們或許會形容她是一個白手起家、值得尊敬的創業者，或是努力工作養家的好母親。但是，就在她與地下經濟活動扯上關係的那一刻起，她的工作內容似乎開始變得令人質疑。許多的疑問不斷產生，她的貨物從哪裡來？她如何能從如此低廉的售價中賺取利潤？她的胡蘿蔔是不是因為用被汙染的水澆灌，所以才能賣得那麼便宜？她是否曾將批發市場內，批發商淘汰的不新鮮胡蘿蔔混入她自己的商品，好賺取更多利潤？她的東西是偷來的嗎？她的秤有沒有偷斤減兩？因為不是正式的工作，她的生意讓人產生許多質疑。已故的奈及利亞作家兼社會運動者肯・薩羅維瓦（Ken Saro-Wiwa），在他的小說《索沙男孩》（*Sozaboy*）中寫道，「在很久以前，人類的語言很簡單，人民非常快樂。隨著語言越來越複雜，人們擁有的煩惱也越來越多。」儘管背景不同（他過去較常談論如何引發戰爭等政治性演說），他還是抓到其中的精髓。

也許最能忽略「非正式」這個名詞的，是生活在其中的人們。在開發中國家的路旁或混亂市場裡做生意的商人，鮮少有人會了解什麼是非正式的經濟活動。

這個問題非常棘手。於是我前往奈及利亞的拉格斯（註3），開始我人生中首次的難得經驗——探索這個未經許可的經濟世界。

自由經濟體系誕生

剛開始，我花了幾天的時間待在這個非洲大城裡，步行拜訪街頭市集裡的小販，逐一向他們介紹，並說明我正在撰寫有關於非正式經濟體系的書籍。他們無不目瞪口呆地看著我，並且毅然決然地拒絕接受採訪。我的話不但讓他們感覺恐懼，而且好像還會引來許多不必要的麻煩。

很幸運的，我與兩名願意提供協助的當地人一起工作，他們帶著我參觀這個既混亂又狹窄的市場。奧雷米．阿迪商亞（Olayemi Adesanya）與弟他的弟弟泰勒（Taye），簡單地將我的話翻譯成市集裡可以了解的英文。下面是泰勒與其中一位小販的對話，他對小販說，「這個人正在撰寫一篇沒有接受政府協助、獨自努力奮鬥的創業故事。」

經過這個臨場應變的解釋後，泰勒的話很快地得到一些小販的共鳴。

早在數十年前，兩名具有影響力與洞察力的創新經濟思想家，就提出這樣的論點——在這個自由的經濟體系裡，沒有什麼東西是自然發生的；因為這裡的一切都是人為創造出來，並且是經過政府默許的產物。早在一九三〇年，義大利馬克思主義學者安東尼．葛瑞姆斯（Antonio Gramsci）在監獄裡工作時，就分析了當時世界的情況，認為自由的經濟體系根本就是政治下的產物。「放任，也可以視同是引進的強迫立法手段與形式規範。」他在著名的評論《現在的貴族》（*The Modern Prince*）裡寫道，「這是個有意識，並且經過深思熟慮後所產生的政策；而不是經濟行為自利動機下的無意識自我表現。」對安東尼來說，在無法避免，且對自由經濟體系市場有利的前提下，販賣商品顯然有助領導階層在這個範疇延伸他們的權力。

大約十年後，經濟歷史學者卡爾．伯蘭義（Karl Polanyi）從不同論點裡整理出類似的結論。卡爾相信市場的重要性，但是他卻在自己最著名的作品《鉅變：當代政治、經濟的起源》（*The Great Transformation*）裡，批評不該將「自由經濟體系市場」視為是現實世界裡的自然產物。他寫道，「假使社會的本質只是追求利潤，那麼自由的觀念應該只有企業會認同。世界上充斥著具影響力的托拉斯法與獨占事業，殘酷的現實會導致企業的存在變得虛幻不真實。」（與卡爾同時期的經濟學家約瑟夫·熊彼特（Joseph Schumpeter），進一步將此思想濃縮成更驚人的景象，「股票交易市場是取代聖杯的粗糙代替品。」）

卡爾將自由經濟體系市場視為是政治的產物，他認為一味地追求利潤，不但不能將人類從奴隸制度裡解放出來，也無法保證我們不會再用苛刻的評論毒害這個地球。他呼籲，應該將有限的道德與倫理規範建立在財務成就，並將社會價值所要分享的理念導入經濟活動。「市場社會的終結，意味著市場永續存在」，他解釋。「這些永續經營的市場，將不再只是自我調節的經濟機制，而是被用來保證確認消費者自由、標示出需求改變、影響生產者收入，並且作為會計理論的工具。」

無論是何種理論背景，泰勒的話立刻奏效。是中國進口廚具廠商奧斯東（Astron），以及該企業在奈及利亞的業務代表查爾斯·伊利古（Charles Ezeagu）頻頻笑著點點頭，邀請我坐下來聊聊。「非正式」這個名詞無法表達出查爾斯的世界觀。對他來說，奧斯東從來不會進行任何偷偷摸摸、可疑，或者非正式的經濟活動：他認為自己與公司是在開放、獨立，且令人激賞的經營模式下，自力更生地營利生活。

同樣的情況也發生在中國廣州，當時我正與無照的手提包設計公司負責人張伊森，相約在他三元里的公寓社區大門口午餐。張伊森不清楚我的目的是什麼，但是因為我正與他最好的朋友學習中文，所以他答應與我見面。當我告訴他，我正在撰寫一本有關非正式經濟體系的書籍時，他愣了一下，握著手中的筷子對我打量了一番。

他語氣略帶抱怨地說，「為什麼你將它們稱為非正式？」我向他解釋，這是我第一次說出從奧雷米跟泰勒兩兄弟那裡學來的話術。出乎意料之外的，這些話居然神奇地跨越了文化與語言隔閡，施展出它們的魔力。「這個字所說的，就是我。」伊森像參與佈道會似的，舉起他的手對我說，「我既沒有成立公司，也沒有執照，而且我也沒有繳稅」，現場的空氣頓時凝結，我甚至還聽得見從他嘴裡傳來咀嚼苦瓜的清脆聲響。

從非正式經濟體系到D體系

艾康盃（Icompy）是位在巴拉圭的埃斯特城的攤商，每年的營業額高達上千萬，甚至上億美元，負責人艾力克斯．魏（Alex Wei）是我接觸過少數幾個非常熟悉的D體系商人，但是他卻對於這個學術上的名稱顯得相當厭煩。「什麼叫非正式？」他問道。「政府、海關官員與消費者真的了解它嗎？非正式並不代表民眾不了解，事實上每個人都相當清楚。」他想說的話其實是，其實大家都了解什麼是非正式經濟體系，即使不知道這個字的意思，但所有人都知道有人在走私貨物，瞞天過海闖過海關，他們在街上無照販賣這些貨物，並向政府謊報收入。諾貝爾經濟學得主史迪格利茲告訴我，對大多數總部設在美國的企業而言，這似乎已經成為標準化的作業程式。隨著信用卡普及，改變了現金交易的付費方式，因此每筆交易必須記錄在帳簿才算數。約瑟夫說，「我並不覺得在奈及利亞境內會有道德優勢，所以國內的中小企業也正努力朝此方向進行。」

事實上，早在一八五〇年的倫敦，將街上叫賣小販列入街頭市集的記者亨利．梅休（Henry Mayhew），就發現非正式經濟體系比正式經濟體系存在的時間更久，亨利寫道，「這下我才發現，原來店家才是真正的入侵者；他們成功地取代了街上叫賣的小販，成為國家生產流程裡的經銷商。」

即使是基斯，也坦承他所創造的字彙的確有缺點，「『非正式』這個標籤也許是個流行語，但卻是負面的」。他在二〇〇四年某研討會場發表的論文中寫道，「雖然從事非正式經濟活動的人沒有穿傳統服裝、沒有受政府管轄，但並不表示他們需要任何法規。而且這個詞彙也讓我們注意到，在官僚之外，其實有著另一個既正面又保守的不同世界，只是我們的世界並沒有為它定義任何正面的標籤。」

這就是為什麼我打算拋棄「非正式經濟體系」這個名詞，轉而使用「D體系」來取代它的原因。當然，改名字頂多只是類似整形手術的過程，因為在我們的社會裡，語言往往還隱含著更深層的價值觀念。將「非正式經濟體系」重新包裝成「D體系」，最主要的目的是提供去除偏見與批判的機會，因為這樣不但能降低它與犯罪活動之間的連結，同時也有助於推翻那些反對者的論點。

傳統上，D體系已經不適用任何交易協定、勞動基準法、著作權法、產品安全條例、反汙染條例，以及一系列政治、社會與環境政策的規範。D體系的成長，為經濟、商業與統治權帶來一系列挑戰。但是該體系內仍有許多正面的影響。在非洲許多城市（例如拉格斯與奈及利亞），合法商業沒有任何利潤，足以支持它們為第三世界國家引進尖端科技；但是由於存在D體系，才驅使這些國家能逐漸走入現代化的領域。透過D體系從事貿易，部分中國城市已經開始扮演世界工廠與貿易中心的角色。就連弱小、鎖國，且環繞在許多強國之間的巴拉圭，也已開始著手取得D體系的走私管道，希望能從中獲取適當的平衡。

在這個世界上，D體系的含意其實與創業精神和職業相同。或許全球的經濟正在緊縮，但是D體系依然提供就業機會；財力的差距也許是其中的考量，但是D體系卻提供即使是窮人也負擔得起的工藝品；非法居住社區的經濟也許正在成長，但是D體系卻為政府管轄以外的區域提供各種商業機會。相較於任何大企業，D體系甚至提供了更公正、更便宜的商品。世界各地的政府正著手進行公共服務的私有化，並且為大眾提供各種商業服務；因此，D體系也正醞釀著提供一系列相關的公眾服務，搶占各國政府市場，包括垃圾清理、資源回收、大眾運輸，以及其他公共事務等。

D體系正在全球快速興盛

佛雷茲．施奈德（Friedrich Schneider）是奧地利林茨市強尼凱普勒大學的經濟系教授，他花了十多年的時間，計算這些所謂「影子經濟」在世界上的貨幣價值。他承認，這個研究不可能非常準確，部分原因是世界各地的私有企業大都不想向任何人洩漏自己的帳務（大多數成功的D體系商人，非常執著於利潤與損失，他們習慣將所有收入與開銷的會計細節，保存在傳統的分類帳簿裡）。這裡也出現一個定義性的問題，那就是「影子經濟」與合法經濟兩者之間的界線相當模糊，即使誠實納稅，並將自己的利潤攤在陽光下，畢竟還是從無照商人那裡進貨商品，如此豈不是又讓你蒙上陰影？何不試著對政府隱瞞收入的一部分，只誠實申報某些生意？何不嘗試在合法生意外，開始透過D體系銷售商品？

要找到可靠又具形式的分界，其實並不容易，如同基斯最近警告過我的，「想要區分街上兜售柳丁的美麗非洲婦女，以及背著孩子的印度強盜，誰是控制水果交易的人？誰是收取保護費的人？其實相當困難。」

然而，佛雷茲根據他從前的評估經驗，透過篩選所有符合竊盜、強盜與毒品買賣等傳統犯罪特徵，來分辨兩者的不同。這表示，第一流的犯罪很可能會被摒除在他的統計數字以外（只要那些控制水果批發市場的市井流氓，不涉及類似企業聯合壟斷之類的活動）。另外，他也表明，這些統計數字並未包含「非正式的家庭代工」在內；也就是說，如果你為了多賺一些錢，而在家兼差幫忙表姊自營的工廠代工類似結合扣頭與皮帶的工作，那麼你就會被列入這些統計數字內；相反的，如果你在表姊的工廠內幫忙代工的同時，也正在照顧她的小孩，那麼你就不會被列入這些統計數字內。

佛雷茲將這些統計數字，依照不同國家的國內生產毛額（GDP），逐一解釋。他的資料顯示，D體系正在興盛。在發展中國家，D體系從一九九〇年後，每年都在成長。許多的國家的成長速度甚至比官方統計的國民生產毛額高。如果你將這份統計資料（佛雷茲最新的報告在二〇〇六年發表，並且沿用了二〇〇三年的報告資料）應用到世界各國的國民生產毛額，很可能會得到概略性的結果——全世界地下交易的總值高達數十億美元。由此推論，在全球化的影響下，D體系的總價值，恐怕已接近十兆美元之多。

另一個令人震驚的事實，如果視D體系為擁有單一政治結構的獨立國家（姑且稱它為「聯合街道小販共和國」或「集市斯坦」（註4），那麼它將成為全世界的超級經濟大國，或者是世界第二大經濟體系，僅次於總價值十四兆美元的美國。不過，兩者的差距正逐年縮小，如果美國再不趕快從低迷的經濟景氣中振奮，「集市斯坦」很可能會在這個世紀超越美國。

當然，D體系也可能是個國家，甚至是個統一的政治實體。它根深柢固地存在現實世界的非正式協定中；的確，雖然它看似專攻全球政治與經濟的斷層線，但實際上卻是架構破碎、亂無章法，而且相當低調。D體系是個遊走模糊地帶的獨立龐大體系，但卻常常因為法律而綁手綁腳。它囊括了許多小型創業家，帶領他們進入全球貿易的世界；更是全球大多數人口賴以維生的經濟模式，不是企業、政客，或經濟學者管理，而是被平凡的老百姓們所領導。

註1 原意是指「足智多謀」。

註2 沃巴克斯（Oliver 'Daddy' Warbucks），是美國連載四十年漫畫《小孤女安妮》（Little Orphan Annie）中主角安妮的養父，本身為武器原料鈾炮彈和集束彈的最大供應商，以三百六十二億美元（相當於二千八百二十三億港元）的身價，成為最富有的漫畫虛構人物。

註3 拉格斯（Lagos）位於奈及利亞南部沿海奧貢（Ogun）河口，瀕臨貝寧（Benin）灣北側，是奈及利亞最大的港口，也是著名的水上城市，擁有「非洲威尼斯」的美名。現為奈及利亞的經濟、文化與交通中樞。

註4 集市斯坦（Bazaaristan），其中的「Bazaar」，是中亞地區的市集。

Chapter

03

自給自足的城市

想發財的人，絕對不會跑去窮鄉僻壤過著退休般的悠閒生活，反而是會選擇定居在首都或商業城市；只因為他們明白，貧窮的生活圈根本沒有油水可撈。但是，如果這個地方一直在進行著龐大的交易，那可就不同了，至少還能分到一些利潤。

——《國富論》

雖然大多數經濟學家唾棄D體系，辯稱他們是因為沒有登記，所以靠地下經濟維生的族群，才註定要為生存更努力；加上他們的規模太小，所以無法快速成長，導致這些在非洲大陸的創業能量，以及對工作的熱情，才會只能在街道上一展長才。只不過對大多數人來說，D體系的確提供他們一個更美好的未來。

在非洲奈及利亞的拉格斯城市，垃圾車就像是童話故事裡的花衣魔笛手（註1），只見安德魯．沙波魯（Andrew Saboru）正汗水淋漓地跟著垃圾車，前往城市各個角落。他說道，「阿吉龔勒區的垃圾場滿了，所以我跟著他們來到伊索勒區；但是伊索勒區的垃圾場也滿了，所以我又跟著他們來到這裡。」設在道路旁的歐盧所森垃圾場，外觀就像是個被燒焦過的大疤痕，從歐酋塔區的商業區與住宅區延伸至阿勞薩區的拉格斯州政府祕書處附近。「它是非洲奈及利亞境內最大的垃圾掩埋場」，安德魯自豪地說，但是他不敢奢望這裡是自己旅程的終點站，「假使這裡的垃圾場也滿了，我們勢必得再跟著垃圾車前往下一站。」

在他後面，大約有十幾名拾荒者正從垃圾堆裡拖出一包包的垃圾。接著，火焰吞噬了這些廢棄物，濃煙密布延伸數碼之遠，讓我們幾乎看不見垃圾掩埋場盡頭。一整排垃圾車等著卸下今天蒐集而來的垃圾；另外還有一群人聚集在垃圾車後頭，等待著機會拾荒。

自給自足的社會底層

安德魯十六歲就開始了垃圾掩埋場的生活。他在阿吉龔勒區長大，這是個讓拉格斯人談虎色變的地方，即使他們從未去過（事實上，如果有個比垃圾掩埋場更不想去的地方，那大概非阿吉龔勒區莫屬了）。對大多數拉格斯居民來說，阿吉龔勒區是個生活環境極為艱困的地方；不但政府鮮少提供大眾福利，而且沒有任何法律可言，簡直是個犯罪腐敗的釁集之區。

即使阿吉龔勒區是個窮鄉僻壤，但是大多數居民還是安居樂業，而非恐怖傳言般地只會從事暴力犯罪活動。這裡是集合當地民眾力量，所建立的D體系城市近郊社區，居民們大都過著自力更生的生活，憑著泥濘的雙手，從拉格斯瀉湖區捕獲海產維生；同時，他們會在出海口、垃圾掩埋場的泥沙堆裡從事回收工作。即使今天街頭已經鋪上瀝青柏油，但他們還是習慣將雜亂的蘆葦、塑膠袋、垃圾與排泄物，倒入距離他們住家不遠處的沼澤地。此外，這裡也架設了蜘蛛網般的木造行人步道，方便居民在社區村落裡自由行動，而不用非得行走在村裡的主要道路上。雖然這些橋梁提供了民眾方便，但因為不是政府機關所提供，所以依照慣例，橋樑的所有權屬於建造者所有，於是他們在橋樑上搭起收費亭，向路過的民眾索價五奈拉（註2）（相當於三美分）過路費。我有點兒不解，難道世界上還有其他的地方會像這裡，非得付費才能使用人行道嗎？

整個城市就是市場

對許多人來說，拉格斯是地球上最落後、簡陋、髒亂，而且犯罪率最高的地方。但是英國籍的非洲歷史學家貝索．戴維森（Basil Davidson），卻非常熱愛這個非洲大陸，可以從他所有的作品看出端倪。

他回憶，第一次接觸拉格斯是在一九四〇年，當時這裡大約擁有二十萬人口。他說，「當時拉格斯在我看來，就像現在一樣，是個非常可怕的地方。我想世界上任何一個角落，都比這裡好。」即使拉格斯是非戰爭區，卻仍是全世界最危險的地方。就好像是個陰謀者聚集的大城，到處充斥著黑暗、絕望與雙重人格，所有與你接觸的人都像是潛在的威脅──這樣的傳說被居民一遍又一遍地口耳相傳，他們的表情甚至流露出不尋常的自豪。

現在，這個城市的人口已經增加到大約九百至一千七百萬（根據規劃的界線與統計，可能有些微落差）。拉格斯是全世界經濟成長最快速的都市之一（預估每天大約以三千人的數量持續增加），只可惜基礎建設卻沒有跟上人口成長的速度；導致一切幾乎超量負荷——混亂糾結的交通、嚴重的環境汙染，而且居民貧窮得嚇人。

獨裁者製造出一張難以打破、假公濟私的外皮。被摧殘殆盡的人民即使努力掙扎，希望能在腐敗無能的政府體制下求生存，但是政府數十年的軍事獨裁統治，也只會以提高地方賦稅的方法來欺壓百姓。於是，衝撞、賄賂成了在這個城市唯一的生存之道。你被員警擋住去路嗎？那就強行衝撞他吧！你被市井流氓擋住去路嗎？那就強行衝撞他吧！你被政府官員刁難嗎？那就強行衝撞他吧！使用者付費的經濟法則在這裡到處可見，上至高層的政府政策，下至你在街上遇到的三教九流；這一切，讓人民每天生活在威脅之中，苦不堪言。

直到一九九八年，歷經十幾年文官統治後，領導者最後放棄所有權力。奈及利亞的民選總統奧盧塞貢·奧巴桑喬（Olusegun Obasanjo）曾經是個軍事強人，就任後已為人民解決不少較為明顯的生活威脅；儘管如此，外人依舊不容易適應這個城市的生活。

巴士行駛在沒有交通標誌的路上、計程車沒有依照跳表收費（如果你不甘心被騙，也只能透過不斷與司機討價還價的方式，來捍衛自己的權益了）；遇上交通阻塞的時候，人們也只會閃著大燈、猛按喇叭開往對向車道。天候不佳時，拉格斯就像是被覆蓋了維多利亞的棺罩，處處隱藏著危險，讓人喘不過氣。

當你看見拉格斯的第一眼，以至之後的第二眼、第三眼，都會感覺這個城市簡直沒什麼道理可言。在街上穿著拖鞋、短褲、背心與維斯塔帽，並在街角聚集的這群人，可能是無業的惡棍，也可能是公車售票員；在八英尺見方的貨攤內賣著刺繡牛仔褲的女販，也許所賺不多，但她卻可能是剛遠從東方採購回來的跨國企業廠商；在高速公路上追趕車輛的小孩，有可能是個小壞蛋，但也可能只是個想賣點東西的小販。對試圖融入當地的外來者而言，拉格斯看起來就像是個追求微薄收入的人們，所組成的巨大威脅漩渦。

但是只要待得時間夠久，就會對拉格斯逐漸改觀，甚至會覺得曾經看似莫名奇妙的一切混亂，轉眼間好像都變得有道理了（或者，應該是說讓人比較容易理解了）。堵塞的交通依舊令人無法忍受，但是如果從正在發展殖民地建設的城市來看，或許稍微可以釋懷。因為沒有充足的電力供應，所以夜晚的街景到處存在著一股威脅的恐懼氛圍；小路邊攤點著微弱煤油燈，一眼望去，彼此間的空隙距離就像成串的黑洞，訴說著這些攤販營業到深夜的孤寂。犯罪率下降只是一場童話，現實世界根本無法想像。如果馬克思．韋伯（Max Weber）所言正確，「整個城市就是市場」，那麼拉格斯就是最典型的實例。這裡的一切，你都必須親力親為。千萬不要小看泥濘小亭裡打著赤腳的人，因為他很可能就是開發下一個熱銷商品的傳奇人物。

拉格斯驚人的地下經濟實力

拉格斯是世界上最大的街頭市集，這裡所發生的一切（從站在街頭買瓶汽水喝，到與鄰近的攤販寒暄），都代表著「交換」。

不過，這並不表示貧窮不會造成問題。這個城市大都是貧民窟，但是如果只從外表斷定一切，那麼，你就錯了！人們會遷徙到拉格斯，不是沒有原因的，這裡壓抑不住的商業活力，以及一連串交易活動所引起的騷動，處處是商機。而且，這些交易往往就在你身旁進行著，無論是言語、金錢、……。在人氣餐廳裡賣著蕾絲緞帶的婦女、在公車上高談闊論的男人，你可能在轉身的下一秒，就會發現他的真實身分其實是——小販。你壓根兒也想不到，這個男人隨時會從自己的背包裡拿出《思考致富》、《富爸爸，窮爸爸》的譯本，遞給附近的乘客傳閱；當他下車時，說不定早就賣出十幾本書呢！如果每本以兩千奈拉（相當於十五美元）計算，一趟旅程少說也能讓他賺進一百八十美元。

希爾頓飯店附近，經常會上演交通大打結的戲碼，此時小販們就會像遊行般地沿街叫賣方向盤、糖果、食譜、輪胎、報紙與馬桶蓋。我有個想要買車的朋友，他沒有直接向當地的經銷商購買，反而是花了四十五分鐘，搭公車到貝寧共和國的的科托努市；不過是繞過邊境，他就買到了遠從紐約運送而來的休旅車（而且令人驚訝的是，賣方居然提供原廠車）。他付錢請D體系的走私販將車子運過邊界，然後再付錢請另一個D體系的專家將車子合法登記，並完成全車檢查與保養。其他方面，部分維修零件是從街頭市集取得、火星塞則是請路旁雜草堆裡的一間非法經營的車庫工廠工人幫忙換上、刮傷與凹痕在亂砍價後由無照營業的烤漆業者修補、新輪胎與鋼圈是在公共停車場旁的硫化器修理廠更換，至於清洗與打蠟，則是委託離家不遠處的街角搬運工幫忙處裡。

每一道手續都經過討價還價、開玩笑，以及鬼話連篇，最後完成交易。

D體系在我抵達這個城市時，就不停地運作著（無照的計程車司機在穆爾塔拉．穆罕默德市的機場外排班，當我用他的手機撥打當地電話後，他還樂呵呵地向我索價五歐元）；當我離開這裡時，D體系也如影隨形（某D體系的商人的攤位已經占領機場化妝室，賣著一整排的義大利服飾），就好像是……每天在身旁都有近千筆的交易不斷進行著。在這個持續進行交易的世界裡，交雜著令人手足無措、興奮、疲憊、恐怖的緊張刺激；你必須隨時注意街上人潮的多寡，並對那些將你一把拉過去的攤販隨時保持警覺。在這裡，遠近的問候或叫賣聲屢見不鮮——「Onye öcha! Oyibo!」（伊博語或約魯巴語所稱的白人）、「黃先生！比德先生！理查先生！橘子先生！」（最後的稱謂讓我會心一笑，因為這個名字很明顯是學電視上一則非常受歡迎的橘子飲料廣告）；當然了！亂插嘴的壞習慣在當地也就見怪不怪了。這些買賣也許會讓拉格斯變得更混亂、瘋狂，但有時也會讓人感受到侵犯與威脅，不過，這個城市終究是為了買賣應運而生，因此商業行為會持續為這裡的文化重新定義。只要在這裡多花一點兒時間駐足停留，你就會感受到這個城市與此起彼落的買賣緊緊相連——壓抑不住的叫賣聲、中盤商買賣、永不停止的交談與交易……

拉格斯是非洲撒哈拉沙漠以南第一個人口破百萬的城市，也是全世界第一個由D體系所建構的城市。根據官方統計，拉格斯大約有百分之八十的勞動人口在D體系下工作，影響遍及全國。在這裡，光是買賣與交易等經濟活動，就占了奈及利亞百分之七十的國內生產毛額相當於一千四百五十億美元。

世界許多主要城市也曾出現D體系

對D體系而言，這些都是稀鬆平常的事。因為在歷史上，D體系也曾經為許多主要城市的結構重新定義。

舉例來說，古羅馬的後街也曾經像現在的拉格斯，到處充滿狂熱與爭吵的買賣行為。對這個皇城的印象，歷史學家傑洛姆．卡爾寇比諾（Jerome Carcopino）這麼形容：

只要商店一開門，並將展示品擺到街道上，立刻就會帶來一陣人聲鼎沸。在這裡，理髮師可以在馬路上替顧客修剪鬍子。遠從西伯利亞來的叫賣小販，正在街道上用火柴換取玻璃飾品。

料理專賣店的老闆，像是怕你聽不見似的聲嘶力竭吶喊，叫賣他熱鍋裡的香腸。校長與學生們也大聲嚷嚷著。另一頭，專門兌換貨幣的商人正在骯髒的桌角敲打手上那枚刻有尼祿（註3）頭像的硬幣。在別處，打手正奮力用他手上那把閃亮的木槌，將石頭上的金粉搗爛。十字路口正圍著一圈閒人，目瞪口呆地看著別人訓練眼鏡蛇。這裡，到處充斥著鍋匠鐵鎚的敲打聲，以及乞丐向司戰女神貝羅娜（註4）祈禱的顫抖聲音（訴說他的不幸，博取路人同情）。絡繹不絕的行人，川流不息的腳步，匯聚成城市裡的這股洪流。無論晴雨，來自四面八方的人們，都在這個與村落極度不協調的小巷裡，駢肩雜遝來來去去。

就連英國倫敦，也曾經是個D體系的城市。一三〇〇年，數以千計的工廠與企業沒有經過登記，就在後巷如雨後春筍般地興建起來，光是鄰近吉普賽街的非正式流動攤位，就僱用了將近整個城市百分之八的人口。五百年後，當倫敦成為全世界最強的首都與全球貿易城市時，這裡的街道依舊被D體系占據。十九世紀中期，支持改革運動的記者亨利·梅休（Henry Mayhew）描述了這個混雜嘉年華會的歡鬧、乞討的絕望，以及跳蚤市場活力的倫敦街頭生活：

這裡是一處擺著閃閃發亮錫鍋的攤位，另一個攤位則擺著藍色、黃色陶器，以及波光粼粼的白玻璃。沿著人行道排列的，首先是一整排的舊鞋攤位；接著是一排花俏的茶托盤攤位；然後是一間賣著紅色手工藝品，以及藍色格紋襯衫的小店，櫃台就設在店門口的路邊，那裡還有幾個小男童正在向路人乞討。在茶葉專賣店打著數百個猶如地球般的圓形白色燈光，門口站著一位男店員，一面遞著帳單，一面感謝客戶的厚愛，並一再強調店裡的獨特之處。沿著路邊，一整排的無頭假人模特兒，穿著歐式古典服飾與斜紋布夾克，身上的標籤寫著「請看標價」或「品質保證」。後面緊鄰著一間肉品店，一樓的櫥窗裡展示著深紅色與白色肉品，屠夫穿著藍色外套站在櫥窗前，樓上樓下忙碌地來回奔波，並且不斷在鋼板上磨利他腰間的刀子。再往前進一點，可以看到排排站的一家人在路邊行乞；只見父親羞愧地將頭埋在地上，手裡拿著一個裝有路西法（註5）的盒子，小男孩圍著乾淨的圍裙，母親也穿著整齊地忙著為襁褓中的嬰兒餵奶。下一個攤位賣的是白蘿蔔與紅蘋果，接著是新鮮的黃色洋蔥，還有紫色的醃製甘藍菜。大約步行一分鐘，你會遇見一位專賣印滿圖案雨傘的男子；緊接著你會聽到秀場傳來的聲響，然後看到有如圖片所繪的的場景——男孩正透過小圓窗偷窺瑪捷帕的秀場表演，以及保羅・瓊斯（Paul Jones）的海盜紀錄片。後頭的雷管傳來的尖銳爆炸聲，一群年輕人朝著一顆顆白色的堅果開槍試射；片刻過後，會有一個黑人半身穿著白色連身服，手裡拿著傳單在冷風中顫抖，馬路的另外一頭不時傳來弗雷澤馬戲圖的音樂聲。廉價露天音樂會的入口站著一位男子，以近乎懇求的聲音大喊「開場了！開場了！」，裡頭的歌手正準備開始演唱他最喜愛的歌曲「磨刀者」。這些為了生活所產生的暴動、掙扎與爭奪，在喧囂與混亂的週六夜晚，讓人備感迷惑與悲傷。

亨利告訴我，倫敦大約有四萬個街頭攤販，他們的營業額大約介於一百二十五萬至一百五十萬英鎊之間（或者也可以根據類似的零售金額，或以平均收入來計算購買力總額，大約是一億至十億英鎊之間，相當於一億六千萬到十六億美元）。即便是低估也無妨，因為就像亨利所寫的，「如此龐大的金額，簡直讓人不敢置信，我甚至會以為這些人身上所發生的故事是虛構的。」

整個歐洲，D體系幾乎蔓延到每個人的生活裡。歷史學家費爾南．布勞代爾（Fernand Braudel）寫道，「無論有沒有經過允許，小販都能在各地找到做生意的方法，不管是在威尼斯聖馬克大教堂的拱門下，或是在巴黎的新橋上。就像芬蘭鄂博橋上林立的商店，小販總是能輕而易舉地占據橋的兩端。」芬蘭、巴黎，以及威尼斯都這樣了，更遑論是現在的拉格斯，連接拉格斯島與大陸各市鎮的伊庫橋與卡特橋上，也都一直保存著這種恆久不變的商業行為，人們依附這樣的方法維生。

D體系──拾荒與資源回收

無論是中古時期的歐洲，或是現在的拉格斯，這些成堆的垃圾，都為街頭社會最底層的族群帶來工作機會，提供他們長時間、艱困，但卻可以遠離貧窮的一線生機。就像安德魯連續花了十六年的時間，每天十二小時追逐這些資源回收車；其實，這裡有數以百計像他一樣的拾荒者（而且他們都不屬於任何一個團體），安德魯告訴我，「每個人都是為了自己的荷包在工作」。這意味著他和其他的工作者都是獨立工作的勞動者，彼此競爭、決定自己的工時與討價還價。

然而，安德魯下定決心不要永遠當個拾荒者，終於在二〇〇三年，他跨出人生的第一步，遠離垃圾車的生活，從資源回收業畢業，轉型成為一位資源回收商人。他每天長途跋涉到垃圾場，將拾荒者蒐集的東西秤重、按斤計價給付金錢。二〇〇七年，他做了另一次「升級」──用一筆大約十萬奈拉（相當於八百美元）的積蓄，將自己升級為資源回收業的中盤商。安德魯坐在椅子上（椅腳的彈簧就像歪斜的金屬棕櫚葉般）比手畫腳，他身後還有一大堆東西，當然這是那堆廢鐵的其中一部分。終於，他跳過中盤商的剝削，將塑膠賣給中國人、將橡膠賣給回教徒，然後將廢鐵賣給能提供他最好價格的人。過去，當他是一名拾荒者時，整天只能待在垃圾堆裡；現在，他可以更彈性分配自己的時間──上午七點到十點、下午三點到七點（下午是回收業者最忙的時候，因為此時大多數拾荒者急著出售每天撿取的物品）。他每個月投資約十萬奈拉，但是可以回收約十二萬奈拉，淨利近乎百分之二十。在這個城市最骯髒不堪、最噁心的地方工作，安德魯居然可以從他每天回收再利用的廢棄物品中，賺取政府公告最低工資的三倍利潤。

當然，大多數拾荒者所賺其實不多，這也是為什麼安德魯花了十六年的時間，才能存到足夠的積蓄再往上爬。但是，當我走出這個地方時，我遇到一群在這個城市各個角落蒐集金屬的拾荒者。他們在一處簡陋的亭子裡懶洋洋地休息著，等待著蒐集廢鐵的業者帶著秤經過，並遞給他們奈及利亞人口中俗稱的「印度香菸」（其實就是大麻）。

塞貢・緞・彼得斯（Segun Satin Peters），十三年來一直推著他的小貨車穿梭在城市裡；他告訴我，每週大約可以賺取二千到四千奈拉（這意味著，他幾乎可以賺到國家的最低薪資）。某些生意好的時候，可能還會加倍，甚至可以在一星期內賺進大約七千奈拉（這個數字其實是當地政府規定的最低月薪資，他只需要花一星期，就可以賺到手）。

這裡大約有兩千名拾荒者在工作，且還有一些人就住在這裡。你可以看到他們所住的簡陋的木屋（外面還罩著塑膠布包，目的是為了防塵），就在垃圾堆的另一頭。由於這個地方垃圾車開不進來，所以燒垃圾的火勢也不會蔓延到這裡。那些拾荒者對我說，現在我所站著的這個小棚架區域，原來是來自北方的奈及利亞季節性遷徙者豪薩族回教徒所有，他們來到這裡的屠宰場出售獵物，並利用資源回收賺點外快（這部分，安德魯堅持這些豪薩族回教徒沒有住在垃圾場裡，只是剛好使用這些棚架存放物品）。還有另外兩處隸屬於教堂與清真寺的垃圾場，甚至有些流動餐廳，好像是居住在附近的女子嗅到這裡的商機，而來此為拾荒者提供食物。她將帶來的新鮮熟食放在蓋有溼布的桶內販售，避免被其他東西汙染。這些拾荒者大概知道女子餐車的營業時間，所以時間一到，他們就會從四面八方聚集到餐車旁購買餐點。

安德魯不住在垃圾場內。他有一間整齊的小公寓，距離這裡大約只要十分鐘路程。經過繁忙的科科羅杜大道，沿著山下走到奧喬塔，公寓就位在一處名為聯合胡同的死巷內。他與同樣是在垃圾場工作的弟弟住在一起，房間內配備齊全，甚至還有許多舒適的設備，包括吊扇、音響、光碟播放器，以及平面電視等。

奧盧梭孫垃圾山是拉格斯廢棄物管理局所屬的合法財產。但是，這群拾荒者、下游資源回收者，以及其他人，才是讓此處運作的工作者。我對安德魯說，這些人告訴我，他們不但不需要繳交租金、費用，甚至還必須以賄賂的方式來取得每天賴以為生的回收物品；就在此時，安德魯指著一輛緩緩駛近的卡車，一旁還有幾十個拾荒者貪婪地聚集著。「哪有你講的什麼錢？哪有賄賂這檔事？」他激動地回答我，「在這個垃圾裡，沒有人必須支付任何費用，因為這裡一切免費。」

再往垃圾堆前進，拾荒者協會的領袖法泰．庫拉米（Fatai Kunrunmi）滿意地看著這群人越過這個黑褐色的漩渦。「這個季節剛好有風沙」，他解釋；來自撒哈拉沙漠的風在十一月到三月會越過西非，助長焚燒垃圾的火焰，並產生濃厚的黑煙與沙塵。這些刺鼻的空氣與他的圓領T恤形成強烈的對比。「來片維克斯的檸檬片」，他一邊把東西遞給我，一邊說，「為了你的健康，每天服用四次。」

時間來到下午，約莫是接近安德魯開始工作的時間。他遞了一張名片給我，上面沒有秀出任何有關垃圾與資源回收的字眼；我看到他的公司名號「最佳時機投資公司」，目前安德魯正在想辦法增資，希望可以向拾荒者買進更多回收品。「如果你投資五十萬」，他用近似銷售員的語氣對我說，「就可以在一個月內，拿回六十萬的利潤。這筆生意有著非常好的前景，我們需要的就只有增加資本而已。」為此，他在洲際銀行開設了銀行帳戶，這間銀行因為正好有間分行位在科科羅杜路與他的公寓的中間。但是他也知道，自己的公司規模不足以正式登記，所以無論他存了多少錢，洲際銀行還是不可能同意讓他辦理貸款。即使公司規模夠大，銀行還是可能以他缺乏年度報表作為理由，或是藉口缺乏與拾荒者簽訂的正式合約，而退縮（這些回收品是誰的？銀行的律師可能對此有所疑慮，「我們不希望因此吃上官司」），當然更不用說是願意提供借貸高風險且無抵押品的資金了。就算他可以克服種種阻礙，銀行超過百分之二十的資金利息成本還是太高。至於坊間一些為了小型企業紓困債務而發明的小型信貸，當然也幫不了他的忙。一個當地銀行借出的小額信貸，或是以網路為基礎，並在西方現代世界支持小型企業的實體機構（例如齊瓦（註6）），可能才是對微型創業的商人最有價值的方式（只可惜，加總所有手續費與利息後，成本居然比由銀行提供的小額信貸更高）。但是安德魯的最佳時機投資公司卻需要一筆比小額創業信貸更高的資金，來作為公司營運的推力；也就是說，安德魯所需的資金額度，大約是介於企業貸款與小額信貸之間。

儘管重重阻礙，安德魯卻不喪氣；他相信拉格斯的大門永遠是為這些信守承諾與勤奮的人而開。他告訴我，「拉格斯是個熱鬧繁忙的城市，只要你有想法、態度認真，並且有明確的工作意願，就可以在這裡賺到錢。我相信未來是光明的。」他再次走進灰白的塵土中，準備好再次將他的精力投入這個垃圾變黃金的未來。

D體系二——塑膠袋裝純水

你可能聽說過，派翠克・阿那雷（Patrick Anari）居住的城市非常渴望水資源，但卻沒有供水系統的地方。派翠克在川流不息的拉格斯公路上，一處名為「兩英里」的交界處工作。他追逐著每輛公車，為他們提供半公升塑膠袋裝的「純水」（Pure Water，當地人這麼稱呼）。

拉格斯沒有政府建設的供水系統。除非當地政府突然一夕之間變得有遠見，或是有興趣投資基礎建設，否則供水系統永遠不可能在這個城市出現。相較於沒有能力負擔的窮人，少數負擔得起的人卻可以藉由鑽鑿深井（當地人稱為「井」）的方式汲水。他們通常會先將井水過濾後再試喝，如果覺得好喝，才會決定飲用。對那些沒有資金不足的人，D體系發明了「純水」。

這是個非常有創意，但不是很精確的用字；雖然名為「純」，但是品質卻往往不是這麼一回事。生產純水的公司自己鑿井、用泵浦汲水，並在過濾、測試後包裝銷售（如果測試有問題，只要加入化學藥品，就可以讓水達到可飲用的標準）。這些業者大都會出現在公車站牌旁與路旁；此外，許多餐館也會在餐後附上一份。

吉尼水公司（Chinee Water）就位於拉格斯東邊的菲斯塔克小鎮。旱季時，泵浦每天大約可汲水六萬袋；而在雨季時，每天大約可汲水三萬袋。身為小營運商，吉尼水公司所生產的水，售價比其他牌子貴一點點，每半公升的袋收費約二・五奈拉（不到二美分）。如果一次購買的數量超過二千個，則每袋水可以優惠價一．七五奈拉（不到一．五美分）計算。即使都用批發價出售，吉尼水公司每天依然維持十萬奈拉（相當於八百美元）的營業額。吉尼水公司的總經理烏切．伊克（Uche Ike）告訴我，即使大一點的水公司所賣的水售價更低，公司的賣水生意還是好到足夠他們支付一年內的所有員工薪資，以及相關機械費用。

不可否認的，生產純水可以提供大眾安全的飲用水，但卻隱藏著日益嚴重的生態問題。購買純水的消費者僅是咬掉袋子的一角，將水擠到嘴裡後，就將這個皺掉的塑膠袋隨地丟棄；導致拉格斯處處可見被塑膠袋堵塞的河流、下水道與水溝。即使將這些塑膠袋蒐集，但回收非常困難，特別是袋內殘留的水，使得回收的處理過程更加不容易。另一間位於菲斯塔克的水供應商更好生活水公司（Better Life Water），則是會在旱季賣出十二萬個水袋。根據一份統計報告，即使吉尼水公司與更好生活水公司的水袋有將近三分之一會被回收或妥善丟棄（要這些水公司或派翠克這些小販，將人們飲用後的水袋放在某個回收據點，根本就是不可能的任務），這兩間純水供應商每天還是製造了將近十二萬個既無法分解，也無法回收利用的垃圾。

儘管如此，純水依舊是拉格斯當地取得飲用水最便宜的方式。面對龐大的飲用水需求，派翠克在這方面花了很長的時間——每星期工作六天，從早上六點半到下午六點半，每天平均可以賣出大約兩百袋水。他向上游經銷商（相較於吉尼水公司與更好生活水公司所賣出的數量，這間經銷商每天賣出的數量更多，而且售價更低）購買袋水，他以每個約一．五奈拉的成本買進，轉賣出去後可以賺取約五奈拉，平均每個純水袋為他帶來三．五奈拉的利潤。也就是說，他一天平均有大約七百奈拉的收入，每天大約銷售兩百袋水；當然，可能還要再扣除他支付冰塊的錢。一個月，派翠克就可以賺取超過一萬六千奈拉的收入，這個數字大約是官方規定最低薪資的兩倍。

在政府無法提供的服務上，D體系不但滿足了大眾的需求，而且還帶來額外收入。

D體系三——歐卡達摩托計程車

優素福．穆薩（Yusuf Musa）從不認為大眾運輸系統也會成為公司成功的關鍵。一九九七年，他從奈及利亞北部的包奇市來到拉格斯，尋求致富機會。他待業一整年，與朋友住在蘇陸樂熱市中心的一個社區裡，並且評估這個城市的賺錢機會。他選擇先在路旁做個小販。他發現那裡是另一個D體系商機，既不受整體大環境景氣影響，也沒有沿街叫賣會因為民眾需求而影響業績的問題。一年後，他用積蓄租了一台中國製的摩托車，加入這個城市短程大眾運輸系統的行列。

根據政府估算，拉格斯有近一百萬台摩托計程車（當地人口中所說的「歐卡達」（okada））；優素福就擁有其中四輛。他使用其中的一台，並將另外三台固定租給其他三個騎士。他目前使用的這台，是他花了大約五萬七千奈拉（相當於四百四十美元）的「金城」（Jincheng）。在過去，「金城」這個牌子曾經是奈及利亞當地最常見的摩托車，但是自從更便宜的印度製「巴賈傑」（Bajaj）進口後，金城的市占率很快就被擠下來了。

如同所有的歐卡達騎士，優素福與承租人不但沒有執照，也沒有營業應該要有的許可登記；他們沒有機車駕照、沒有車牌、沒有營利事業登記證、沒有註冊、也沒有保險。儘管如此，歐卡達還是非常受歡迎。不但拉格斯居民搭著歐卡達購物或覓食、商人搭著歐卡達趕赴約會，就連上班族也會搭著歐卡達從公車站牌返回郊區住家，或是前往位在後街的公司上班。

這些歐卡達有時拖著大型貨物（例如大尺寸的電視機、一綑十呎長的鋼筋，或是一大袋的洋蔥），有時要載一整個家庭（包含一家三口——穿著時髦的夫妻中間再夾著一名年幼的孩子）。不過，為了推廣行車安全，政府最近禁止歐卡達超載，並且規定乘客一定戴上安全帽。

優素福在菲斯塔克鎮經營他的摩托計程車生意，這是個位在拉格斯東邊、往阿拉巴國際商場與巴達各力快速道路上二英里交會處的一處中等規模的社區。如同拉格斯大多數的交易，優素福的摩托計程車也沒有固定的車資，所有的費用取決於討價還價。「沒有固定的價格」，一名司機告訴我，並且希望我支付當地人三倍的車資。前往菲斯塔克鎮的路途中，從社區到「第一閘口」或「阿拉其佳」，上巴達各力高速公路的過路費大約是四十奈拉（相當於三十美分），零零總總的費用相加，優素福告訴我，一個歐卡達司機一天大約要繳交一千奈拉（相當於七美元）費用。遇上繁忙的週末，很容易會有兩倍的收入。由於奈及利亞是個虔誠的天主教國家，所以星期日的生意大都不錯；你經常可以看到一對穿著時尚的夫妻坐在歐卡達上（兩人的穿著像是為了參加聚會般地慎重），男的穿著彩色西裝，女的穿著豪華閃亮的服裝並配戴頭飾。

優素福從週一工作到週四、週五休息（因為週五是回教的安息日，所以他會在下午兩點抵達教堂），週末繼續工作。他本身仍然選擇開車的原因，是為了持續透過實際交易紀錄，確定摩托車的租賃費用合理。「因為我也開車，所以我知道會有什麼事發生」，他說。「那些向我租車的人無法對我撒謊，他們沒有理由假裝生意不好。」載客讓他一星期可以淨賺超過八千奈拉，另外出租的三台摩托車每天可以收取租金五百奈拉，總共一星期六天可以進帳大約九千奈拉，每月總收入大約六萬八千奈拉（超過四百五十美元），足足要比政府公告的最低工資高出九倍之多。

同時，優素福也是個半官方組織（菲斯塔克聯合歐卡達騎士公會的成員，會費每天大約四十奈拉）；他與另外三個租用車輛的夥伴，每人還付了大約二十奈拉（相當於十五美分）給當地政府，作為檯面下的許可費用。這個費用允許他們可以上街載客；如果不是這樣，只要其中一人沒有繳費被抓到，還可能被罰款，甚至是入獄服刑。

優素福和他的夥伴們應該慶幸地方政府沒有索價更多；根據歷史記載，各國政府都坦承，這些流動攤販、無照個體戶與其他在街頭做生意的無照商人，所需繳交的稅金比其他合法的生意人更多。舉例來說，一八八三年的洛杉磯，一位營業額超過五萬美元的銀行家，每年必須支付營業執照稅三十五美元，相較於馬車伕每年支付的四十美元，只少了五美元。

儘管有這個方便的半官方的許可，但是騎歐卡達還是很危險的一份工作。對一個交通阻塞稀鬆平常的城市而言，雨季時街道很容易出現坑坑疤疤的大小坑洞，因此根本沒有人會在開車時注意這些地上的車道標誌（雖然有時是指示車子必須前進的方向）；這些面積至少一英寸的坑洞，實在更讓人騎得驚心膽戰，一不小心就可能造成嚴重的車禍。一次前往參加拉格斯附近的伊究拉路上，我因為被可怕的車陣堵塞，於是當下決定在道路的中央下車，隨手攔下另一輛歐卡達。我與對方完成了一項交易，跨上摩托車後座，我們隨即迅速離開恐怖的車陣。司機搖晃晃地騎在車陣中央，顛簸地在道路的坑洞彈跳著；不只如此，他甚至還對其他歐卡達騎士與徒步穿越車陣的行人猛按喇叭，竭盡一切所能，就只為了穿過這場混亂。隨著我們蛇行前進，我突然感覺車上的鉻與鐵朝著我的膝蓋傳來熱氣；原來，車上並沒有排氣裝置，導致我的褲子沿途與其他車子的保險桿或卡車車體摩擦生熱。不過是一趟短短五分鐘的車程，雖然我沒有受傷，但是如果車子搖晃地更劇烈，或者是有輛大卡車再往前靠近一點，我膝蓋應該就不保了。事實上，我身旁的確有些朋友，在拉格斯的歐卡達車禍中嚴重受傷。

拉格斯的摩托車使用的是二行程引擎系統，這也是造成城市汙染的一個主要原因。當所有摩托車騎士聚集在路口同時扭動把手催油時，就會排放出灰色的廢氣，並揚起灰塵。數以百萬計的摩托車似乎意味著，這個城市正面臨嚴重的環境汙染。

儘管危險、儘管造成汙染，歐卡達還是非常受歡迎。優素福堅信，歐卡達司機為這個城市提供了一項必要的運輸服務。他說，「如果今天奈及利亞沒有歐卡達，人們將會嚴重受到影響。所以，我們用這個生意來幫助人們。」

D體系四——摩露大巴與丹福小巴

就像歐卡達一樣，公車系統在拉格斯也是另一項非常普遍的大眾運輸工具。這個擁有數萬輛巴士的龐大企業，也是D體系下的產物。

幾十年前，這些車輛曾經隸屬公共大眾運輸系統；政府擁有這些名為「摩露」（molue）的大型巴士（可以承載三十到四十名乘客），以及「丹福」（danfo）的小型巴士（可以載二十名左右乘客，取決座位的安裝）。但是，政府後來撤離了大眾運輸業，在無計可施的情況下，公路運輸工作者協會決定保留公車系統（由此可見，該協會是抱持著隨便的心態來接手這個服務）；也就是說，該組織買下了這些原本隸屬於政府的七萬五千輛公車。協會穆欣分會的助理祕書阿爾哈吉・拉薩克・奧盧索拉・阿赫墨德（Alhaji Rasaq Olusola Ahmed）解釋，「資金來自那些曾經活躍在政商圈，因為與政府單位做過大生意而成功的人。我們每年償還這筆錢。」換句話說，政客將運輸系統賣給了自己人與權貴，街上來來往往的每輛黃色公車，都是他們的搖錢樹。

這意味著，有個很大的誘因讓這些公車持續每天載客，但業者卻只願意投資極少的花費在車輛的保養與維修。業者不想花錢，因為他們只想將錢中飽私囊；更不用說公車司機與售票員了，他們更不可能願意花錢保養維修車輛，因為如果車輛進廠保養，他們可以領到的薪水就更少了。目前街上行駛的公車，包括福斯汽車（VW）、道奇汽車（Dodge）、雪弗蘭（Chevy），以及日產裕隆（Nissan）的貨車，大都被漆上如同校車一般的黃色，並在車上焊接家用的長板凳。這些車子的外觀布滿斑駁的鐵鏽，許多地方都撞壞了（套句奈及利亞人自欺欺人的說法，「堪用」），實在讓人很懷疑究竟還能開多遠（更何況，撒哈拉以南各大城市不是交通壅塞，就是道路布滿大小不一的坑洞）。一些老舊的丹福小巴與摩露大巴，車廂居然只用一般水電用的電線固定住底盤與車體；業者所謂的維修，充其量也只是為了維持這些車輛一天的營運罷了。這些公車簡直是太不可思議了，不但主要的連結斷裂、車輪軸承脫落，就連排氣系統也會在猛烈撞擊路面後立刻冒出黑煙，甚至管子鬆脫後還排出令人提心吊膽的蒸氣（車體幾乎是已經嚴重解體無法行駛）；但是，這樣的情形在奈及利亞卻是稀鬆平常，公車裡還是載了許多乘客呢！遇到突發狀況或事故，售票員不但會退你部分的車資，而且還會導引你搭乘另外一輛公車，繼續前往目的地。

阿爾哈吉（Rasag）同時也是當地的勞工領袖，他在自己名片上的協會名稱處標示「正派」這個字，顯示公路運輸工作者協會是個嚴謹的組織。該協會在一九七八年成立，目前大約有一百五十名會員（全奈及利亞共有四個分支機構，每個分支機構有十四個單位，每個單位有兩百七十名成員），包括司機、售票員、以及那些被稱為「亞各貝羅」（agberos，我查遍奈及利亞的報紙和字典，亞各貝羅原本沒有負面含意，只是用來稱呼那些「運送旅客的裝置」或「運送重度裝載的勞動者」）的稽查人員。

這些稽查人員主要的工作就是待在公車站裡，向每輛經過的公車上的售票員收取二十到三十奈拉過路費。如果售票員拒絕支付（事實上他們每次都這麼做，將窗戶拉上並且關上所有的門，企圖組止稽查人員進入），稽查人員就會立刻採取行動；我看過他們強行奪取售票員手裡的現金，也看過稽查人員直接拆下備用輪胎威脅（直到他們拿到三十奈拉過路費），甚至還看過雙方僵持不下，直到乘客打電話報警（只不過，員警還會試圖索取更多費用）。

「正派」的協會居然認同這種奇怪的制度，放任旗下成員勒索自己人的錢財；但事實上，這卻是協會成形的重要關鍵。阿爾哈吉說，稽查人員每天會向每輛公車收取二十奈拉（這筆錢是要付給當地政府的）過路費，如此一來員警就不能因為認定他們進行非法運輸活動，而強行逮捕司機。

但是，在兩英里站工作的稽查人員歐摩透拉．伊拉幸（Omotola Eleshin）卻對這件事有不同的說法。當被問到他的工作時，他解釋，「我從這些大眾運輸系統收取費用」，每輛車三十奈拉，一天總共可以收入一萬奈拉（這意味著，他一天之內賺的比政府公告的最低月薪高）。但是，當被問到他拿什麼東西回報這些公車司機與售票員時，他笑了笑說，「我沒什麼東西給他們。他們就當作是繳稅。」

歐摩透拉說，他將所有錢裝入袋子，並存入春天銀行的個人帳戶。不過這與公路運輸工作者協會的說法完全不符；因協會告訴我，這些現金大都會付給公車的擁有人、政府，以及資助協會的官員。這麼一來，如果按照稽查人員的說法，協會勢必還會再向會員收取非正式的會費，以便能支付協會運作與資助協會的幕後老闆，維持公車正常營運。

這些說法聽起來很不可思議，甚至不太可能發生，但在這裡卻行得通。售票員與公車司機無法單方面提高票價，但是公車卻必須開往稽查人員指定的任何地方。在這裡，你不但得習慣車上總是有些穿著破舊衣裳的小孩，手裡拿著被汗水浸溼的皺巴巴紙鈔，一邊抓著公車的扶手，一邊喊著沒人聽得懂的終點站名（這些站名通常與公車側邊標示的站名不同），還得習慣售票員向乘客收取費用，並記住乘客要到哪裡換車（有時候還得指引他們換車的方向）的模式。公車不一定每站都停，如果你不是在主要的路口下車，你甚至得揮手攔車，甚至為了讓公車停下來，你還必須大喊「O wa o」（約魯巴語「到站了」或「這裡下車」的意思），好引起售票員與公車司機注意。

關於那些指控他，向停靠兩英里站的公車索取不正當費用的行為，歐摩透拉提出辯解，「我們不是竊賊。」他說，「我們沒有在這裡對抗任何人。因為這是我們的權利。」於是，這些丹福小巴和摩露大巴便是靠著這些損毀、焊接、用膠帶連接的車體，以及隨時可能爆胎的風險，日復一日地在這個城市移動。在這同時，拉格斯也正朝向D體系的領域，緩緩向前移動。

D體系五——奧紹迪市場

我們十四個人背上簡單行囊，搭上丹福小巴，從伊凱賈前往奧紹迪。雖然這是個簡短的旅程（僅有數分鐘車程），但卻必須花費大約四十奈拉（相當於二十美分）車資。

首先，公車耗盡了油駛離道路後，開進一處滿是塵土的空地。公車司機一句話也沒說，只是簡單的停好車，並從口袋掏出一團現金。接著，他撥開幾張沾滿汗水的紙鈔交給車內的售票員，要求他到前面的麵包車拿出一個黃色塑膠桶，快速地跑到最近的路邊加油站，完成加油。

這時，正巧數名歐卡達騎士經過（他們還一邊對著車內的乘客揮手打招呼）；在一陣討價還價達成交易共識後，迅速地載著一些乘客離開。其餘乘客（這些人不是怕天氣熱，就是不趕時間，再不然就是沒有多餘的錢改搭摩托計程車），就只能安靜地站在路旁的一棵矮樹下等待。

烈日當頭，只見公車司機熟練地拉開引擎蓋，接著旋開汽化器上的碟型螺母，卸下蓋子和濾版。他敲了敲化油器的中央部位，在確認沒有堵塞後，動也不動地倚靠在嚴重刮傷的保險桿上，與其他乘客一起靜靜等待。

不久，售票員提著幾乎快滿溢出來的桶子回來，這下公車司機才又開始繼續動作。他從油箱的管口拉出充當蓋子的克難抹布，接著將一張髒紙折成漏斗狀，將桶內的液體倒入油箱。最後，含了一口桶內的殘油，抿著嘴走到卡車前，朝著打開的化油器吐了進去。

只見公車司機身手矯健地快速跳回車上，接著售票員猛然從後方一拉，引擎瞬間又開始運作了。當引擎氣吁吁地發出「砰」的一聲巨響後，公車司機很快地又跳下車走到中央，然後趴在地上。接著，引擎像是打嗝般地發出聲響後噴出油氣，然後持續著空轉。這個時候，公車司機火速地跳起來將空氣濾網與油箱蓋塞回，再將引擎蓋蓋回。最後，公車司機、售票員，以及所有乘客再次上車，一路駛回公路上。

只不過很快地，這個粗糙的加油過程就不是那麼重要了。因為幾分鐘過後，我們這輛公車就捲入了一團看似永遠無解的車陣中，就像當地人口中所說的「慢速度」（這只是個輕描淡寫的說法；事實上，車速不但慢到幾乎沒有動靜，而且還會陷入連續好幾個小時的混亂車陣裡），這是我來到奧紹迪後，地一次親身經歷如此異常的現象。奧紹迪是阿帕帕歐沃倫紹奇高速公路交會阿蓋蓋車道的主要路口，「慢速度」在這裡是常有的事（當地人早就見怪不怪了），因為這裡不但有數十條公車路線交會，而且還有熱情創業攤販鑽進鑽出做生意。交通越擁擠的地方，往往市場也越興旺發達，特別是在上下班的高峰時段，奧紹迪的交通簡直塞到「最高點」，一發不可收拾。

過了二十分鐘左右，公車才緩緩向前移動數英寸的距離。大部分的乘客意識到步行可能更快，所以他們紛紛下車加入混亂雜遝的人潮裡。唯一讓人欣慰的，應該是在如此惡劣的悶熱環境下，公車外還是比在裡面涼快許多。

身處奧紹迪，你就必須接受這樣的市場節奏；同時，你也必須跟著這個城市的步調活動，而非只依自己的標準。數以百計的人進出這條壅塞的公路，小販們卻還能機動地帶著大把方便輕鬆移動兜售的商品（例如，褲子、襯衫、錢包、皮帶、胸罩、清潔魔布等），繞過桌邊，在車陣中徘徊。三不五時，歐卡達還會突然從後頭往前衝入人群，自顧自個兒地蛇行，不時還發出猶如重型推土機的喇叭聲（這可不是一般二行程摩托車會發出的聲響）；行人們為了保命，大都會跳開閃避。

這樣的商業活動綿延數英里之遠，報攤販賣織品、家庭用品、二手鞋與蔬菜。此時已接近傍晚，流動肉商已經出現，他們嘗試在人們回家前完成自己的生意。肉商們在紙箱上展示著大塊鮮紅色的肉塊（外觀依舊可以分辨是帶著一搓毛髮的牛尾、被鋸開的腰臀腿肉、漂亮蜂窩狀組織的豬肚，以及自然捲曲的豬皮），並在道路兩旁用小石子磨利他們的屠刀。肉塊的血漬從紙箱上汩汩流下，滴入商人的涼鞋。當通勤的火車通過，只見他們老練地抬高肉塊，快速跳上緩慢停下的火車兜售；直到另一列火車停下，又重複進行一樣的動作。商人占據了街上一整排車道；搶客的公車則在另一端妨礙其他車道的通行動線。周圍的人群靈巧地在快遞貨車之間穿梭自如，從市場的這一頭走向另外一頭。

越接近交界處，這樣的情況越明顯；唯一會阻礙交通的事，莫過於這些商業活動本身了。有太多車輛匯聚到這條路上，幾乎超出負荷，但這還不是真正的問題。實際上，阿帕帕歐沃倫紹奇高速公路是以類似高架橋的方式橫越阿蓋蓋車道上方，所以他們之間沒有直接會合；總歸一句話，龐大的商業活動聚集，才是這裡真正的問題所在。

由於公路大都被小販占據，聚集攤販讓公車幾乎無法靠站停車，即使這些公車只是很單純地想讓乘客下車，並招呼另一批旅客上車而已，也只會徒增混亂。於是，員警便用自己的方式處理，他們揮舞著手中的鋼筋，企圖透過敲打公車保險桿的方式，迫使他們前進；只不過這麼一來卻可能引發爭吵，公車司機與員警高分貝地互相咆哮，在這裡司空見慣，一點兒也不稀奇。這個時候員警會識相地靠到一旁，換這群穿著骯髒綠白協會夾克的稽查人員上場，他們會追逐這些公車，手裡握著一把皺巴巴的紙鈔，討回他們自認為應該屬於他們的報酬。

附近有一處行人天橋，看似禁止進入；因為有群臂膀強壯的男孩們正霸占著橋樑，向路過的行人要錢。除了幾個睡在路旁樓梯上的人，其他的通道，幾乎都被封鎖了。

天橋上，奧紹迪擁有專屬的各種聲音，彷彿一場超大型的音樂會，各種交通工具的引擎聲與喇叭聲、成千上萬人的牢騷、小販的叫賣聲，還有售票員此起彼落大喊著終點站名（這頭喊著「凱圖」、「奧喬塔」與「新袞洛基」，另一頭則喊著「切萊」、「兩英里」），當然，更少不了交易熱絡的討價還價聲。從橋上俯視一切，奧紹迪這個城市充滿了征服與威脅的感覺，同時也蘊藏著深不可測的人性。在這個充滿憤怒、瘋狂，而且難以理解的大雜燴裡，我們都是正在進行世界交易的其中一份子；奧紹迪不過是全世界實況的縮圖罷了！更何況，這裡只不過呈現了一小部分，就已經讓人如此驚心動魄，並且還伴隨不安的憂慮感。

天橋下，綿延不絕的攤販組織成歐溫尼法里電子市場（奧紹迪二十大知名市集之一）。普利斯・奇迪・翁亞義理（Prince Chidi Onyeyirim）是這裡的電子產品小販，同時還身兼當地商人協會的副主席。在這個看似動盪不安的市場裡，只見普利斯在重疊的錫製屋簷下，脫掉鞋子，懶洋洋地躺在凳子上享受去腳皮與腳底按摩。他說，「在這個國家裡，我們要相信自我發展。」他一面說著，一面剪著腳指甲並用銼刀拋光指甲邊緣。「憑著自我發展意識，我們開發這個市場」，他斬釘截鐵地做出結論。

市場的自我發展，意味著商人們創造了自我管理的自治協會，不但能夠分析談判政治結構，還能維持和平與安全。市場裡的主席法泰・阿巴拉亞（Fatai Agbalaya）正坐在普利斯的小攤子角落，他的攤子被一堆松下、三洋與三星紙箱包圍著。他說，「這是政府在一七七九年成立的第一個市場。雖然政府擁有這個市場，但我們還是靠著實力成立了自己的企業。」

他也告訴我，其實這裡的小販所擁有的商業規模都很小，他們的貨源來自其他更大規模的市場（包括阿拉巴國際商場，以及伊凱賈電腦村）。聽他這麼一說，我想，我明白自己該往哪裡去了。

D體系六——阿拉巴國際商場

阿拉巴就位在這個城市的邊緣，電子教父裘德・安義卡（Jude C. Anyika）是我在那裡的一位不太熟的聯絡人。因為最近我的一位朋友向他買了一台電視，於是在這樣的因緣際會下，我找上了他。當我走進他的辦公室開始談話時，他正喝著他的湯；風扇在他頭上吹著，滑溜的綠秋葵海鮮濃湯滴下一塊黃咯哩（註7）。他示意我坐下，經過幾秒後問我，「你為我帶來什麼禮物了嗎？」

他嘴裡含著一口咯哩，手指還捏著另外一小塊，並將它們滾成小球後丟入湯裡。在喝了一口湯、舔了舔手指上殘餘的食物後說，「當你來見我時，通常習慣要帶一些伴手禮。一般而言，除非有利可圖，否則我不會為你工作。或許你可以事先觀察我公司的規模，然後從紐約帶一些適合我的時髦東西。」

我告訴他，我沒有帶任何伴手禮，因為在我的工作裡，不允許我這麼做。對我來說，為了一個故事付出金錢就是賄賂；一旦我做了這件事，又有什麼立場評論那些同樣收受賄賂的政客呢？這一刻，另一塊正往他嘴裡送的咯哩，突然停在半空中，只見他若有所思地考慮了半晌。我繼續解釋，這本書可以將這裡的市場樣貌帶進全世界；我的著作可以將阿拉巴的新聞帶往更寬廣的世界。他繼續默默喝著湯。好像經過一個世紀之久（我必須承認，這個漫長的等待過程的確讓人感覺不舒服），在他喝下最後一口湯後，他起身走向一碗冷水洗手；之後，我們開始討價還價。雖然我已經答應自己不會給他任何東西，但我很快地就打破了這個約定。在他介紹這個市場的領袖前，他要求我購買手機的通話點數；最後，我買了一張一千元奈拉（相當於七美元）的加值卡。

你可能會說，這是個賄賂（雖然金額不大）；但是，在阿拉巴（實際上整個奈及利亞都如此）沒有人會這樣想。裘德是市場裡年輕商人熟知的「電子教父」，而非阿拉巴國際商場的宣傳人員；也就是說，他只有在賣出電子產品時才會賺錢，而不是靠著與記者談話賺錢。在奈及利亞，當某人需要跨出自己的工作範圍來幫助你時，需要的是某種程度的「默契」；只不過，他們要的「默契」並不是一句簡單的謝謝或握手。事實上，這些都是可以料想得到的。對奈及利亞的貿易商來說，這稱為「讚賞」，大多數拉格斯商人甚至將傳統表示感謝的賄賂與讚賞畫上等號（例如他們會在港口付給海關一些金錢，希望藉此減少入口關稅）。

表面上看來，電子教父沒有明顯的表情。即使他的商店簡陋到只夠容納一張桌子、一把椅子、一個專為客戶提供的小沙發，以及一堆高到天花板、令人印象深刻的空紙箱（包括金星、樂金、松下、三星，以及一系列我從未聽過的品牌），但他終究還是在這個市場待了很長一段時間，並且與這裡有著很深的淵源。我將通話加值卡放入手機後，裘德便打了一通僅需幾美分錢的簡短電話，接著開始一連串動作。相較於他進食時的深思熟慮動作，現在的他一反常態地靈活，好像插了插頭通電一般。他抓住我的手腕，一路拖著我走在他身後；我們在跳過一處猶如綠色鼻涕黏稠起泡的臭水溝後，快速地衝過阿拉巴歐裘路。

頭上頂著音響的挑夫、超載的音響貨車、十六輪的貨櫃車，以及用喇叭吸引乘客的巴士，大家都共用這麼一條通道。沿著車流繼續向前走，兜售的小販立刻趨前問道，「你想買什麼？」被他這麼一問，我彷彿置身紐約下東城的舊市場裡，被這群收了錢、付予重任要攬客吸引人群的小販釣上鉤，捲入那些不是位在主要通道或騎樓內的商店裡。同樣地，阿拉巴這群兜售的小販也正進行著「魚鉤」的任務，他們勾著路人的手臂，企圖將他們拉進市場內的隱密處。雖然這麼做多少讓人感覺飽受威脅，但其實這些小販也不是真的要偷走任何東西，只是希望你光臨他們的攤子；如果你不願意，大不了毅然決然地抽出手臂，不理會他們，繼續往前走。

我們跳過道路中央的分隔島，進入市場另一段攤販匯聚的地點。這裡除了有出售電子產品的商人，還有許多年輕男孩將VCD（奈及利亞電影光碟標準規格）逐一裝入塑膠套後，再貼上醒目的彩色封面（我預期這些都是好萊塢剛上檔的最新電影盜版光碟）。但當我們快速通過，我瞥見上面的標題「奈萊塢出品」（奈萊塢是奈及利亞當地的電影公司，該公司的作品都直接以光碟形式發行）；所以，我確定這些都不是盜版，而是合法生產的光碟。

我們在這裡繞過許多彎道，最後駐足在一處被鐵絲網包圍的深宅大院。裘德在與兩名身材魁梧的保全簡短對話後，我們繼續往裡面走去。

原來，這裡是阿拉巴國際商場協會的祕書處總部。拉格斯所有主要市場，無論再怎麼雜亂無章，背後都有個自我發展的領袖團體協會；重點是為了讓這些市場內的商品貨暢其流。他們必須確保商人與顧客是滿意的，並且塑造安全交易的市場環境。你幾乎不會在街道或在市場發現任何巡邏的警隊（除非他們想要騷擾與勒索）；相反的，你可以看到保全配著槍坐鎮在裝滿現金的卡車上，或是在某個擁擠的十字路口拉人，從那些不想收到罰單的司機身上獲取一些感激的回應。

在這個安靜的空間，我與阿拉巴國際商場協會的總祕書桑迪．伊斯（Sunday Eze），以及市場的副主席瑞米．翁意柏（Remi Onyibo）並肩而坐，聽他們滔滔不絕地頌揚阿拉巴的各項優點。他們告訴我，這裡是非洲最大的電子產品商場，阿拉巴當地每天有五千個商人進行著總值高達一千萬美元的交易。也就是說，如果我們將這個數字換算成一年，在這個D體系的交易市集裡，年交易規模高達三十一億美元。

D體系七——伊凱賈電腦村

就像阿拉巴國際商場，伊凱賈電腦村從最初的溫和成長，到現在已經是個全球性的發電廠。回首二十年前，一間名為「正確科技」的商店在伊凱賈投映街上的一處安靜角落開店（這個舉動看起來其實是非常魯莽且冒險的）；當時的電腦市場不大，即使是在美國，也有超過三分之二的家庭沒有電腦。拉格斯隨著雜亂無章的錫製遮陽板與電線網路擴張，免不了走過一段數位黑暗期的歲月。只不過，儘管缺乏基本建設，拉格斯終究不是一個低科技的城市。老實說，你眼前所見的一切，還不一定買得起呢！

在一處充滿泥濘的攤位上，一台柴油發電機、一台布滿灰塵的影印機，看起來與店裡的布置極為不協調，但它卻是一間實實在在營運中的影印店。這個城市到處林立著網咖，即使在最破爛不堪的鄰近街道區，依舊可以見到網咖的蹤跡。雖然店裡的電腦不是知名品牌、機體也是由各式零件組合而成、USB埠還可能無法作業或是存在病毒，甚至電腦主機可能沒有配備光碟機，螢幕也不斷閃爍著不協調色調；但是你可以瀏覽、聊天、更新自己的臉書（Facebook），或檢視你最愛的明星在推特（Twitter）上的最新近況更新。我經常光顧的某間網咖，有一次還被我遇見，坐在我身旁的顧客正小心地複製著相同的內容，然後貼上幾百封郵件；原來，他們就是著名的「四一九奈及利亞騙徒」（「四一九」這個數字指的是奈及利亞《刑法》第四百一十九條，意思是指不正當的詐騙手段）。他們透過寄出詐騙電子郵件，承諾會從一個凍結的國外帳戶給付交易金額的方式，來騙取你的個人資訊與網路銀行資料。如果我在每次瀏覽後，忘記清除電腦裡的暫存檔與重設電腦記憶體內的資料，我幾乎在下一秒就會立刻收到這些「聰明網民」寄送的垃圾郵件。

如果在缺乏高科技基礎建設的城市裡，依然有著眾多電腦高手，那麼很可能是伊凱賈電腦村這類D體系市集，直接造就「人才」的結果。當市場還在 version 1.〇版本時、正確科技與其他商店已經開始賣起了雙磁碟機、DOS 系統，以及更高規格的 486 晶片。如今伊凱賈電腦村的 version 2.〇版本市場已經擁有多達三千個供應商，而且這裡還是非洲各地業者尋找最新系統的買方集散中心。一旦你踏入電腦村一步，小販就會緊盯著你；他們不但會提供來路不明的廉價 Windows7 拷貝光碟，還會神不知鬼不覺地將 4G 記憶體硬塞到你手上（好像那個記憶體是違禁品般）。此外，他們還會從口袋裡拉出一大包 SIM 卡，然後模仿拉斯維加斯賭場裡的發牌員將它們展開成扇形，方便你挑選。一些流動攤販，有的使用手機展示台，將塑膠手機殼逐一掛起（在拉格斯，幫舊手機穿上新外殼可是一門大生意），有的則是用自製的木頭手推車，載滿保麗龍包裝盒的行動硬碟，來展示商品。至於戶外的攤販，則是利用小桌子、行動電話與電腦零件，就地在路邊做起了生意；他們不但能幫你解決任何手機問題，還能解鎖（解開手機鎖碼使用 GSM 服務，這在拉格斯也是另一項當紅的生意）或添加記憶體，也可以將你的筆記型電腦更換故障的驅動程式。

大部分的商店因為沒有足夠的儲物空間，於是他們將販賣的商品（包括桌上型電腦機殼、液晶顯示器，以及布滿灰塵的印表機）擺在路邊排成一排。「插槽系統有限公司」是伊凱賈電腦村裡最成功的手機零售商之一，它的零售空間不過一個小型混凝土碉堡大，牆上還掛著價目表。客戶透過鐵窗完成交易，保全就坐在一張上面裝有電源插座的桌前。在你結帳離開店面前，他們還會將你購買的商品拆封並接上電源測試，證明商品的功能一切正常。很多建築物的樓上就是批發商與進口商，雖然他們的據點小到只夠容納一張桌子、一把椅子，以及一處展示空間，但他們卻有充足的貨源，可以經常提供給商場其他樓層的小販。

最後，在伊凱賈電腦村這條食物鏈的頂端，還有幾間不提供街上零售的公司；它們大都已被經營得非常成功，所以轉而經營全國知名品牌，並且利用整棟建築物來做生意。像是布賴恩整合系統公司（這個命名是為了紀念他們的總裁譚吉．巴羅港（Tunji Balogun），所以也稱作巴羅科技在伊哈林內地就有一間工廠，專門用來組裝自己的電腦，它同時還是微軟公司（Microsoft）的合夥人。其他像奈及利亞賈放克有限公司也是擁有自己的建築物，他們也向全球進口知名廠牌的電腦與零件，包括惠普（HP）、戴爾（Dell）、宏碁（Acer）、愛普生（Epson）、佳能（Canon），以及利盟（Lexmark）。

奈及利亞電腦相關產品經銷商協會的領導人約翰．歐保羅（John Oboro）笑著說，「這裡是全非洲最大的資訊科技產品集散地，年營業額大約是數十億奈拉（相當於七百萬美元）。」不過，實際金額可能遠遠超出約翰所說的。

根據《拉格斯商業日報》（*Lagos's Business Day newspaper*）最新的報告指出，合法商店內每出售一台電腦（每年透過奈及利亞合法管道銷售的電腦數量，大約有二十五萬到三十萬台之多），D體系同時也會售出十五台電腦。該報最後下了這樣的結論，「這意謂著，非正式市場的營業額最少也有三百七十萬美元左右。」產業分析師指出，光是伊凱賈電腦村的銷售量，就大約占了總數量的一半（約有一百八十萬台電腦）；如果每台電腦的平均售價是四百美元，那麼這個電腦村一年大約會有七億二千萬美元的營業額。

如果沒有這類超級活躍的市場，整個西非可能會失去數位產品的供應鏈。如果不是伊凱賈電腦村提供了所有數位產品一次購足的橋樑，不但阿拉巴的商人無法透過電子郵件確認自己的訂單、拾荒者買不起手機，就連那些橫越大陸的商人，也無法取得廉價的桌上型電腦。

這裡是地球的大融合，垃圾、摩托車機油，以及數以千計的腳步，交織出這個世界的一切。赤腳的男人彎著腰、拉著手推車，並推著摩托車，使勁兒地催促著引擎。一個大型馬達正被一台推車載著移動，並由一個男人的右手牽著。他喊叫著，接著和其他同僚停下手邊的工作——搬運大塊骯髒的金屬，他默默地將破舊且血跡斑斑的汗衫衣角擰乾。接著這個男人沿著軌道，用還可以工作的另一隻手將大塊的金屬舉起。他的旅程在一處積滿灰塵的倉庫中的柔和灰暗光線中結束。在那裡，一家引擎零售公司的經理正跨越放滿壞掉的鋼鐵叢林，這些鋼鐵都是從亞洲及歐洲各國收集回來的。他舔舔手指，接著敲打著引擎汽缸說，「看好！」每一台馬達都有一個銘刻的標記，標示著它屬於哪一個倉庫。

在大街上，成群結隊的歐卡達正在人群中來回地穿梭著。排氣管抖動著像是一台輕型起重機一樣，綁在一起的輪子，互相敲擊發出牛鈴一般的低頻率鈴聲。一堆舊音響像奴隸似的被用保鮮膜綑在一起，看起來就像是原住民部落裡神明的頭飾。

大部分行人都是來買東西的消費者；他們完成交易後，將貨物舉起放在自己的肩膀或者是頭上。騎著腳踏車呼嘯而過的小孩賣著小包裝花生、女人們將蘇打水瓶頂在頭頂上、攤販賣著工具、小販賣著手機的通話點數卡，路邊攤則是供應著「炸伊鬥美」（註8）。

卡車從貨櫃港口卸下貨物，這些貨物包括彎曲的車體、成堆的彈簧、二手銅管，以及堆積如山布滿灰塵的輪胎蓋。小貨車運送影印機、電腦、電視、遊戲機，以及被包裝在保麗龍與紙箱內的各種手機。在這個混亂的城市裡，彷彿有著全世界所有生產零件，種類繁多一應俱全。

D體系八——拉迪波市場

這是位在拉格斯穆欣區中央的拉迪波市場。倉庫的地板布滿灰塵，安靜到你幾乎聽得見塵埃落下的碰撞聲音，桑迪．阿內克烏（Sunday Aniekwu）站在一堆理光（Ricoh）、夏普（Sharp）、佳能（Canon），以及美能達（Minolta）印表機、影印機與傳真機之間。他在當地購買這些使用過的機器（雖它們都來自遙遠的美國、香港、馬來西亞），每星期大約進貨五十台，並在下一批商品進貨前，將前一批進貨的商品全數賣光。

整批等待運送的車子，就停在這些印表機旁。在這些車子的後面，尤苟裘克烏．伊雷薩（Ugochukwu Eleazars）正用紙與膠帶，包裝一長排的機器，陣容浩大，令人印象深刻。這些被包得密不通風，有如木乃伊般的商品，其實是汽車的擋風玻璃，是由XYG中國工廠（又名「a.k.a.信義玻璃」）所製造，由他管理的托內爾富蘭克林有限公司進口到奈及利亞。他說，「這是一筆很棒的生意，問題是我的現金不足。你拿到一整個貨櫃的商品，得等待有顧客將商品全數購買後，才有能力再進貨另一個貨櫃的商品。雖然我們無法使用信用卡購買東西，但仍然必須為顧客提供信用。」

尤苟裘克烏希望XYG中國工廠可以在奈及利亞直接開設一間工廠，他甚至向對方允諾，自己的公司可以協助負責管理工作。就憑這裡廣大的就業市場與低廉的工資，他深信一定會成功。他說，「這些東西如果在奈及利亞製造，成本應該會更低。」他一邊說著，一邊為逐一完成包裝的擋風玻璃逐一貼上標籤。不過他也指出，工廠必須要有可靠與穩定的電源，只不過奈及利亞空有電線，但卻缺乏電力供應。因此到目前為止，當地生產仍然只是個無法實現的夢想，所以他才必須繼續透過進口的方式，取得商品。

在倉庫後方一處地面平滑且狹窄的小徑裡，機械經銷商伊曼紐・烏奇（Emanuel Uche）正在展示他所有的產品；包括二手抽水泵浦、油壓升降機、發電機、割草機、電焊機、掌上型割草機，以及其他遠從北美、歐洲與亞洲運送過來的機械。另一處通道，一位汽車技工正埋首在油膩膩的汽車零件堆裡工作，使用一團髒髒的紙清潔火星塞。繼續向街角的小徑走，有間裝有滑動玻璃門的簡陋小屋（令人驚嘆的是，在這處處看似慘遭蹂躪過的市場裡，這間小屋裡居然還有空調設備），原來這是一間旅行社的辦公室，伊曼紐的先生就是在這裡從事中國行動電話的進口業務。

或許，在這條拉迪波的羊腸小徑，是你唯一找得到全球貿易商人的最後希望。零件商店、汽車修理與零件廠、販售廉價的高科技產品等，無不明白地說明了這個市場，就是「隨意」的最佳代名詞。

上了二樓，看起來像是一處閒置很久的廢棄倉庫，除了成堆的螢幕，根本沒有一絲光線透得進來。在這個潮溼又堆滿數十台電視喇叭的倉庫裡，已經沒有多餘空間再擺放其他東西了。門口「和平者神殿」的招牌閃著微微綠光，小店難得有外國人光臨，老闆趁機抓住機會，與這些外國人攀談。他在這個充滿二十一世紀電子噪音的環境中大聲叫喊著，希望小店的名氣越喊越旺。他說，「這是全球性的生意」；未來的世界貿易將仰賴中國。而他，也想趕搭順風車，加入這股潮流的行列。

D體系九——馬科科社區

馬科科社區就位在這個城市的另一端海邊，歐岡・黛拉（Ogun Dairo）朝著一堆木片丟入一根火柴棒。這些木片都是她從埃布泰梅塔附近的鋸木廠蒐集而來的。只不過，這些木片實在太潮溼了，所以很難完全燃燒，它們只能在火堆裡悶燒著；就像她，只是全球貿易工作的其中一個小角色。

歐岡在茅草屋下有三個大烤盤。她在這個最近才浮出水面的小島上無照營業；由於小島是由新移民慢慢用紅土與壓縮後的垃圾填平潟湖而成，所以她仍然沒有屬於自己的土地（但是，如果是從違建居民自行建造的小島來看，她比其他人更有資格取得合法的土地擁有權）。即使如此，她還是在這裡製造煙燻鮭魚。她不會捕魚，所有的漁獲都是她向住家附近的一間冷凍庫買來的。此外，她也不賣魚，所以只是簡單地將魚尾塞進魚的嘴巴裡，好將這些魚整型成環狀，方便在煙燻的過程中不用再拍打。通常，只要將這些魚排成環狀放在火上曝晒悶燒數小時，就可以將它們包裝放進箱子裡了。她習慣在每天下午五點到七點裝箱，並運送到當地的經銷商，讓他們輪流將煙燻鮭魚運送給城市裡賣魚的婦女（因為某些原因，所以市場裡的魚販大都是女性）。她抱怨，「利潤並不好，因為大部分的利潤都被中間商賺走了。」這是個典型的商業模式，如果她有能力買到更多漁獲來做煙燻，那麼她就可以賣出更多的商品，來賺取利潤。因為這個生意，讓她得以負擔自己一家五口的生活開銷長達三十年之久。

如果我問她，這些魚都是哪兒來的？我猜想她可能會回答我，城市邊緣被嚴重汙染的潟湖、乾淨的上游，或是外海等答案；也可能是，這些漁獲沒有固定來源、或是鄰居駕船到海上捕回來給她、來自非洲其他地方（例如維多利亞湖）等。不過，就在我還沒有做好心理準備傾聽她的回答時，她居然開口回答我，「歐洲」。原來這些魚是從由遙遠冰凍的北方被捕捉後，再送到拉格斯，然後在這個最惡名昭彰的小城市經過煙燻加工，再被送往非洲西邊的大城市路邊攤，以每尾幾奈拉的價格販售。

不被西方思維制約的非洲D體系

這顯然與一般人對非洲的印象完全相反；這是個經濟發展非常繁榮的地方。一切就像是在眾目睽睽下被隱藏得天衣無縫，包括奧紹迪市集、阿拉巴國際商場、伊凱賈電腦村、拉迪波市場、馬科科社區等。它之所以可以輕易地迴避我們的目光，是因為我們的想法總是被西方文明世界定義的經濟成長與發展準則所局限，進而被制約。我們期望經濟發展是透過健全的組織、受制於政府的監測與評量，並期望地方與中央政府能夠參與其中，好讓各種大型企業能夠朝向正確的目標發展。然而，拉格斯的大型經濟引擎（事實上，等於是大多數非洲國家的經濟引擎）卻很鬆散，不但是非官方的經濟體系，而且在很多人眼裡看起來深不可測；這些，就是D體系發展所導致的結果。

對他們而言，正規的生意不但無法提供足夠的工作機會，也無法產生足夠的利潤支持國家發展。雖然大多數經濟學家唾棄D體系，辯稱他們是因為沒有登記，所以靠地下經濟維生的族群，才註定要為生存更努力；加上他們的規模太小，所以無法快速成長，導致這些在非洲大陸的創業能量，以及對工作的熱情，才會只能在街道上一展長才。

只不過對大多數人來說，D體系的確提供他們一個更美好的未來。

註1　德國民間故事，內容主要在敘述一位外地吹笛人為村莊除鼠患的故事。最有名的版本〈哈默爾恩的孩子〉（Die Kinder zu Hameln），收錄在格林兄弟的《德國傳說》（*Deutsche Sagen*）。

註2　奈拉（naira），奈及利亞貨幣計價單位。

註3　羅馬帝國朱里亞·克勞狄王朝的最後一任皇帝。後世對他的史料與創作相當多，但普遍對他的形象描述不佳，通常被列為古羅馬的暴君。

註4　貝羅娜（Bellona）是羅馬神話裡的司戰女神。

註5 墮落天使的雕像。

註6 齊瓦（Kiva.org）是一網路微型貸款組織，從網路募集資金後，再將這些資金轉貸給全世界辛勤工作的小販、小農，讓他們根據自己的情況定期還款，並支付合理利息。

註7 喀哩（Garri）是時下流行的西非食物，製作過程是將木薯（原產於南美洲，十六世紀由葡萄牙人引進非洲，目前和玉米並列為非洲兩大主要農作物，外觀與口感類似蕃薯）切成小塊片狀後剁碎，經過搓揉程序，最後再將它浸入湯中。

註8 奈幾利亞境內的廉價辣味泡麵。

Chapter

04

全球後援

市場上的交易行為，目的是為了銷售並賺取利潤。當買賣雙方競爭人數眾多時，除了應該關照更多面向（包括買方需求的變化、市場快速且即時的競爭變化，以及滿足其他人的需求等），更應該根據實際情況，靈活判斷各類商品的質與量；如此一來，才能成功地因應各種商品持續不斷的快速變化。

——《國富論》

批發商的資本不應該執著在某些定價；相反的，必須盡可能地保持價格彈性，才不會錯失低價買進或高價賣出的先機。

大衛．奧比（David Obi）只靠著一支手機，以及叔叔的少數資金援助，就開始了這項奈及利亞政府幾十年來不斷努力，卻還是一事無成的任務——將電力帶進這個非洲人數最多的國家。這無關技術的問題。大衛既不是發明家，也不是工程師，但是他明白自己的國家無法利用太陽能、風力或其他替代能源發電；所以他在離家七千英里遠外一處語言不通的地方，進行一項交易——用叔叔的品牌「阿庫」（Aakoo），與一間生產小型柴油發電機的公司簽訂合約後，將這些小型發電機帶回他奈及利亞的家。

偶然機會成功致富並晉升中產階級

大衛並不打算成為能源市場的一員。二〇〇五年，他憑著一張三十天旅遊簽證，帶著十捆百元鈔票前往中國廣州；目的不是旅遊，而是為了一圓經商夢。

這個決定並不容易。由於大衛在當地沒有任何朋友，也不會說中文，所以一開始困難重重。首先，他在廣州中央車站北邊的三元里租了一間便宜的飯店房間，除了用餐，幾乎足不出戶。接下來，他花光所有積蓄買了一台筆記型電腦，開始一段為期四個月的貿易探險……

他注意到，許多非洲商人都會光臨當地兩家專門販售折扣衣物的大型商場。於是，他也去了這些地方——咖喃與天恩外貿服裝批發市場。這兩個商場就位在對街，往返相當方便；主要業務，是服務來自非洲的各大企業。只要這些企業願意支付「塊」（註1）或餐費，他們就會提供各種交易協助。

因為不懂衣服，所以最初大衛選擇在奈及利亞東邊的內維城市，從事汽車零件生意。一段時間後，他憑著自己過去的經驗，開始察覺到買賣之間有利可圖；只要在計算上動點小手腳，就能從每一筆交易中賺取微薄利潤。他說，「如果一樣商品工廠賣你八奈拉，那麼你大可以告訴你的老闆，這個東西賣九奈拉。」如此一來，你就可以輕鬆地將一奈拉放進自己的口袋裡。不過，依照目前一百五十比一的匯率換算，其實賺不了什麼錢（每項商品賺不到一美分）。一段時間後，有中國服裝批發商建議，如果大衛能幫忙吸引更多奈及利亞當地的客戶向他們進貨，他就可以額外再獲得一筆傭金。於是，大衛除了在自己的汽車零件生意中賺取微薄差額，也開始在服飾批發買賣雙方之間賺取金錢。

他的地位逐漸鞏固，最後終於能夠專心經營自己熟悉的生意——汽車零件與機械買賣。現在，大衛的生意越做越大；有時候，單筆交易金額就高達十五萬美元之多。現在他定期寄送貨櫃回奈及利亞，不再收取區區的數美分，而是向中國商人固定收取百分之二的佣金（也就是說，一筆十五萬美元的交易，他可以從中賺取佣金三千美元），同時也向奈及利亞的客戶收取相同的價錢。隨著事業有成，大衛搬出三元里的廉價旅館，定居在花園飯店的斜坡附近（這裡是外國商業人士能夠居住的最好區域）。依照廣州的標準，他已經晉升中產階級了。

儘管如此，大衛卻還是認為自己的生意規模，比不上奈及利亞當地的經銷商。不過，他卻十分驚訝，許多人都注意到他曾經營過發電機生意。他在自己居住的公寓對街，一處安靜不顯眼的酒吧裡，邊喝生啤酒邊說，「這是個機會。如果你想做生意，我的工作就是幫忙你生產，並將商品送達奈及利亞。」即使他如今已開發出另一項生意，但還是可以感受到他語氣裡的謙虛。

步行城市發展出D體系商業模式

一般人都認為，西方國家在全球化生產的商業模式中，位居主要領導位置——大企業將生產工作外移至一些工資低廉的未開發國家，並利用這些產品，在開發中國家創造新市場。企業以及他們的支持者堅持，全球化改善了全人類的生活，不但產生了一群新的中產階級，並且在未開發國家中，透過更有利的勞工與生產條件，生產更安全的產品。反之，評論家可能會說這根本是經濟殖民主義，默許富裕的西方企業為了利益，轉向其他被長期蹂躪的窮國傾倒廢棄物。

但是，大衛與數以千計和他一樣的人，卻證明這是錯的。儘管沒有官方的核准與協助，他們還是靠著自己的力量，建立了自給自足的全球貿易模式（雖然不被政府承認，也不被經濟學家們看好）。

無論如何，攤販、個體戶與其他沒有合法登記的D體系商人，早就參與這些全球化交易了。一千年前，他們隨著十字軍隊東征（這群看似聲勢浩大，但卻裝備不足的人被某位歷史學家戲稱為「步行城市」），在軍隊裡協助各國政府無力處理的後勤運送工作，包括提供軍隊衣物、食物，以及協助武器裝備補給等。D體系裡沒有宗教色彩與政治意識，生意人也很清楚，買賣無關宗教與政治。後來，攤販網絡越過了庇里牛斯山與阿爾卑斯山脈，將貨物在北非與中東，以及歐洲與北歐斯堪地半島地區之間來回運送；也因此，開發出邊界哨所的周圍路線，以及代理報關工作。

即使是看似牢不可破的城市（文藝復興時期，義大利有不少城市就是靠著圍繞在城外的牆壁與城垛作屏障），城門附近還是經常會形成自由貿易區域，從事政府管轄範圍以外的買賣交易。正如新興的資本主義歷史學家費爾南・布勞代爾（Fernand Braudel）所言，「無論一國貧窮或富有，攤販總會持續不斷地進行著驚險刺激的交易，並將範圍延伸到更遠的地方。」因為不用報稅，所以其中有著為數可觀的利潤；也因此吸引了更多成員參與，讓該族群越來越多元化。

舉例來說，法國詩人亞瑟・蘭波（Arthur Rimbaud）在一八九〇年放棄了文學，將自己剩餘的歲月投注在D體系的貿易模式中。他在二十六歲橫越地中海，遷徙到北非，並在曾被自己戲稱為「沒有機會的南方」，以商人的身分自居。他靠著駱駝拉著大篷車，運輸槍械、香料、絲綢、咖啡與其他貨物，往返於亞丁（註2）、哈拉爾與埃塞俄比亞之間。只可惜，這個偉大的詩人最後還是在全球商業活動中失敗了。

航空縮短貿易的距離與時間

相較於過去只是單純橫越地中海與紅海區域，目前進行遠距離交易的商人，旅行的里程數更遠了。珍妮弗阿里有限公司是拉格斯當地阿拉巴國際商場最古老的公司之一；負責人詹姆士・伊占菲歐瑪（James Ezeifeoma）依然記得一九八七年生平的第一次商業旅行，他與朋友集資四千美元，前往新加坡購買電風扇和冷氣機。「因為要在義大利轉搭前往孟買或新德里的班機，所以我們在機場睡了兩天，」他回顧當時的情況說，「接著飛到泰國，並在馬來西亞轉機，最後抵達新加坡。」一趟旅程必須耗費三到四天的時間。

現在，很多事情都更方便了。中國是所有交易者的共同目標，也是喜歡討價還價的商人們心目中的唯一選擇。他們可以選擇搭乘衣索比亞航空，或是從許多非洲大城市先前往阿迪斯阿貝巴[註3]，然後再從杜拜前往中國的北京與廣州。他們也可以搭乘總部在廣州的中國南方航空公司，從杜拜或北京轉機飛回非洲。除此之外，想要趕時髦的旅客，也可以考慮搭乘阿酋航空，直接從非洲各城市飛往杜拜，再轉機到北京。

詹姆士的觀點不錯——無論是對自己的市場，或是奈及利亞的經濟而言，D體系的全球通路都扮演了非常重要的角色。詹姆士早期的工作是在阿拉巴擔任學徒，那時候商人還會亂砍柚木供應市場所需；當時他就住在師傅的貨攤裡，睡在紙箱鋪成的床墊上，使用那個充滿猴子、蛇與蜥蜴的叢林的專屬廁所。穿越阿拉巴國際商場中央的歐裘路非常泥濘不堪，每逢雨季，他和同事還必須沿路放置木板，才能讓運送貨物的卡車免於陷入泥巴裡的命運。如今，他的公司不但擁有空調設備、氣派體面的大理石洗手間，就連他混亂的桌面上也擺滿了新力、國際牌、真力時[註4]等各大國際品牌獎杯，肯定他的零售能力。「也許因為我們的市場很混亂，而且不正式，才導致外界誤會我們做的是犯罪生意。不過，我們在全球貿易中，還是扮演著很重要的角色」，詹姆士說。

「巧克力城」裡的龐大D體系規模

也許中國廣州的經驗，可以為非洲的D體系明確指引方向。廣州位在中國南方，從前稱為

「廣東」；我就是在這裡，遇見大衛。

根據在當地深獲好評的《南方都會日報》（*Southern Metropolis Daily*）報導，長期居住在廣州的非洲人，大約有十萬名。雖然當地官方統計人數為三萬人，但其他觀察者卻認為可能有多達三十多萬名非洲人，生活在這個城市裡。三元里是廣州中央火車站北方的行政區，因為有許多的非洲人居住在此，所以當地計程車司機為它取了一個非正式的新名字——「巧克力城」。雖然計程車司機並非引用一九七五年美國華盛頓特區流行的迷幻龐克風，但這個名詞卻反應出廣州的真實面貌——每到上下班尖峰時間，三元里甚至聚集更多的非洲人（而不是中國人）。不過，並不是只有非洲人來中國做生意，我在廣州還遇到了阿拉伯人、阿根廷人、菲律賓人、土耳其人與美國人，他們都在D體系裡工作；不過，似乎也只有非洲人，才會想永久定居在中華人民共和國裡。

大衛談到他曾經住過的地方，「沒有奈及利亞人，三元里什麼也沒有。」他說，「我們帶進中國的錢，數量非常可觀的；我想，應該連中國政府也不知道其中的正確金額。如果非洲人今天不再來中國，相信我，這絕對會對中國造成傷害。」這些非洲人幾乎都是非法拘留在當地（例如大衛，他不過是持有三十天的旅遊簽證，卻在這裡待了超過的限定時間），進行著沒有許可證、沒有登記核准的生意；但是，他們都在追求相同的目標——世界貿易。

針對全球地下化經濟規模的統計數字並不多；因為大部分的商人（包含非洲人與中國人），

為了掩飾自己的交易活動，無所不用其極。想要估算從中國走私非洲的貨櫃數量，幾乎更不可能——因為許多非洲商人從中國走私貨物進入自己國家的目的是，為了擺脫交易法的層層限制，以及規避龐大的進口關稅（曾經有個中國經銷商告訴我，運費與關稅有時候甚至比運送的貨物價值更高；舉例來說，一個貨櫃的物品成本價是九千美元，但從中國運到非洲的花費可能至少要超過一萬美元）。唯一可靠的統計數字是，中國官方估計，二〇〇九年中國與非洲的雙邊貿易總額，已經超過一千億美元，其中出口大約占四百億美元，與二〇〇七年相比，成長了百分之四十之多。不過，這個統計數字應該不包括檯面下全球化的經濟成長，因為它們大都發生在官方紀錄以外。

在街上，他們的影響力是無庸置疑的。廣州為了迎合這些非洲商人，規劃了一連串的生活設施，包括旅館、供應非洲食物的餐廳（其中有間店鋪還因為味道不好，而被戲稱為「黑人廚房」）、貨幣兌換商、船務代理、翻譯員，以及調停人員（甚至有些中國人像大衛一樣，負責提供商人與展覽廠商之間的交易媒介服務）；不只如此，還有不少咖啡酒吧（這些地方特別深受法語系的非洲國家，以及北非阿拉伯國家商人歡迎），提供了商人閒逛聚集的場所。此外，每到週六，更是經常看到幾千個非洲人在廣州越秀公園附近的一間清真寺敬拜，週日下午也可在廣州舊市中心前的一德路上，看見聚集在聖心大教堂外，用英語交談的人潮。

伊博族學徒制累積年輕人創業第一桶金

大衛．伊貝奎（David Ibekwe）在奈及利亞拉格斯的汽車零件與機械經銷商協會裡有家店面；八年前他從拉格斯來到廣州，只為了一個非常簡單的任務——尋找可以進口家鄉的廉價汽車零件。現在他每年必須來回數趟，次數多到他必須在廣州當地租一間臨時公寓（而不是住在飯店裡）；他後來告訴我，其實他比較喜歡住在中國，而不是奈及利亞。

大衛通過伊博族（註5）傳統學徒訓練，並在汽車零件與機器經銷商協會開始傳統的生意模式。他在念完高中一年級後被迫休學，並開始跟著出售汽車零件的叔叔當學徒。在伊博族人的傳統習俗中，一名學徒必須花費至少七年的時間，才能成為一名師傅。依照規定，他必須完成老闆交代的所有任務，包括洗車、準備三餐、保全、倒垃圾，甚至是看顧小孩；過程中，他學到了不少細節與做生意的訣竅。然後，根據伊博族人的傳統習俗，當結束學徒生涯後，會同時被賦予一些創新的任務，並傳授寶貴的經驗；如果學習能力強，老闆會幫他「安頓」後續的一切。大衛根據自己的經歷描述，「一般而言，當你收個小夥子為學徒後，他會為你工作五到七年的時間；如果表現不錯，你還得幫他安頓日後的工作。所以，學徒會因此賺到一大筆錢，而師傅也可以用這些錢幫助他規劃未來的新生活。」這意味著，一旦學徒學有所成，師傅除了要幫學徒租一間店面，還要提供他生財器具。接著，這名學徒會開始進入這個行業，並成為師傅的競爭對手。可以料想得到的，學徒也會無可避免的從師傅這裡帶走一些客源。

在伊博族人傳統習俗中，學徒的角色比較像是被剝削的勞工。但是，如果從「安頓」的概念來看，倒是有點像提供幕後融資的系統服務，提供年輕創業者資金來源，幫助他們建立全球生意的網路。拉格斯的人權提倡者，以及隸屬於非政府組織的女權研究與文獻中心WARDC的執行董事阿比歐拉．阿奇佑達阿佛拉比（Abiola Akiyode-Afolabi）就非常推崇這個觀念，她說，「伊博族人的學徒系統，是透過非正規教育方式傳授知識的最佳典範。」

當叔叔為大衛安頓時，大衛決定成為一名進口商。當時，中國對外國人的貿易還沒有那麼開放。他說，「我的首選是臺灣與印度，因為申請簽證較容易。」他正巧遇上中國開始對外宣傳將成為全球製造中心的時期；他回憶當時的情況說，「那時中國開始邀請我們前往當地，並願意盡一切可能提供我們協助。」於是，他先參與了兩年一次的廣州博覽會。自一九五七年開始，這個博覽每兩年會在廣州舉辦一次，參展的成員都是中國當地最出色的製造商。會對中國而言，這個博覽會是個盛事；根據官方統計，二〇〇七年舉辦時，吸引了超過二十萬名買家入場，總計成交了大約七百四十億美元的銷售金額。

在貪污腐敗下求生存

就像所有進口到奈及利亞的機構，大衛的公司也向奈及利亞集團事務監察委員會註冊（所有進口貨物到奈及利亞的公司，都必須在此先行註冊）。但這並不意味著他的公司完全合法，因為大多數的公司會以「部分合法掩護大量D體系」的方式經營。舉例來說，大衛的公司每個月要進口一個裝滿汽車零件的貨櫃；他遞給我一張即將抵達拉格斯主要港口——阿帕帕港的船運發票，上面記載的貨物價值是五萬一千美元。他告訴我，依這個價格來說，他不但必須另外花費超過二萬美元請人在港口整理貨物，還得支付給對方接近總額百分之五十的費用。所以，他必須努力與海關官員交涉，才能順利少報貨櫃裡的貨物價值，減少關稅負擔。不過，他必須將省下的關稅與海關檢查員分享，以表達感謝之意。

我將這段談話轉述給阿帕帕港的公共關係官員達拉．納迪（Dara Nnadi）。他說，「雖然奈及利亞沒有創造貪污腐敗，不過貪污腐敗卻無處不在。」他接著整理了自己身上的制服（即使只是採訪，但考量採訪內容會被錄影，他還特地將鞋子刷得閃亮）指出，港口所有作業都已私有化，為的就是減少裝卸過程中貨物的損傷，並朝向專業化發展。當我將這些報告交給大衛，他笑了笑。

大衛拿起一疊被折起的橡膠。在過去，這是個新產品；他曾與一家中國製造公司協商，想要量產這種摩托車的內胎，希望這種廉價的內胎能夠成為賺錢的工具（考慮現實世界中的坑洞與崩塌等路況，以及歐卡達在充滿廢棄物與廢鐵的公路上常需要減速慢行，爆胎的情況非常頻繁，因此他覺得這會是一筆大生意）。不過，當我一年後再看到他，大衛告訴我這個內胎的投資生意已經失敗了，還說他為此賠了不少錢。只不過他毫不在乎地說，「所有投資都會有風險」；當時的他看起來，像極了近代的經濟學家亞當・史密斯（Adam Smith）。

從事非洲貿易的D體系商人在中國崛起

在過去八年來，大衛轉向與中國交易更高價值的商品。在中國，有許多供應商因為大衛的採購而成功，陳琳達便是其中之一。

六年前，當琳達剛從大學畢業，取得化學學士學位時，她曾夢想進入美國知名消費日用品生產廠寶僑公司（Pcoter & Gamble）工作。她甚至向美國總公司提出申請，但競爭太激烈了（數以千計的應徵者角逐兩個職缺），她最後還是不幸落敗。後來，她在二十七歲那年走上完全不同的方向；現在的她已經擁有自己的汽車零件公司（她的成功也是歸功於廣州與奈及利亞商人們的合作），每年營業額大約一千萬人民幣（相當於一百四十萬美元），其中高達百分之九十五的貨物，都出口到拉格斯，大衛是她的第一個客戶。

她說，「即使事隔多年，我還清楚地記得他買的第一項產品——抽水泵浦。」儘管他們不再經常合作（大衛的訂單太龐大，而且非常在意商品的品質，後來索性直接找上工廠，生產自己需要的汽車零件），琳達和大衛仍是朋友；大衛甚至還會定期推薦來自拉格斯的同鄉，向琳達進口商品（因為他很清楚琳達是個非常值得信賴的合作夥伴，她的商品不但價錢合理，品質也非常有保障）。

如同大衛與他的其他非洲顧客，琳達的生意也遊走在D體系與正式經濟體系之間。琳達剛開始做生意時，並沒有成立公司。為了避免被政府追查，她跟著一個大型製造商做生意，並對外宣稱，她只是在這裡擔任代理人的職務。這當然不是真的，不過這個謊言卻幫她省下龐大的營業與登記費用。儘管她不久前才向政府註冊公司行號，並開始合法經營，她坦承每年還是必須修改財務資料，以減少稅賦。

此外，就像其他奈及利亞籍的競爭對手，琳達有時也會藉著提供假收據，並少報收入的方法，來規避港口費用。她告訴我，「如果你賣出一箱三美元的美工刀，你可能只會告訴海關，說它只有一．二美元。如果一個貨櫃可以裝滿價值四萬美元的貨物，你可能只會說，這裡的貨櫃只值三千美元。」

此時，琳達突然中斷談話，接聽一個從奈及利亞打來的電話。她問，「如何發？」從窘迫的英文，講到後來變成夾雜著完美的奈及利亞腔英語交談，她問，「要什麼樣的東西？」寒暄了幾秒鐘，她將話題直接帶入重點——收帳。她告訴對方，除非願意當場現金交易，否則她不會同意將汽車零件送往奈及利亞。掛上電話後，她搖搖頭說，「剛開始，我完全聽不懂奈及利亞人的英文。雖然現在我可以用非洲腔進行英文會話，但還是聽不懂美國腔與英國腔的英文。」

琳達最初開始做生意時，都是用電話或是電子郵件處理她小客戶的需求。不過，二〇〇八年開始，她每年往返拉格斯一次，目的是為了與市場保持互動，並會面那些無力負擔到廣州的機票錢，或是無法取得簽證的奈及利亞買家。

匯率波動亂了D體系的獲利

大衛在二〇〇八年夏季，再次前往廣州，他相信自己會再找到適合做生意的領域，像是買入許多汽車零件，並賺到可觀的利潤。「那是一趟很好的旅程，」當他返回拉格斯時，他說，「我過得很快樂。但是，這趟旅程對生意毫無意義。」

大衛的生意，正因為D體系現金交易所產生的陷阱——全球匯率波動，而深受其害。

地下經濟還是必須依賴正規的國家貨幣匯率；而美元，就是在D體系裡全球通用的語言。在中國買東西，大衛必須先在奈及利亞，將他的奈拉換成美元，並在中國當地換成人民幣。但是，奈拉對美元的匯率跌得相當深。二〇〇七年初，官方牌告匯率是，一百二十八奈拉兌換一美元

（在黑市，你可以換到更好一點的價位）；但是到了二〇〇八年中，匯率已經跌到一百五十奈拉才能兌換一美元。同時，美元兌換人民幣的匯率也下跌了。二〇〇九年，一美元可以兌換七・七元人民幣；但是到了二〇〇八年，一美元只能換到六・八元人民幣。

因為匯率的波動，讓大衛的購買力足足比二〇〇七年下降了百分之三十之多。二〇〇七年，一元人民幣只需花費大衛十六・六奈拉，但不過是一年的光景，花費就增加到二十二奈拉；這個變化，打亂了他原先的計畫。

琳達也感受到匯率的波動。她手上拿著一盞汽車前燈。早在二〇〇六年美元對人民幣的匯率還在一比八的時候，她可以用八・八元人民幣的價格，從工廠買進這個汽車前燈（大約是一・一美元，相當於一百三十七奈拉）後，再以九・六元人民幣的價格賣出（大約一・二美元，相當於一百五十奈拉）；一個前燈可以為她賺進大約百分之十的利潤。即使汽車前燈沒有漲價，依目前匯率換算，她還是必須以一・四美元（相當於二百一十奈拉）的價格，賣給她的奈及利亞客戶。

不過，她也知道拉格斯的客戶不可能一次支付這麼多錢；所以，她嘗試將她的前燈以一・三美元的價格賣出（不過，這也意味著她的利潤已經降低到百分之二）。事實證明，一百九十五奈拉的價格還是過高（相較於二〇〇六年的價格，該價格已經超過百分之三十），所以市場上很難找到買家。同時，琳達也必須比過去賣出更多的產品，才能維持自己的低成本交易；現在，她已經開始擔心公司是不是撐得下去了。她說，「在中國，不但材料成本持續在上升，就連人民幣也持續在升值，」她談生意的方式已不像是地下經濟的經營者，反倒像極了傳統的資本主義者，她說，「我必須考慮下一步該怎麼做。」

文化差異的價格戰

張伊森是廣州手提包的設計師，他所面臨的，不是匯率波動的問題，而是文化背景不同，所造成的價格認知落差。他想進入全球貿易的領域，專門為美國市場設計手提包。但是他發現，因為中國與美國的消費者對手提包的價格期望值不同，因此讓他的生意陷入困境。

「為什麼美國人總是想買廉價又有品質的手提包」，他問。在中國，對月薪賺大約兩千元人民幣的女性上班族而言，買一個兩百元人民幣（相當於三十美元）的包包，應該不太會心痛。事實上，如果她喜歡這個手提包的風格，同時包款也很搭配她的服裝與配件，她甚至可能每個月都來買一個（即使這樣做會花費她每個月薪資的百分之十）。相較之下，大多數美國人卻不願意付出太多金錢購買一個手提包；而且伊森發現，美國批發商想要支付的金額，又遠比這個價格更少（儘管中國人的儲蓄能力比美國人強，但比較同齡的美國年輕人，有越來越多中國青少年捨得花錢消費某些更昂貴的商品）。

伊森持續將成本降到最低。他的公司既沒有登記，也沒有繳稅；不但如此，他還沒有營業執照，甚至連廣州居留證也沒有。他在三元里一處打通兩間公寓的地下室裡，進行著他的手提包打版工作與生意；他睡在其中一個房間，並利用另外一個房間做生意，同時還得為十個員工準備午餐與晚餐。

「如果我要拿到營業執照，我勢必得準備一個銀行帳戶，以及一處位在商辦大樓裡的辦公室。」伊森說，「必須花一到二萬元人民幣（相當於一千五百到三千美元），才可以取得營業執照。這麼多年來，沒有營業執照也許曾經是個問題，但現在我已經不認為這個問題很重要。中國當地絕大多數的富人都沒有繳稅。」接著，他停了下來，口中喃喃抱怨，就像你會在中國其他地方聽到的一樣。他說，「我們不知道稅都繳到哪裡去了？那種感覺，就好像你沒帶錢走進醫院，根本不可能得到任何治療。」（這是中國當代最令人驚訝的社會寫照——儘管中國對外強調，他們有很好的向心力與社會福利，但政府在一年多前還是終止了全民健保制度。）

伊森認同琳達的說法，他也覺得大部分的商人並沒有誠實向政府申報營業額；更有甚者，還會與其他客戶聯合起來誤導政府相關單位。他說，「在中國，那些私營的小企業通常不會開發票。」他說，「當你需要發票時，他們會用另一間公司的名義開發票給你，而且金額隨便你填。」

基本上，這個作法不只可以幫助他們對北京政府隱藏真實的收入，同時還可以幫助他們的買家向政府謊報進口貨物的金額。他說，確實有很多一人公司的小型企業，是拿著手機做生意的，而且工廠真的只有一個人在經營。

價格破壞——低要更低，不管合不合理

伊森也像琳達一樣，是個年輕的企業家。二〇〇五年六月他從學校畢業，在北京郵電大學取得資訊科學的學士學位，次月即抵達廣州。因為發現自己對資訊科技並不是那麼有興趣，所以想做點生意。在第一次創業的過程中，他犯了一個幾乎所有初學者都會犯的錯誤——他將所有現金都投資在數位相機的記憶卡與手機，並企圖成為一個破壞市場行情的批發商。由於沒有做好充分的市場調查，所以不知道這門生意非常競爭；於是，價格快速下跌的結果，他失去了一切。為了增加商業知識，他決定找工作。最早，他擔任一名小職員，負責打字、清掃，以及維修電腦；雖然這份工作只短短持續了四個月，但結果卻讓他明瞭自己不適合電子業的生意。從此之後，他在一間擁有上千人生產線的手提包工廠工作。「一個月後，」他告訴我，「我了解如何經營一間工廠。就這樣，我再次辭掉了工作。」

他認為，手提包的生意，從製造到零售，過程中的利潤非常可觀，應該可以為他帶來一份不

錯的收入，所以他決定成為一名設計師。他花了幾個月的時間在皮革商場閒晃，並上網購物商城瀏覽手提包。「我像是個竊賊，但只用眼睛看」，他說。很快的，他完成了第一份手提包設計稿，並向家人（他的家人在陝西經營自己的煤礦與金礦場）籌資到一百萬元人民幣（相當於十五萬美元）資助，然後開始他的工作。

但是，伊森對於自己能夠掌控的手提包價格，還是覺得有點不太踏實。就在他痛苦抱怨美國消費者多麼沒水準的同一天，伊森邀請我與他們一起共進晚餐。這次聚餐沒有任何社交目的，就如同先前我與許多廣州商人會面一樣，只是手提包工廠負責人的例行性商務會面。

溫先生（他要求我只能透露他的姓氏）是手提包工廠的負責人，在存到足夠積蓄前，他花了十年的時間當一名生產線工人，存到三十萬元人民幣（相當於四萬四千美元）開一間工廠。他的生意不需要經過註冊與批准，而他也只不過向政府繳了一小部分的稅款。他的工廠就開在廣州郊區（他告訴我因為擔心工廠距離市中心太近，會被政府找上門強迫註冊，並向他追討償還先前的欠稅款項），淡季時會僱用三十名工人，旺季最忙碌的時候則會擴編到六十名員工。他的公司並非走組裝路線；相反的，他卻組織工作小組（通常是三人一組），讓同一個組織裡的三個人一次完成生產手提袋的所有工作。這個作法對伊森的最新訂單來說效果不錯，因為這些手提袋的製作流程非常快，而且需要相當大量的手工縫製過程。但正是因為這樣的複雜性，因此製作前的會議是有必要的。

伊森和溫先生之間，透過閒聊的方式進行會談。這個時候，我們已經用完十幾盤不同的餐點與六壺茶，趁著伊森前往洗手間的空檔，我的翻譯給我一個快速簡短的總結——伊森付給溫先生的工廠，每個手提包只有大約二十元人民幣（相當於三美元）。溫先生當然希望能夠提高價格，不過伊森卻拒絕了。「談好的事情就是談好了」，他說。當然，這些僅分到二十元人民幣其中一小部分的工人們，還是得在工作桌旁，辛勤地工作。

但這無關工資的討論。

當天稍早，伊森曾告訴我每個手提包的售價——每個小錢包的售價大約是七十元人民幣。就這樣，儘管他將袋子賣給當地人，批發價還是比付給溫先生的價格高出三倍之多。雖然他重視品質，但伊森仍只願意支付很低的價格給溫先生的工廠。

問題是，這些嘗試取得低價的商人，還是可能面臨被裁員的困境。

買低賣高是不變的遊戲規則

大衛．姆旺吉（David Mwangi）來自肯亞內羅畢市，他在二〇〇六年來到廣州，負責將貨物從亞洲運到非洲東部。他第一筆交易一開始，就是採買大量快閃記憶體，並反覆討價還價，因為他相信這個生意有利可圖。不過懊惱的是，當他將所有貨物運到內羅畢市時才發現，「百分之九十的商品都不能用」；於是，下一筆交易他決定在中國當地直接測試這些商品。他買了八十萬個可複寫的空白光碟，並且逐一測試。「整張訂單都是垃圾」，對此。大衛相當憤怒，報警指控這些公司是小偷。只是，這個作法行不通。因為在D體系裡，不可能針對劣質商品的陷井，提供任何保障。

二〇〇七年，大衛已經開始思考他先前沒有考慮到的事情。我們在小北路口（另一個廣州非洲籍居民的主要住所——鄰近的商圈，大都是迎合東非與前法國殖民地的西非商人口味而設計）外的一間雜貨店旁，喝著不冷不熱的珠江啤酒。大衛斜靠在他的板凳上，很洩氣地說，「在中國實在不太可能賺到錢。」他在中國認識的供應商，經營的利潤非常微薄，導致他們必須透過降低產品品質的方法，來增加利潤。他已耳聞，越南可能是下一個能夠生產高品質、低成本商品的國家。因此，大衛決定遵循著亞當．史密斯的法則——批發商的資本不應該執著在某些定價；相反的，必須盡可能地保持價格彈性，才不會錯失低價買進或高價賣出的先機。

回到奈及利亞，大衛正在思索遷移新市場的可能。他在汽車零件的進口業務上，正面臨著新競爭。由於在中國的成本上升，以及奈拉持續貶值，導致中國商人開始紛紛跳過中間商，自己前往奈及利亞冒險；就像大衛，他將自己的釣鈎直接拋向當地市場。這些企業家並不會直接在非洲製造商品，他們的目的，是尋找能將商品賣得比當地競爭對手更便宜的方法。要與這些中國商人競爭，大衛唯一的辦法，就是買進更便宜，但品質更低的產品。每次的訂單將會有更多缺陷，而且所有零件都會變得更不耐用。他說，但這是唯一的機會，可以讓他在自己的遊戲裡，擊敗這些中國商人。

或者他可以轉至另一個全新的領域。他詢問我另一個新的投資——將來自美國的舊車，進口至奈及利亞。這是另一個龐大的D體系業務（包含將貨物送往科托努港口通關、支付通關的貨物稅，以及將它們運往拉格斯的費用等），一連串的過程所費不貲；更何況他面對的競爭對手，還是一群已有多年經驗的奈及利亞商人。但是，大衛知道他的想法可能行得通，只因為，這並非中國人想觸及的市場。

註1　中國當地俚語所稱的「塊」（Kwai），指的是「一些錢」的意思。

註2　亞丁（Aden）後來成為英國的殖民地，目前是通往葉門的主要通關口。

註3　阿迪斯・阿貝巴（Addis Ababa）是埃塞俄比亞（衣索比亞）的首都，位在衣索比亞高原的山谷中，是非洲海拔最高的大城市，人口約三百萬，擁有波伊（Bole）國際機場連繫歐洲、亞洲。

註4　真力時（Zenith）一八六五年在瑞士創立，擁有一百多年歷史，是瑞士四大鐘錶製造商之一。

註5　伊博族（Igbo）是西非主要黑人種族之一，主要分布於奈及利亞東南尼日河河口地區，人口約二到三千萬。主要信奉天主教，也保留傳統宗教，講伊博語。

Chapter

05

山寨文化

謹慎的男人向來真誠處世；當自己的醜聞被攤在陽光下時，通常會感覺非常惶恐與羞恥。即便是維持一貫的真誠態度，但也並非凡事都必須坦誠布公。除了事實，他不會對外透露其他事情；更不會因為妥協或委曲求全，勉強自己全盤說出真相。

——《道德情操論》

簡而言之，盜版就是將高度流行的品牌，注入低度流行的民眾潛意識中；它是免費的品牌廣告，使奢侈品成為夢想的部分主流。根據一份中國的消費者行為研究報告結果，人在市場裡會考慮仿冒品，只因為有了另一項選擇；如果他們有足夠的金錢，還是會購買正版商品，而非仿冒版本。

商人與海盜的行徑如出一轍

長官亞瑟・奧卡福（Arthur Okafor）從不承認自己賣的是仿冒品。他不認為這些是假貨；如果有人說這些東西是冒牌貨，他甚至還會暴跳如雷。他把手放在胸口，好像宣誓般慎重地說，「這些都是原版拷貝！」

在廣州大沙頭二手貿易中心一處攤位前，他慵懶地斜靠在玻璃展示櫃上。這裡是他做生意的地方，一旁還有經過仔細摺疊的紙箱、幾何形狀的緩衝粒、成打的小塑膠袋、數捲包裝用膠帶，以及一系列用膠帶密封著的大型保冷箱（這些東西準備用來運送野生鮭魚）。

當天是星期五下午，他預定在二十四小時之內返回拉格斯。他問道，「你知道我帶了多少錢來這裡嗎？」他停頓了一下，接著回答，「四萬美元。」「你知道我帶多少錢回家？」他笑笑地舉起手臂，動了動五根手指，像極了空中釋放的燦爛煙火。

亞瑟態度堅定地拒絕承認這件事，並娓娓敘述傳統的商業真理；他認為，長久以來盜版就是個正常的商業行為。早在一個世紀前，哲學家尼采（Friedrich Nietzsche）就曾說過，「那些承諾捍衛社會、對抗土匪的海盜，與擁有權力的人實際行為根本如出一轍。」尼采在一八八〇年寫道，「與前者相比，後者只不過是用了不同的手段，來取得到他們想要的東西；還美其名說這些東西是社會向他們表達敬意的進貢品，並非強力徵收。」（這意謂著，商人的行徑與海盜沒有不同；長期看來，他們都是同一種人，而且所做所為相同，無關動腦或動手的差別。事實上，即使是現在，商人的道德觀不過比盜版業者謹慎一點點而已；他們只知道盡可能地買低（不能高於經營成本），並且盡可能地賣高。）

這個論點，長久以來已經有無數的歷史經驗印證了。爵士法蘭西斯・德瑞克（Sir Francis Drake）曾進行三次跨越大西洋的航行；他在一五七七到一五八〇年間環繞地球一圈，並在一五八八年領導英國海軍，打敗強大的西班牙艦隊。他每次出航的目的都是一樣——強行奪取西班牙商人手中的貨物，並掠奪西班牙為了經營貿易所建造的港口城市；不但如此，就連船隊所配備的水手，都是同類型的男人（有時候還會是同一名男子）。在他航行到新世界的旅程中，只有一次是純粹為了合法的貿易目的，另外二次的大西洋航行，法蘭西斯都是扮演著海盜的角色。如此看來，他的行為與海盜們的探險，又有什麼不同呢？只不過是多了一張英國女王親自簽署的特許證而已。

安博思．皮爾斯（Ambrose Bierce）是位玩世不恭的美國作家，我們在他的俏皮著作《魔鬼字典》（*The Devil's Dictionary*）裡，捕捉到這種荒謬的描述；他將盜版侵權定義為「沒有愚蠢包袱的商業行為，就如同上帝製作的一樣。」

當然，亞瑟並沒有掠奪這個讓他採購商品的市場，也沒有用武力搶奪手機。但是，他的所做所為，的確是遊走在合法與非法之間的灰色地帶。沒有任何官方證明，允許他可以在市場上買進任何商品；但他卻能憑著旅遊簽證，前往廣州做生意。他購買盜版的合法手機，再將它們偷渡運回拉格斯。雖然他有別於法蘭西斯用暴力達成自己的目的；但無庸置疑的，亞瑟的行為和海盜並沒有什麼不同（即使每次方法不同，但他還是在做生意）。

山寨手機大本營——廣州大沙頭二手貿易中心

如果不仔細找，你可能還找不到廣州大沙頭二手貿易中心。因為，它不但不在珠江彎曲的馬蹄形舊廣州市區，而且也不在閃閃發光的先進天河鎮上，甚至還距離安靜、古色古香的沙面島很遠。在沙面島上，那些領養中國嬰兒的外國夫婦，都會在白天鵝賓館的豪華大廳前，留影新家庭的首張全家福。如果說，市場裡的廠商都曾試圖參與廣州博覽會，那還真是令人懷疑；因為從目前的交易情況來看，這裡的全球貿易應該算是近五十幾年來最好的了。

事實上，即使從旁經過，你可能還是無法發現它。二手貿易中心將自己藏匿得很好；它的位置就在一條看似忙碌，但卻又平淡無奇的商業街上，入口的位置就在一處熱鬧的平凡市場一樓，必須搭乘電扶梯才能到達中心。相隔數條街之遠，海燕大橋下的一個公園裡，許多退休人員正在學習交際舞。一群在D體系下從事腳踏車修理工作的工人，正在橋下的噴水池畔抽菸，等著為上門的顧客修理腳踏車，賺取更多收入；對他們來說，這是個兼差的工作，只要多一點兒努力，就可以額外再賺取一些報酬。等待顧客的同時，修理工人還會機警地觀察有沒有從市政府機構走出來的城市監控人員，因為這些人員有權沒收他們的工具與金錢。

基本上，大沙頭二手貿易中心只不過是個用夾板，區隔出獨立攤位的出租市場。在這個貌不驚人的地方，清一色的中國商人與非洲顧客（這裡的顧客大都來自非洲，例如亞瑟），譜出一段令人驚奇的全球化故事。活躍的交易活動（特別是星期五）就像是個永無止境的音軌，此起彼落的膠帶封裝刺耳啪啪聲、自動點鈔機的刷刷聲、……，交織出特別的交響樂。每個離開市場的紙箱，都會被膠帶層層包裹，確保不會受到損傷。就像世界各地雜亂無章的市場，這裡只接受現金交易；所有交易都得用人民幣付帳。由於鈔票的最大面額是一百元人民幣（相當於十四美元），因此常見從事大筆買賣生意的人，帶著大把的現金前來；舉例來說，當亞瑟帶著一綑四萬美元的現金前來時，還必須先將它們換成三千張百元人民幣紙鈔（鈔票的數量之多，甚至得動用一個公事包或麻布袋，才能裝得下）。商人們都知道，如果只靠雙手來數錢，極有可能犯錯；這也是為什麼每個攤位前，幾乎都會配備一台電池式點鈔機的原因，因為這台機器可以幫助他們一次又一次地正確清算每筆交易的鈔票。此外，每個攤位也會自備幾個保險箱，保存他們交易收取的現金。

基本上，這裡只賣一樣商品（該商品正是這個市場存在的原因）──手機，只有少數攤位還會販售電池與充電器，但大部分的攤位賣的都是手機。行動電話在中國是一門很大的生意；根據政府統計，中國在二〇〇八年總共出口了六億支行動電話，不過這也只是官方統計數字，因為這裡販賣的手機並沒有經過許可。儘管名稱叫作「廣州大沙頭二手貿易中心」，但是這裡賣的手機根本不是二手貨；正確來說，應該是「山寨」（註1）手機。它們被展示在玻璃櫥窗裡，每個都被包裝得像一片片美國乳酪，包括有「Sansung」（山桑）、「Motorloa」（摩托拉）與「Sany Erickson」（桑尼易利信）等。山寨產品是中國企業生產的主要產品，它們防不勝防地出現在每種商業行為；在廣州服裝與皮革市場，你甚至可以找到一些店名叫作「Hogoo Boss」、「Zhoumani」、「Verscc」、「S. Guuci」，以及賣著我最愛的鑰匙圈、錢包品牌的「Alicia」。

百分百獲利的山寨手機

事實上，雖然這些產品有著非常好笑的名字，但它們並非廣州大沙頭二手貿易中心的主要業務。在這裡，真正的業務是盜版。這些單調的攤販，也許只是這個城市裡致力於山寨手機的領導商圈。而這些與原版幾可亂真的手機，有些甚至還有產品標誌，它們可都是時下最新款的仿冒商。

在廣州大沙頭二手貿易中心，你可以買到幾十種不同型號的諾基亞手機，它們看起來與原版手機一模一樣。舉例來說，一支正牌的諾基亞 N73 型號手機，在亞瑟二〇〇七年剛到這裡的時候，零售價是兩千九百元人民幣（相當於四百美元）；但現在你可以用一千元人民幣（相當於一百四十美元），買到一支山寨手機。廣州大沙頭二手貿易中心裡販賣的山寨諾基亞 N73 型號手機，外表非常漂亮，看起來就像是原廠的完美複製品，螢幕顯色與正品一樣清晰，所有功能幾乎都能運作（當然，如果沒有經過長期使用，實在很難辨別真偽）。至於價格呢？六百元人民幣（相當於八十五美元），是正品價格的五分之一；當然，如果你一次大量買進，說不定還會得到一點兒折扣。即使這支電話高標準的外表下，有著不太可靠的功能，卻依然無法阻擋商場內許多人對它的渴望。

「知名品牌有著便宜的價格」——意味著，亞瑟這些人有利可圖（即使這些東西只是非常低水準的模型）。以諾基亞1011型號手機來說，它所主打的三大特點，都非常適合經常旅行的人。首先，它的外表看起來並不驚豔，而且製造的技術非常簡單（單色外殼、沒相機功能，也不能上網，表示它絕不可能是竊賊的目標）；其次，它的待機時間非常長（即使通話量很大，充一次電也可以用上五天），這在大部分時間電力供應不太可靠的奈及利亞來說，的確非常實用；第三，它的收訊很好，而且很耐用。我在奈及利亞伊凱賈電腦材的一個攤位，花了五百奈拉（相當於四十美元），買了一隻諾基亞1011型號手機；我在廣州大沙頭二手貿易中心詢問一樣的手機價格，甚至沒有講價，攤販就開給我十美元的價格（如果我買很多，似乎可以降到一支八美元）。用簡單的數學算一下，一千支手機就是八千美元，再加上購買機票的一千美元，以及額外的一千美元雜支；也就是說，即使是你花一萬美元將這些手機運送到奈及利亞（雖然有點誇張），這個利潤還是非比尋常，投資二萬美元，你可以賺取四萬美元；不然，最少也可以回收原投資金額的百分之百利潤。就是因為這麼有「錢」景的利潤，讓亞瑟兩年內前往廣州多達九次；對他而言，買賣山寨手機幾乎就跟投資一樣稀鬆平常。

廉價假貨、高品質山寨貨、超A級仿冒品

而且，要將這些山寨商品進口奈及利亞，並沒有這麼困難；就像汽車零件交易商大衛・伊貝

奎（David Ibekwe）所說的，他只要用「CB」（「Contraband」的簡稱，走私的意思）裝滿貨櫃，經由鄰近貝寧共和國的柯托努港進口，一切就沒問題了。柯托努港是大衛口中的「開放港口」，不但沒有什麼關稅的管控問題，就連對盜版商品，限制也很少。柯托努港是D體系進口商最喜歡的船運終點站，因為這裡卸貨的效率好到令人難以置信。研究西非貨運交易的法國經濟學家珍・保羅・阿贊（Jean-Paul Azam）指出，在拉格斯的阿帕帕港口，一次卸載貨物至少讓你等上一整個禮拜，甚至是一整個月之久；但如果是在柯托努港，從貨物下碼頭，再運送到目的地，僅僅只需要二十四小時。據估計，運送到柯托努港的貨物，可能只有不到總價值的百分之十，必須向貝寧共和國的海關人員報關。大衛告訴我，一旦他的貨物下了碼頭，他所僱用的走私人員，就會幫他將貨物帶過邊界，進口到奈及利亞。

「你有看到這個品牌嗎？」大衛指著旁邊的藍色箱子說，「這個品牌來自臺灣，但是這箱貨物卻是在中國製造的。」他向我指著另外一堆上面印著藍底黃字「SASIC」的箱子說，「這是個法國品牌，但它也在中國製造。」換言之，這些都是假貨，雖然它們上面印有相同的品牌名稱，外表看起來也像是原廠商品，但事實上都沒有經過原廠同意製造。這讓我想起在廣州的琳達。有一回我看到她位在三元里的辦公室置物架上，所陳列的積滿灰塵的山寨商品紙箱，包括Meyle、Bosch，以及Glacier Vandervell等品牌。她告訴我，這間製造高品質山寨貨的公司，還提供與原廠相同的保固，消費者可以因為買到毀損或瑕疵品，而要求送回換貨或維修。當然，廉價的假貨，對買家就沒有提供這些保固了。

大衛繼續說著，真貨的零售價格會比假貨「貴上至少一倍」。他想了一會兒，並且上修他的預估說，「不，是超過三倍以上的價格。相信我，可能還不止三倍。」換言之，正版商品太昂貴，所以無法在拉格斯銷售。

在廣州大沙頭二手貿易中心，當亞瑟比了個仙女散花的手勢後不久，我坐在素有「廣州最奇特商場」稱號之一的中國廣場頂樓，偷聽到裡面的某人正在談論盜版商品。飛揚（他要求我使用這個名字）啜飲一口極甜的冰咖啡後，指向下面遙遙相望的PUMA商店，「即使是在那裡，」他說，「大部分合法商店賣的，也可能是假貨。否則，他們根本賺不到錢。」

飛揚說，PUMA在中國是很普遍的仿冒品牌服飾，而且很多高品質的仿冒品（他們稱作超A級仿冒品），品質好到連原本設計的人，也無法分辨真偽。他告訴我，事實上這些超A級仿冒品常常是被一些與品牌廠商簽約的工廠所製造；白天製造這些品牌商品，晚上與週末製造仿冒品。

中國政府默許盜版製造商

飛揚是透過內部，才知道這種生意模式的。他花了許多年時間，為一間生產男性運動服飾仿冒品的公司工作，負責整理帳目、幫忙店裡工作，有時還會參訪工廠作業。他唯一沒有做的，就是直接販賣這些冒牌貨（意思就是，雖然他在一間獲利非常高的公司工作，倒也沒有因此致富）。飛揚還告訴我，推銷人員採佣金制度；有時公司發放的佣金，甚至會高到每個月五千到一萬元人民幣（相當於七百五十到一千五百美元），這筆錢幾乎是在店裡銷售人員薪資的五倍之多。

飛揚接著說，中國政府對於盜版製造商，採取彼此互不干涉的方式管理（除非偶爾應西方品牌公司要求，嚴厲打擊仿冒商品）。例如，在二〇〇八年北京奧運會，從籌備到結束這段時間，為了獲得全世界認可，中國政府開始對盜版商採取更加強硬的態度（儘管如此，相較於其他生意，盜版商還是比較容易躲過當局直接監控）。舉例來說，工廠和展示廳通常會在假日營業。為什麼？因為公務員假日都不用上班。他說，「政府在假日休息，那正是我們做生意最好的時間。」而且，飛揚的老闆與員警似乎私下另有協定，不然怎麼那麼巧，他都會剛好在員警突襲前關店。即使掉以輕心被突襲臨檢，店鋪老闆也從來不會在當局抵達時出現在現場，好像這些員警行動前早就對他通風報信似的。老實說，突襲臨檢也無法阻止他們的生意。飛揚告訴我，即使當局關閉了其中一個據點，並將這些仿冒品沒收，幾天後，新的公司也會再換個新名稱與新地點，重新開張營業。

有趣的是，大多數生產這些仿冒品的公司，還是有繳一點稅；飛揚說，這是因為他們除了仿冒行為，還是會從事一部分的合法生意；只不過與其他人一樣，他們僅會向政府申報部分收入。「通常，他們只會根據謊報的數據繳稅，因為沒有人會檢查你到底賣出多少貨物。人人都知道他們在賺錢，但是沒有人會刻意去檢查這些公司的營收。」

當他瞪大雙眼望向這座象徵中國政府經濟政策成功的奢華商城——中國廣場（象徵政府經濟政策成功的奢華商城），飛揚非常質疑政府當局會強力掃蕩仿冒品製造商。他說，「政府不會干預。大家都知道哪些人在製造仿冒品；但是如果你向他們徵收那麼多稅，沒有一間公司可以存活，到時候，只會讓國家的社經狀況更惡化。即使他們真的在製造仿冒品，但是因為這些公司都有僱用員工，所以政府不會施予嚴厲打擊。」

邁克爾．耶利米書（Michael Jeremiah）是自創品牌「Vectro」的奈及利亞商人，比較在中國製造自己的商品，與和中國製造商交易有什麼不同，他回答，因為這些商品在奈及利亞的銷售成績相當不錯（但是他承認有捏造貨櫃運送單，所以也沒有全部繳稅），所以他決定向中國下更多訂單；結果卻發現與他合作的廠商，正在製造相同的產品，巧的是居然也打上「Vectro」品牌，正準備將它們銷往印度與巴基斯坦。他感到非常憤怒，「我告訴他們，這完全違約。」他向員警投訴，卻一點幫助也沒有。他說，「他們可以複製你的商品，只不過你根本沒有權力保護自己的商標」；但他似乎沒有意識，這些話對奈及利亞商人而言相當諷刺，因為這裡也是個對仿冒品牌非常友善的市場。

自創品牌是遠離仿冒的唯一方法

飛揚繼續闡述，「只有一件事情，可以將這些盜版行業趕盡殺絕，那就是讓自己的品牌更成功。」當越來越多人從事仿冒品生產時，利潤空間會縮減。他說，「這個市場有太多的競爭者，唯一的出路是製造自己的品牌。」陳琳達對此也表示同意，當利潤空間下降時，她認為最好的解決方法，就是在自我品牌下生產商品，並且想辦法讓商品的品質與市場上生產的仿冒品品質一樣好。

張伊森也認為，仿冒品的銷售成長，對中國而言是非常大的錯誤。他說，「多年來，消費者都在汲汲追求便宜的東西。但現在，人民幣正在增值、所有材料都在上漲、勞動成本在增加、成本也越來越高，如果我們不斷生產廉價商品，顧客所付的金額不足以平衡我的利潤，那麼我就無法對我的員工提供更好的薪資。如果我們不斷製作廉價商品，我想有一天工廠應該會關門。」這是個可怕的預言，因為他在二〇〇七年就曾如此大膽預測，直到二〇〇八年金融風暴，重創美國與歐洲的經濟，立刻影響多達十萬間（該數據只計算到二〇〇八年）中國工廠倒閉。

伊森更推陳出新地提供了另一個新想法（至少，對中國來說是新的，他相信這個想法可以挽救現況）。他說，百分之二十的客戶創造百分之八十的利潤，但是大部分的中國商人，都想在另外的百分之八十客戶身上，擠壓出百分之二十的利潤。這個現象已經讓大部分的中國生意捲入永無止境的惡性循環——不斷提高成本與降低利潤。（從來沒有念過經濟學的伊森，並不知道「八十／二十」法則是二十世紀初期，著名保守派經濟學者帕累托弗（Vilfredo Pareto）最著名的觀察結果。）

「我們的出路就是專注在這百分之二十的客戶身上（因為這些人可以為你帶來更多利潤），」伊森說，「問題在於企業必須改變商業戰略，從低價提升到高品質服務。我認為這對中國企業來說，是個很重要的發展策略。」伊森主張中國的製造業最終必須遠離仿冒，並建立屬於他們自己的高級品牌。（就在伊森告訴我這件事的第三年，《紐約時報》（*The New York Times*）報導中國企業逐漸接受了伊森的觀點。那些曾在西方名牌下從事生產廉價商品的工廠，開始了自己的生產線，目的是希望有機會接觸當地與海外的高階市場。）

儘管如此，大部分觀察仿冒商品的人，卻不覺得這個市場會衰退（至少短期不會）。例如，根據國際反仿冒聯盟（International AntiCounterfeiting Coalition，西方主流品牌與企業所贊助的非營利組織）發布的報告中指出，他們相信應該至少有十萬名勞工，會因為二〇〇八年與二〇〇九年初金融風暴所導致的訂單衰減而面臨失業，進而可能引發國內動亂，屆時中國政府可能會選擇默許的態度，好讓更多仿冒商品支撐就業率，避免發生內亂。

有關對盜版問題的態度或看法，中國可以回溯到很久以前的毛主席，甚至是馬克思主義。這是伯納德．曼德維爾（Bernard Mandeville）提出的理論，他是十八世紀的哲學家、諷刺作家、政治理論家、時事評論家，以及經濟學家，他在一七〇五年發行名為〈滿腹牢騷的蜂巢〉（*The Grumbling Hive*）的一系列幼稚園式童謠，伯納德認為那些非法與不道德的交易行為（包括欺騙、過度索價、仿冒、一直到不繳稅等），實際上都是商業世界裡的名詞，對社會是有利的。「所有行業和地方都知道有騙子，沒有要求就不會有欺騙發生。」伯納德寫道，「這個世界到處充滿缺陷；但整體來說，仍是個天堂。」

仿冒是商業或欺騙

伯納德的打油詩非常暢銷，這是因為內容提及部分的欺瞞與謊言。因為〈滿腹牢騷的蜂巢〉這首詩，讓他有機會在一七一四年重新改版發行《蜜蜂寓言》（*The Fable of the Bees*）這本書，他解釋，「這本書八年前就被發現盜印在名為《六便士》（*Six Penny*）的小冊子上，但是不久後，街道上就出現《半便士》（*Half-Penny*）的盜版。」這些沒有經過他同意就再版的守財奴，並沒有因為書籍再版，而支付他半毛錢，但卻幫他宣傳了這本小冊子，讓這本書有機會推出新版。某出版商透過一封信，讓讀者了解整個過程；這封信收錄在一七〇六年廣受歡迎的諷刺作家尼特·渥德（Ned Ward）的文集，「那裡有許多從事盜版的工人，他們迫不急待地將不再版的詩與小冊子印刷成冊，以十二便士或六便士的價格向全世界銷售。只不過隔天，你應該就可以看到這本書的盜版……（省略）……在居民說長道短的小巷弄內，被搬運工的妻子與提著籃子的婦女，以一或兩便士的便宜價格叫賣；有時甚至可能只能賣到半便士。」

伯納德的新作與改版的詩文作品裡，都包含著不少哲學與務實的沉思寓意。他表示，各種形式的交易（包含正當的合法交易），都充滿虛偽。「哪裡的交易多，詐騙就會入侵到那裡」，他寫道。舉個例子來說，他表示每天不計其數的詭計（買家與賣家彼此欺瞞），都在這些標榜著公平交易的商人之間進行著。無論商人們如何信誓旦旦地保證商品品質，工匠還是能指出商品裡的缺陷，然後不斷地在我面前貶低他們。有多少賣家能問心無愧地誠實面對買方？那些真的沒有違背良心，敢拍胸脯保證商品物超所值的商人們又在哪裡？

憑心而論，伯納德並不是第一個評論商業詐欺的人。早在古代希臘，思想家就對商業交易與賺錢，抱持懷疑的態度。像亞里士多德（Aristotle）就將經濟與交易賺錢獨立；他將經濟定義為牽涉管理家族的技能，他寫道，「財富與賺錢這門藝術，沒有絕對的關係」。對他來說，這種擁有無窮潛力的財務收益是個麻煩，因為它很容易會將追求更好生活的人生目標，轉變成追求利益的放縱。事實上，他也贊同，底比斯城不准商人涉及公營事業，除非十年後他們願意放棄這種貿易的生活。近代十五世紀，教皇里奧四世（Leo IV）很主觀地發表他對貿易與交流的看法，「要讓買賣雙方都不會墮入罪惡，真的很困難。」十五世紀初，偉大的回教哲學家暨歷史學家伊本・卡登（Ibn Khaldun）指出，欺騙與交易之間的差異是，「商業是狡猾、紛爭、機靈、無止境持續爭論的自然營利模式。」他寫道，「大多數的手段與方法都相當微妙，目的只為了能在買價與售價之間賺取價差（利潤），有盈餘才可能賺錢。法律允許商業上的狡詐，因為商業也包含些許賭博的意味。」

當貿易漸漸成熟，變得不再是社會上的例行性活動時，伊本所提出的欺騙行為，逐漸被人們所接受且頌揚。

伯納德的社會處方，或許可以被解讀成是所有商業力量的頌詞。他說，「一個國家要幸福，並達到人民心目中的繁榮等偉大理想，前提是要讓所有人有工作機會；因此，政府必須關注、改善的首要任務，就是盡可能地創造更多生產製造的機會。……這攸關政府的政策，既不是約束奢侈或簡樸的行為，也不是無關痛癢的規章（讓人們依自己的情況，順其自然發展）；如此一來，國家的偉大與幸福才有指日可待的一天。」字裡行間不難看出，真正讓伯納德擔憂的是經濟成長與失業率；也難怪他曾爭論，認為成功品牌與成功仿冒品在市場裡，都各有各的地位，它們都增加了就業率並刺激消費。這些聽起來，似乎很接近中國目前的國內經濟政策。

幾乎從他發表自己的詩歌集開始，伯納德就反諷式地吹捧了可能被稱為「兄弟會式的資本主義」（沒有規則與風險）；但事實卻複雜許多。舉例來說，伯納德對當代讀者投下了一枚震驚彈，他認為政府應該開放有牌照的妓院，並通過法律廢除私娼寮。他說，這些特許的賣淫行為（他稱為「公娼寮」）會非常可靠、守法；不但對客人與性工作者很健康，同時也會降低貴族之間的婚外情發生率。這在現代人們聽來可能極為愚蠢，伯納德的論點等於是要求政府對走偏的企業進行干涉與規範（你可能會說，他是個隱性的凱恩斯主義（註2）者）。即便是〈滿腹牢騷的蜂巢〉，簡單的詩歌也展現了伯納德贊成政府進行的市場干涉，他說，「只要經過正義的約束，不良的品德也可以為人民帶來益處。」

亞當·史密斯（Adam Smith）也承認，可以預期商人會透過操縱貿易，來為自己謀利。「無論是經營何種生意的商人或製造業，它們總是喜歡在某些方面與一般民眾不同，甚至是相反。」他在《國富論》（*The Wealth of Nations*）裡寫道，「人們應該聽從這項商業新法律與規範建議，並在長期驗證後採納施行；不僅要小心謹慎，更要隨時抱著懷疑的態度。它依照某些人的順序（例如一些興趣與眾不同，或是欺騙與壓迫大眾的人），在許多場合已經欺騙並壓迫大多數的人們。」雖然他不同意伯納德肆無忌憚地為消費者背書，但是史密斯還是頌揚祖先的言論，認為它們比較接近人類行為的本質。史密斯對伯納德的《蜜蜂寓言》一書，做了這樣的評論，「無論這樣做有多大的破壞性，如果不是某些方面接近真相，這些言論不但不可能施加到許多人身上，更無法在那些遵守原則的人身上引起恐慌。」

盜版讓莎士比亞文學死而復活

事實上，從歷史對交易的觀察顯示，仿冒行為不僅是個交易的形式，同時也是驅動藝術與文化成長的力量。特別是盜版使用一些驚人的方法，幫助了文學擴展，並衝擊傳統西方知識。十六世紀初的歐洲，街頭小販與民謠叫賣者（會這樣命名的原因，是因為他們藉由在公共廣場演唱猥褻的歌曲的行為來吸引買主，達到銷售目的）是書籍最強而有力的銷售管道。他們帶著流行文學與年鑑，將文學帶入鄉村；雖然他們銷售的這些版本，大都是沒有經過授權的盜版書籍。十八世紀初，盜版書籍的小販生意比合法書店更好，因而促使阿姆斯特丹的書商，基於保護主義，開始迫使市政府立法禁止街頭銷售行為（幕後，許多合法書商一方面提供這些街頭賣書人貨源，一方面又振臂疾呼地反制他們；這大概就是精明的商人，總是可以找到獲利方法的原因）。街頭小販和民謠叫賣者實在太像了，以至於有些出版社開始針對街頭叫賣，發行特殊版本。教會團體甚至參了一腳，他們了解無照街頭賣書者可能是傳遞福音最有效的方式，所以僱用了流動式攤販幫忙販賣聖經，並分發宗教傳單。

事實上，十八世紀的倫敦，有種專門提供街頭小販販賣的聖經盜版版本，售價很便宜，只賣一便士。它讓劇作家伊莉莎白伊森（Elizabethan）的名聲死而復生；他的作品曾經廣受歡迎，但始終無法吸引公眾注意。在他一六一六年逝世百年之後，威廉・莎士比亞（William

Shakespeare）也跟著落難。他的歌劇，因為添加劇情、改編、刪減內容，以及修改，而被嚴重破壞。當代劇作家會定期添加新的獨白、場景，或是完全改寫某些作品；例如，《李爾王》（*King Lear*）重新編造了另一個結局圓滿的版本，《暴風雨》（*The Tempest*）則被改編為符合歌劇特效場景的作品，一位改編者甚至在《威尼斯商人》（*Merchant of Venice*）中，根據《屋頂上的提琴手》（*Fiddler on the Roof*）的靈感，創造了伴隨著幽靈音樂的混搭風，而《馬克白》（*Macbeth*），則是結合了音樂表演、歌唱、舞蹈，以及滿天飛舞女巫等形式，詮釋伯內姆．伍德（Birnam Wood）來到夢幻島的橋段。十八世紀初，刪改後的快樂版本作品已經擠下莎士比亞的原著版本。發行人雅各．湯森（Jacob Tonson）每十四年會發表一本新的珍藏完整版（這已經足夠他永久保留版權），因為莎士比亞在市面上已經沒有其他版本了。

安特．約翰．沃克（Enter John Walker）是倫敦一間小型印刷廠暨出版社，卻有著天馬行空的想法。安特認為，如果這些書可以用低廉的價格出售，那麼莎士比亞的作品可能有大賣的機會。於是，他在一七三四年宣布一個號稱能夠宣傳莎士比亞全部名劇的新計畫；每齣話劇分四部分發行，每部分售價一便士，整個莎士比亞話劇只要花四便士，就可以買得到。他發行的第一個作品，就是他自認為最容易售出的《溫莎的風流婦人》（*The Merry Wives of Windsor*）。

雅各受到威脅，堅決控告該出版社，發誓一定要將安特監禁。安特這個反叛的發行商便透過一個廣告，宣示絕不退讓；他寫道，「這個擁有強大勢力的男子，認為用金錢就可以將安特先生摧毀，但安特先生是個充滿決心的男人，即使這名男子可能找到他，但是安特先生並不會因為這個無理的威脅而妥協。」對此，雅各原本還打算提供一個幕後的工作來收買安特，但因為這個傳單，讓他打消了念頭。

雅各決定要比這個傢伙做得更好；於是，他宣布即將公開一個集結所有莎翁作品的單行本，並決定以此攻占整個市場。因此，每齣話劇他都以一便士的價格出售，總計發行了一萬本，足足比安特提供的價格便宜了百分之七十五之多。雅各還聘請一些文人來詆貶安特的書；例如，他招聘了德魯睿巷弄劇場的提示員，宣稱安特的莎士比亞文集，提供的是「無用、盜版，以及殘廢」的版本。

雖然安特輸掉了與對手之間的價格戰（而且最終必須放棄他的生意），但是他們的出版戰爭卻有了重要的文學結果——莎翁的名劇一夕之間在倫敦各地都買得到，而且價格便宜（這在莎翁的生涯裡，從來沒有發生過）。在雅各與安特爆發爭端的一個世紀前，大多數的莎士比亞作品不但不曾以單行版本對外發表，也不曾在舞臺上演出過（除了那個被大量改編過的作品）。在過去一七三四年的幾個月裡，他所有的作品，突然之間都能以原著的形式，被人們取得。

結果人們對莎士比亞文學的興趣死灰復燃。在這個價格戰之後兩年，那些幾乎要停版的莎士比亞文學作品，突然流行了起來。到了一七三八年，在倫敦劇院裡演出的戲碼中，莎翁的名劇就占了五分之一之多。此後不久，不但沒有人再改編或修改他的作品，就連觀眾，也能夠一次體驗那個永遠生活都不快樂的《李爾王》版本。

如果盜版商與出版商沒有以一便士的價格大量出售莎士比亞的作品，這個艾瑪來的詩人（莎士比亞的別稱，因為莎士比亞的出生地與安葬處，都在艾馮河畔的斯特拉特福）可能永遠沒有機會被重新發現。他或許只是伊麗莎白時代，默默無名的詩人之一，而不是個名劇作家。在這個劇作家去世一世紀後，盜版反而讓莎士比亞成為一個家喻戶曉的名字，進而讓文學在一般社會階層廣為流傳（因為即使是窮人，也會考慮吐出一便士，來購買一本作品），幫助莎士比亞的著作成為英文寫作標竿。

仿冒品不過是人們的另一項選擇

音樂領域也是如此，盜版片在影片分享時代前，就已經存在很久了。貝多芬（Ludwig van Beethoven）就是與盜版有牽連的典型案例——他抗議的同時，也利用它。在一八〇三年，當鮮為人知的編曲家卡爾・楚勒納（Carl Zulehner）開始發表作品時，他第一部印刷作品的其中一曲，就是貝多芬在一七九六年的第二鋼琴奏鳴曲。但卡爾沒有使用這個樂譜的權利，於是貝多芬向《維也納日報》（Wienner Zeitung）反擊說，卡爾未經過授權就偷了別人的作品，並修改成自己的《一個仿冒的雕工》（*a piratical engraver*）。然而，事情並不如貝多芬預期中明確。事實證明，這部第二鋼琴鳴奏曲的合法出版商——義大利公司阿爾塔莉亞，已經在尋求另外方式（當其他仿冒版本在歐洲出版，並且仿製貝多芬的作品，顯然是經過這個作曲家同意的）。所以，雖然貝多芬造成卡爾的尷尬，但他還是無法避免在歐洲主要城市裡，重新仿製那些盜版出版物的行為。最後，一個合法的大公司——史考特的後裔，買下卡爾的版本，並且重新印刷。每個盜版版本在樂譜的編排上，都有一些微小差異；在某些情況下，仿冒品甚至還糾正了一七九六年原版漏校的錯誤（事實上，盜版改善他們偷走作品的情形並不罕見。舉例來說，當德國小說家漢斯．雅各．克里斯托夫．馮（Hans Jakob Christoffel von Grimmelshausen）發行第三版時，他甚至選擇接受仿冒他先前作品的部分改變與設計。）

同一時間，其他使用盜版版本的出版商，也嘗試降低作曲家的版稅。當貝多芬要求德國大公司布雷特克夫，必須為他們列印新樂譜的權利支付高昂的費用後，這個出版商就背叛了他。「不幸的是，德國從出版品獲取的利潤，居然是來自編曲家值得注目的新編舞曲作品，而不是合法的版本。」這間公司在寫給作曲家的信裡寫道，「既然他無法用與盜版一樣便宜的價格出售自己的作品，合法的出版商也找不到可以出版原始版本的市場。」

漢斯的恐懼並非不恰當。與合法的出版商相比，盜版業者有時確實從他們那些未經授權的版本，得到許多利潤。舉例來說，美國有個眾所週知更先進的盜版行為，那就是仿製《大英百科全書》（*Encyclopedia Britannica*）第九版的出版商，因為添加了一些引起美國讀者注意的條目，而使版本的銷售量幾乎高出合法版本的兩倍之多。

對文化傳承有其重要性的盜版，迄今仍舊繼續著。在文學雜誌《葛蘭塔》（*Granta*）裡一篇有趣的文章寫道，小說家丹尼爾．阿拉空（Daniel Alarcon）詳細地說明盜版書如何在現在的祕魯，有助於文學推廣的故事。丹尼爾在祕魯出生，但住在美國，他用英文寫道，「在利馬，盜版書的銷售量比正版書籍更多。祕魯盜版印刷業所僱用的人數，其實已經超過合法的印刷公司，而且還擁有同等的營收。」事實證明，這個國家的小說家與故事作家們，並不特別介意這件事，既然大部分的人們無法負擔購買正版的花費，於是他們依賴盜版，來增加讀者人數。「被盜印的書籍名單，」丹尼爾寫道，「相當於祕魯人的暢銷書清單。」丹尼爾的新書譯本也走上這個命運，正版零售價為十五披索（相當於十八美元），這個價錢在美國可能合理，但卻是祕魯人週薪的五分之一；因此被質疑，除了最有錢的讀者，根本沒有人有能力購買。於是盜版出版商做市場研究、遵循當地的文化版面報導，並出席年度書展。他們的利潤在於，了解何種書籍能夠流行，並且能夠大賣。經過在祕魯幾星期後，真正讓丹尼爾失望的是，他沒有在賣盜版書籍的攤販上找到自己的書；直到離開前的一個小時，他大膽進入市場，才找到一本翻印本。街頭攤販對他索價十二披索，只不過依照黑市的傳統，他最後經過討價還價，以十披索成交。

在祕魯，以及世界上絕大多數區域，大部分的人還是會購買一些必需品，像是盜版背包、書籍，或電腦程式等，此舉並不構成犯罪行為。它僅是昂貴的正版名牌商品外的另一種低成本選擇。根據一份中國的消費者行為研究報告結果，了人在市場裡會考慮仿冒品，只因為有了另一項選擇；如果他們有足夠的金錢，還是會購買正版商品，而非仿冒版本。

正版程式貴到無法變成合理的選擇

憑心而論，過去的海盜行為有別於當下的海盜行為。像法蘭西斯爵士的海盜船，與祕魯的盜版書商不同。法蘭西斯的生意，靠的是搶奪其他人的積蓄與倉庫，或是竊取已經生產好的貨物，而且與他的同夥使用武力強行帶走貨物。相較之下，現今的海盜大部分是指生產或出售假貨。他們仰賴這個世界上的專利，以及著作財產保護，來生產他們要的仿冒商品。他們的生意只會受限於自我的生產能力，就像今天許多盜版業者，只會受限於DVD光碟驅動器的速度。

根據商業軟體聯盟（一個監控非法軟體的工業團體）的預估，全球盜版軟體在二〇〇八年會導致軟體公司損失五百三十億美元。根據這個團體統計，當年全世界有百分之四十一的電腦上所安裝的軟體是非法的。根據該聯盟的統計，即使是擁有嚴格法律對抗盜版，而且還是全球反盜版國家之一的美國，還是有數量多達五分之一的電腦程式遭到非法複製。

然而商業軟體聯盟似乎太誇大其辭了。舉例來說，依照他們的標準，如果你買了一個電腦程式，並且讓你的先生與小孩複製使用，你的行為就等同於盜版商。無論是遊說團體運作，或是將程式分享給小孩，這些行為與購買盜版軟體，甚至是生產上千份的作業系統、Windows7或Photoshop的廠商，幾乎沒有兩樣。商業軟體聯盟的盜版報告，並沒有在這些事情上面做出區別，所以要知道大部分的問題在哪裡，幾乎是不可能的。

商業軟體聯盟的統計數字一樣太苛求，是因為該聯盟假設每份盜版品都代表著一個沒有賣出去的銷售數字；換句話說，購買這個程式的消費者，他（她）也許會掏錢購買沒打折的商品，但是大部分受歡迎的程式其價格都相當高（舉例來說，Photoshop的零售價是六百九十九美元），因此這個提議是值得商榷的。這個狀況在大多數情況下並沒有爭議，因為他們無法負擔合法軟體的售價，於是人們希望其他人可以分享他們的軟體，或者是買一些二手軟體。大約十多年前，我有個朋友提供我一個盜版家庭版本的「跨克」（Quark）。有關於這個軟體的介紹與版權申明，以斯拉夫語燒錄在光碟上，所以我知道如何使用它，並不成問題。但是當我有台新電腦，而這個盜版的軟體無法與新的作業系統相容，我也不會花錢去購買「跨克」；也就是說，我不太需要它了。很多電腦使用者都跟我的情形一樣，正版程式實在昂貴到無法變成合理的選擇，這意味那個因為盜版品而產生的五百三十億美元的損失，並不可靠。

最後，以細緻的字體在統計報告裡寫著，「企業、學校與政府，比平常的消費者更傾向在新電腦上使用盜版軟體」，這是一個特別聲明，因為它意味著在新電腦上使用盜版軟體的消費者與D體系沒有任何關係。相反的，它們都是合法的電腦，做著合法的工作。事實上，正如這一份報告中所指的，政府（如同振臂疾呼管理盜版品的企業一樣存在）實際上才是盜版軟體的最大顧客。

在製作這個報導的前期作業，我有個類似半官方授權的盜版軟體在我的電腦裡運行著。我工作地方的出版商使用一個非常受歡迎的文字輸出軟體，合併文字頁面。它們是一個正式成立，且有繳稅的公司組織；但公司的擁有者卻命令資訊部門的同仁只能購買一個有經過授權的合法版本，目的是為公司省錢。即使如此，它還是安裝在多達五十個不同的工作機台上。經過幾個星期的重度使用後，程式竟然崩潰了，出版商必須使用一些程式公司的技巧，來維修這些問題。在他們抵達的前一天晚上，我們緊張的資訊部門負責人走進辦公室，從所有終端機上移除這個程式（除了他自己的電腦）。兩天後，軟體的專家修復了小故障並離開公司，資訊部門的人員回到這裡，並將所有的桌面重新安裝了一樣的軟體。結果根據商業軟體聯盟的說法，「至少有四十九起盜版行為」。

盜版讓奢侈品成為夢想的部分主流

這不過是個簡單的風險效益經濟——高價的電腦軟體助長了盜版猖獗。如果價格差異是平等的，盜版就會被排擠。正如經濟學家約瑟夫．史蒂克雷茲（Joseph Stiglitz）告訴我的，他說，「如果你有個強大，但是索價過高的智慧財產權，表示你正在為某些人製造走入地下交易的誘因。」

在網路世界有一連串關於盜版行為的爭論，以及各種打擊盜版的方式（免費下載與開放程式碼），這簡直就是在助長盜版。如同這樣的論點，這只不過是個高價與限制存取的商業模式。事實上，在被問到中國盜版微軟作業系統的程度，微軟公司創辦人比爾．蓋茲（Bill Gates）說，「只要他們打算偷走，我倒希望他們能偷我們的。」

當然，比爾蓋茲可以裝作對盜版漠不關心。因為微軟所賣出的合法 MS-DOS，以及各種版本的 Windows 作業系統，已經讓他晉升為世界上最大的財富擁有者之一。對微軟公司來說，建立市場分享是個有價值的東西，如果盜版意味著有更多人使用微軟的軟體，無論比爾蓋茲在每個銷售環節有沒有拿到錢，這對生意來說都是有好處的。但是對更小型的公司來說（想像一個出版商，或是只出版過一本書的作家，必須仰賴版權維持生計），盜版就不只是個大雜燴。丹尼爾可能因為看到在祕魯的盜版書籍覺得好笑，但如果他在美國的銷售也被盜版出版商所侵蝕，他就會變成一個賺不到錢的作者。要實現這種由盜版帶來的廣泛市場滲透也許有好處。舉例來說，像「電台司令」這樣的流行樂團，已經被人發現他們的歌曲可以免費下載，並從演唱會門票獲取利潤。但是對那些沒有龐大粉絲的團體，或是生產的產品不像微軟這樣普及的軟體製造商來說，如果人們持續剽竊他們的作品，想要藉著創作獲得不錯的生活品質，的確相當地困難。

但是，有些人爭辯說，某些擁有高度競爭力的企業，實際上也從盜版那裡得利，將生意推向高度流行。在聽完一系列的評論後，法學教授卡爾．洛斯提亞拉（Kal Raustiala）和克里斯多弗．史布雷曼（Christopher Sprigman）都認為，仿冒確實有助於時裝，因為它激發了新風格的需求。他們也注意到，時裝是個淘汰速度極高的產業，這些教授將他們命名為「誘導過時」。對於想要營利的公司來說，今天人們爭相購買的設計師商品，明天一定會成為被剽竊的過季商品。他們發現仿冒助長了這個過程，因為一旦東西變得普遍，就註定了無法留在時尚尖端的命運。因此，就像安特與雅各的一便士戰爭，助長了大眾對莎士比亞文學的需求；仿冒品的大量生產，也助長了大眾需求，迫使設計師持續創新，帶來新形式與風格。卡爾與克里斯多弗注意到，這點其實正是服裝業成功的必備要素。

雖然很多流行業的名牌大廠紛紛詆毀剽竊行為，並聲稱它們讓公司損失了龐大的費用，但這個說法也許並不完整。在〈娥摩拉罪惡之城〉（*Gomorrah*）片中，它深入虎穴研究在義大利那普勒斯近郊的黑手黨，羅伯托．薩維亞諾（Roberto Saviano）指出，「如果伸展台上的模特兒是唯一穿得起高級商品的人，流行業就無法賺錢。」人民製造原版以及仿冒品，但只有仿冒品才是被大多數一般人負擔得起。「這些不僅沒有製造任何競爭品，可以與設計師品牌競爭，」羅伯托寫道，「他們其實有助於這些市場裡價格過高，以至於無法存在普及一般大眾的產品。」簡而言之，盜版就是將高度流行的品牌，注入低度流行的民眾潛意識中；它是免費的品牌廣告，使奢侈品成為夢想的部分主流。一名匿名的製造業行政人員在《紐約時報雜誌》（*The New York*

Times Magazine）中承認，盜版是討厭的東西，但是它真的不影響消費者的基本需求。

無人倖免的仿冒世界

我在廣州的最後一星期，跟一位朋友前往廣州火車站，進行仿冒手表市場的最後訪問。我們進入一個上面寫著「打擊盜版」的巨型廣告看板下，穿過有上百家閃耀著勞力士與雷達表的攤位（沒有一家賣的是正品）。當時是上午，市場裡沒有太多人，許多推銷員不是喝著茶，就是在攤位前的玻璃櫥窗上托著腮休息。

我們走到一處燈火通明的展示櫃，驚醒了銷售人員，要求看一下一支擁有乾淨外觀（手表上沒有假鑽，整體只有純黑的表面搭配閃亮的細長表帶）的雷達表。店員開鎖遞給我們這隻手表，「三百元人民幣」（相當於四十四美元），她邊說邊打了個哈欠，接著問我朋友，「我可以看看你的手表嗎？」

我的這位朋友是個中國人，但是他的家人都在國外生活，最近也沒有回家團聚。手上這支新的正版勞力士手表是不久前才買的，他解開表帶後，將手表遞給她。

我那時正在打量其他的假表，只覺得它們外表都非常漂亮，但我畢竟不是這方面的專家。我從沒聽過雷達表，更不用說對款式有任何研究；相較之下，這個店員像魔術師耍牌技般，用手指拋了這支漂亮的表，一次又一次地檢查背面與側邊的金屬，還不時玩弄著整支手表。

大約一分鐘過後，我抱歉地交回手上的仿冒表。雖然我沒有打算要購買，但她並不在意。她溫和地將正品的手表戴回我朋友的手腕，並扣緊表帶。「這支手表，」她帶著尊敬的語氣說，「是超A級的仿冒品。」

其實早在七〇年代，德國詩人暨社會評論家漢斯・梅各尼斯・因森斯華革（Hans Magnus Enzensberger）就對特大型奢侈品的品牌充斥全球市場這件事情，感到非常驚訝，他問，「難道沒有任何例外，就連剛果也是穿著法國流行設計師設計的內褲嗎？」

就是因為有像亞瑟一樣的人，透過大多數人都可以接受的價格，才得以將名牌帶到全世界。我們已經知道，這個問題的答案，遠比漢斯所預期的更複雜。

註1　「山寨」這個名稱原指古代山賊在山上的藏匿據點，後來意指人或團體對知名事物模仿與改造後，而又自成一體。

註2　該經濟理論是根據英國經濟學家約翰・梅納德・凱恩斯（John Maynard Keynes）一九三六年著作《就業、利息和貨幣通論》（*The General Theory of Employment, Interest, and Money*）一書的思想基礎，主張國家採用擴張性的經濟政策，認為應藉由增加需求，來促進經濟增長。

Chapter

06

誰能告訴我如何上橋？

關於走私，即使人們可以找到一個既簡單又安全的機會，但也並非所有人都不需要靠著造假或偽證來進行。

——《國富論》

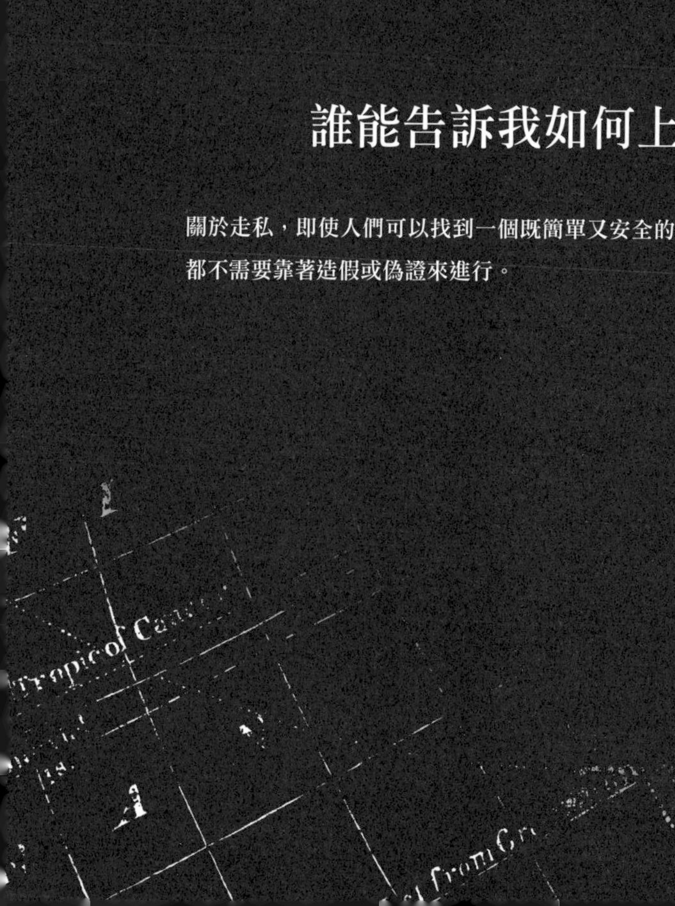

走私的問題，源自價差。大多數的政府深知這個道理，卻還是選擇忍受它，因為靠走私賺錢的民眾力量非常驚人。當然，只要地方法律限制商品的流通，通常只會帶動走私活動更猖獗，以便滿足人為造成的供給減少，壓抑需求增加。

瓊安・瑞米爾斯（Juan V. Ramirez）是個外來移民成功的故事主角。他生長在巴拉圭，畢業自馬薩諸塞學院，並在美國芝加哥埃文斯頓西北大學法學院，找到一個高薪的工作。但是，在美國住了九年後，他決定放棄學術名聲與穩定的生活，追求與法律絕然不同的商業機會。他回鄉後開始越過那條巴拉圭與巴西的分水領——巴拉那河，從事走私生意。

「我來自企業家族，」他解釋，「家族擁有一間百貨公司，體內流著零售業的熱血。我們決定從事個人電腦生意，於是決定前往埃斯特城（註1），實踐理想。」

有邊界就有走私活動

當時是一九九一年八月。瓊安與兄弟組成一間名為「PC Tronic」的電腦公司，開始從邁阿密進口主流品牌電腦與周邊設備（例如手寫板、滑鼠、印表機、掃描器等）。儘管他們處理像新力（Sony）、羅技（Logitech）、惠普（HP），以及其他知名品牌，但公司仍帶著騙子的基因，靠著玩弄兩面手法來經營。第一種手法，他在巴拉圭的生意，會透過賄賂地方官員的方式，避免關稅與其他稅賦。瓊安當時就正坐在公司位在來來中心（巴拉圭埃斯特城裡，最現代化的電腦商場）的展示廳，介紹這個在此地規模幾乎等同於大眾服務的內幕。「當時，政府官員的薪資非常低，因此他們需要賺外快，從我們這裡得到額外收入。但這件事卻不允許被公開。」他告訴我，雖然官員們會要求報酬賄賂，但這麼做是值得的，因為他們可以確保你在不用任何文件證明的情況下，進出口自己的電腦商品。他告訴我，賄賂使得市場「非常簡單且有彈性」。至於第二種手法，則早已根深柢固在埃斯特城的銷售行為。直到今天，包含從邊界非法入境至巴西兜售電腦的走私生意，就占了公司三分之二的營收（接近四百萬美元的年收入）。

事實上，瓊安的公司只是反應巴拉圭電腦市場裡的冰山一角而已。光是二〇〇八年，埃斯特城的電腦商人就賣出超過十億美元的電腦與零組件；幾乎所有商品都會偷偷地穿越邊界，來到巴西境內，再轉售給消費者。除了電子產品，其他還包括像是香水、玩具、毯子等雜項商品。

所有在埃斯特城進行的走私交易，一年總額大約是二十五億美元，遠遠超過巴拉圭整體經濟活動的百分之十五之多。

哪裡有邊界，哪裡就有走私活動。從加利福尼亞的聖地牙哥越過邊界，抵達墨西哥的提華納，你會發現自己身處一塊充滿折扣藥店的土地上。在這裡，不需要處方籤，就可以買到安定文（註2）、威而鋼與樂復得（註3）等藥物；而且售價比照美國標準，非常便宜。醫療旅遊在邊界是一門大生意，當然這是非法的。但在當地，這卻再平常不過，儘管兩國的海關都知道這件事，但它還是層出不窮。二〇〇八年底，美國的油價飆漲到每加侖四美元，一些積極的加州居民於是透過「改裝車」的走私客模式，來節省油錢；他們為車加裝第二個油箱後，向南開過邊界，前往壟斷墨西哥石油市場的國營石油公司「碧美斯」，加正在降價的汽油。當在墨西哥加油站裝滿油後，他們便開著裝滿走私的汽油的車，穿越邊界，回到自己的住所。為了遏止這種情況，海關會在某些過境點，檢查車內的暗艙或後車箱。

走私的悠久歷史

就像盜版，走私也有段悠久且高尚的歷史。

長久以來，直布羅陀就是非洲走私貨物至歐洲的中繼站；這個位在岬角的國家，掌管著地中海的出入口。幾世紀以來，庇里牛斯山脈為走私犯提供了走私路線，就像阿爾卑斯山脈與其他所有歐洲的自然邊界一般。在這個存在戰爭、圍攻、種族衝突等各種矛盾的年代裡，走私總是在增長力量。

在後中古時期，「男子與商人遊走法律邊緣工作，」法國學者勞倫斯．方丹（Laurence Fontaine）寫道。「貨物被沿著避免關稅與過路費的路線運輸，特別是一些本來就是走私來源的貨物或原料，例如菸草（雖然這裡是禁止菸草的），在阿爾卑斯山的倫巴迪地區大規模種植，再送往萊茵河畔這些法律較彈性的城鎮販售。一旦新市場被開放且環境允許，走私與非法的倉庫就會趁勢而為，尤其是在戰爭爆發時。

事實上，對經營生意來說，大多數的戰爭都有幫助。就像在布特．布萊希（Bertolt Brecht）的戲劇〈勇氣媽媽〉（描寫百年前中古世紀的歐洲街頭小販在戰爭裡求生的故事）中，主角告訴他的隨從，「對我而言，我不會讓你毀了我的戰爭。我們要戰勝自己的弱點，不是嗎？那麼，和平又為他們做了什麼呢？戰爭將國內的人民餵養得更好。」雖然布特的言論在今天聽起來令人震驚，單單他對那些偉大的經濟學家所說的話，並沒有什麼太大的不同。偉大的經濟成語作家約瑟夫．熊彼特（Joseph Schumpeter）還說，「從來沒有資產階級不喜歡戰爭的。」事實上，戰爭謀取暴利的行為，一直被延續到現代，並且還將戰爭不得已牽連走私與獲取暴利這檔事崇高化。舉例來說，為了把這些國家的資源運往第二次世界大戰戰場，美國實行嚴格的價格管制。

然而，在所有的土地上，人民與生產者都不會理會這個法令，他們仍會越過邊界，偷運產品，並且漫天亂喊價；全球多達百分之八十的國家，肉類以高於政府要求的價格出售，無獨有偶，百分之六十至九十的國家，木材也像國內三分之一的服裝一樣，被標以高價販售。即使天然氣被嚴格配給，但一天仍有大約二百五十萬加侖（這還沒有將偽造的配給券加進來）的天然氣消失，並在黑市販售。「每個人都被騙了，包括我自己」，一位肉販正告訴職業研究組織。不久，羅斯福（Roosevelt）政府注意到，他們認為這些謀取暴利的行為正常，並非反常現象。「無庸置疑的，這種行為延伸到整個國家的所有經濟結構（從消費者到生產大廠，從小偷、偽造者延伸到生意人）。」提到賺錢，「好的戰爭」與其他戰爭沒什麼不同，因為它們都孕育了健康的D體系。

走私聖地——巴拉圭埃斯特城

位在阿根廷、巴西與巴拉圭相互衝突地區的埃斯特城，並非戰區，但是不同的法律與稅務系統，卻使得這個地方成為走私犯罪的聖地。

基本上，巴拉圭既沒有稅務系統，也沒有關稅系統；而在巴西與阿根廷，稅務與通關手續費可以花掉消費者進口物品百分之九十的成本。越過邊界運送貨物（幾乎所有東西，包括設備、內衣褲、到X-box遊戲機，無所不有），有利可圖到令人難以置信，而且需求從來沒有短缺過。巴西大約有一億九千萬人口，大約是巴拉圭六百二十萬人的十三倍。不過是個簡單的方程式——小國的物價低廉，大國的物價飆漲。一名從事走私活動的埃斯特城商人，猛然地將拇指指向這個只在對岸的大國說，「我們在這裡的原因，是因為隔壁住了一個巨人。」

一九五七年，巴拉圭沿著巴西帕拉那州所設立的堤防邊界，被從一片叢林裡，披荊斬棘開闢出來，命名為鳶尾花港口。新城市迅速成長後，為了讚揚從一九五四年到一九八九年執政的獨裁者阿爾弗雷多．斯特羅斯納（Alfredo Stroessner），改稱為斯特羅斯納總統港。爾後，當這名殘忍的獨裁人物被推翻時，這個城市再次改了自己的名字——埃斯特城。一九六五年，友誼大橋跨過兩岸，將巴拉圭邊境的小城鎮與它在巴西的姊妹市伊瓜蘇市聯結在一起。開放的大橋給了這個巴拉圭小市鎮一個創造新身分的機會。城市的命名意味著，要將這個地區與令人驚豔的兩百七十個名為伊瓜蘇的瀑布結合；因為這個瀑布太宏偉了，所以聯合國教科文組織（UNESCO）將它定為世界遺產之一。巴拉圭境內並沒有任何瀑布（這些瀑布是巴西與阿根廷共享），所以國家找尋了一個獨特的地區優勢，來吸引遠從三國邊界而來的遊客，結果卻為它招來走私業。

「埃斯特城不應該只是一個城市，」巴拉圭美國商會處長傑夫瑞．吳．罕斯勒（Jeff-rey W. Hesler）娓娓道來。他說，「這是一個沒有完整都市計畫支持成長的邊界城鎮。」今天，街頭市場銷售黛蕾蕾茶專用的純銀吸管與皮杯的商人，一起走進橋上。黛蕾蕾茶是一種綜合馬黛茶、伴隨少許檸檬草香味，以及其他香草類植物的巴拉圭民族飲品。儘管這個城市的新建築物充滿時尚與現代感，埃斯特城還是有著簡陋小鎮的感覺。捷拜中心看起來像是里約熱內盧裡的貧民區，但卻是這座城市最老的購物商場之一。大廳非常黯淡，暴露的電線自屋簷垂掛到門口。管線外露是個問題，市政府定期發布捷拜中心非常容易失火的警告，意圖將它關閉。但是政府的警告不過是虛張聲勢而已，埃斯特城的生意模式就是商業，政府無法冒險阻止它，因為光是走私，即使僅占了巴拉圭境內總人口的百分之五，卻還是賺進了巴拉圭國民生產總額（GNP）近百分之五十之多。在這個被繁榮大國所包圍的內陸國家，走私變成經濟成長的關鍵；從純經濟學的角度來看，埃斯特城是這個國家最重要的城市。這個城市也許並沒有為政府帶來太多稅收或關稅，但卻創造了龐大的貿易活動與財富。

「說真的，埃斯特城實在不需要中央政府任何協助，」傑夫瑞說，「相反地，中央政府還需要我們呢！」

在邊界，有錢就能叫鬼推磨。所有東西都可以用當地的貨幣——巴拉圭瓜拉尼幣購買，但也通用阿根廷的比索、巴西的雷亞爾幣，以及全球貿易的非官方語言——美元。如果你需要換匯，或者因為進行大筆交易而需要匯款，城裡有的是代理商，你儘管可以與這些在城鎮裡徘徊的傢伙，針對匯率問題討價還價，但是要小心，他們持有的鈔票有可能是假的；此外，一些不修邊幅的小販也會將匯率寫在黑板上。在這裡，存在著各種電腦與保全公司，以及許多轉帳機構、擁有官方招牌並自稱西方聯合機構（Western Union），不用懷疑，他們全是假的。雖然在埃斯特城，大部分商人會將價格以美元標示，但在某些小型商店，如果你支付瓜拉尼幣，可能會得到更好的價格。

巴西伊瓜蘇市的走私觀光團

走私對邊境兩國的經濟非常重要，所以也免不了依照行事曆運作著。許多巴西走私客會在星期二早上現身伊瓜蘇市，他們忙著在接下來的二十四小時，進行一連串跨越邊界的突襲，然後在星期三傍晚消失。這些人被稱為「非正式商販」，每逢星期二、三，都會出現在橋梁上來來去去。該名稱源自一個簡單的事實——他們帶著空袋離開邊界，回家時拿著同一個袋子，但袋子這次不但過重，而且超重。

非正式商販搭乘公車，從巴西各地來到伊瓜蘇市。每星期都有一次超大型的跨國遷徙，我決定和他們進行一次相同的旅程。我必須搭夜車，從聖保羅到伊瓜蘇市，與我尋找到的商人會面。結果，什麼都沒有，沒人！公車上連一個商人也沒有，只有寥寥無幾正在休息的大學生，以及準備前往內陸探親的老人家，和一些準備前往瀑布的加拿大背包客。稍晚當我回到聖保羅時，我的筆記型電腦空得有如非正式商販剛開始長途旅行時的袋子，我發現自己真是個笨蛋。

當我回到伊瓜蘇市，我才發現自己搭乘公車的「季也蝶公車總站」，居然是個官方的公車站，顯然這不是走私販運作的模式。因此，可以預期，我搭錯車。而且，他們的公車站完全地下化，就位在距離三月二十五日街（Rua 25 de Março）市集一街之隔的懷洛斯參議員大道旁的一角。

那裡，非法的街頭小販光明正大做著生意。公車巴士並沒有任何標記，一星期只營運兩天，讓乘客一天上車、一天下車。每逢週一日暮西垂，許多租用的巴士就會在這裡等候乘客。數百人聚集在這條街上的兩間小餐館，準備迎接另一趟十六小時的旅程。每輛巴士外，都有個男子或女子，用剪貼板登記每位乘客的名字。

但是，很難讓人相信，這裡就是知名的非正式商販開始旅程的地方（因為這些非正式商販沒有攜帶任何麻布袋）。原來公車就是他們的袋子。公車巴士是那些與三月二十五日街零售商密切合作的商人們，特許提供非正式商販們使用的；今天，聖保羅市內的非正式商販已經不再是昔日勇敢獨立的企業家了，為了蠅頭小利，他們必須花十六個小時搭車，越過邊界參與競爭，並且受僱於三月二十五日街的大公司，負責進貨工作。

當這些被標示為冒牌「觀光團」的巴士，每星期二下午抵達伊瓜蘇市時，他們不是前往巴士站、市中心或瀑布區；相反的，他們是直線開往友誼大橋。這裡，當你跨入巴拉圭之前，會看到十多個用手繪標示板宣傳身分的古怪商家；他們被稱為「貨物保管處」（guarda-roupas），就座落在小型咖啡廳旁。咖啡廳裡的冰箱只放了一點食物，但卻裝滿了啤酒；此外，也放了比大部分晚上小貓兩三隻客人更多的塑膠桌子與椅子。「guarda-roupas」在葡萄牙語中，是指「衣櫃」或「大型衣櫥」的意思，但正確來說，這裡還是指行李寄送處最為恰當。

實際上，這個商家在週四至週一都不營業，只有週二和週三，才會開張賺錢。

巴士在週二中午十二點過後，會抵達貨物保管處。然後每個人下車，至少必須離開二十四小時，開始工作。每個非正式商販的手裡都會拿著一份購物清單，前往巴拉圭的埃斯特城，帶回來清單上的商品，包括毯子、塑膠垃圾桶、掃帚、內衣、香水、酒、啤酒、玩具等。週二下午與週三一整天，非正式商販還會前往埃斯特城的街道與購物商圈進貨，並搭乘歐卡達前往橋的正中央，排隊讓海關檢查他們的物品。在確定沒問題後，就可以拖著他們的物品，抵達這個貨物保管處，有管理人員會帶著簿子一一檢查他們購買的貨物。最後，他們會在這裡將貨物先儲放，好回頭購買更多東西。晚上，他們聚集在貨物保管處附近的咖啡館。一般來說，他們不是睡在快要崩塌的房子裡，就是直接睡在車上。在週三下午以前，管理人員會開始將貨物逐一搬離貨物保管處。他與司機會將所有商品搬上巴士的行李箱，無論塞不塞得下去，非正式商販都必須上車入坐。

直到週三傍晚，他們最後的購物行程也結束了，於是一組非正式商販坐下來，一邊喝酒，一邊等著與他們的同胞集合，直到巴士載滿物品，返回家鄉。這像是個漫長的等待。第一，兩國有一個小時的時差，巴拉圭比巴西晚一個小時；因此，當巴西的生意結束後，巴拉圭仍然是開放的。此時，邊界仍相當忙碌，所以人們需要花幾個小時，才能完成採買；但是這些商販卻已經完成了交易，並且返回貨物保管處。

逃避高稅收與關稅的走私團

他們的皮膚經過烈日曝晒一天後，全都變成了紅色，啤酒罐也越疊越高（他們喝的是美國百威啤酒，這也是從埃斯特城走私到伊瓜蘇市的其中一項商品），接著他們變得越來越喧鬧。「喝一杯」，他們說，然後在公車上睡覺。只是拿著記事本的管理人員必須提高警覺，因為他還有些東西沒有完成檢查。

一個小販騎著駱駝經過，他也在出售剛剛從邊界走私過來的盜版CD與DVD。非正式商販把他叫了過來。他們輪流瀏覽這些DVD，內容綜合了首輪電影、武術，以及色情片。太陽下山後又過了很久，空啤酒罐的數量更多了，巴士這才準備出發離開。無論座位多擁擠，非正式商販們已經醉到一上車就可以倒頭大睡了。

巴士在週三夜晚離開伊瓜蘇市，並在週四中午返抵聖保羅。那一天，非正式商販所購買的貨物，都會在週五與週六（這是三月二十五日街開放購物的大日子），準時在街上與店裡販售流通。

這次三天往返邊界的行程，提供承租的巴士公司一個額外的好處。沒有保留給非正式商販任何座位，全車座位都依半價賣給了普通旅客；單趟只要六十元雷亞爾幣，而非一百二十九元雷亞爾幣。

既然如此，為何會發生這種交易方式呢？說穿了，只是為了採買一堆像是掃帚、廉價中國地毯與塑膠垃圾桶等無關緊要的小商品而已。至於付錢給這些走私販，又費心服務的承租巴士，又是什麼道理呢？答案就在徵稅與海關關稅。

基本上，巴拉圭在埃斯特城不收任何稅收；相反的，巴西卻要徵收一個名為「ICMS」的產品與服務稅，徵收方式還會因為產品而有不同，所以很難了解實際稅率究竟是多少。尤其計算方式是將不同稅率計算到買賣雙方身上，這讓問題更為嚴重。於是，商人私下建議一套計算方式。在巴西，售價裡有部分是包含了產品與服務稅，例如肥皂粉與玩具是定價的百分之四十二、床單與毛毯是定價的百分之三十七、香菸是定價的百分之八十、咖啡是定價的百分之三十七、內衣褲與運動鞋是定價的百分之三十八。不過，這些還不包含要給付給國家與市政的稅。大家都知道，在巴西，各種稅款的總和，幾乎接近你購買商品價格的百分之九十。

低估價格的商品創造高額利潤

然後，邊界也有自己的政策。政府了解，很多家庭因為想買便宜的東西，所以移居到邊界；

因此，巴西通過一項規定，允許每個人從巴拉圭入境巴西時，可以攜帶價值三百美元的免稅貨物，另外還有價值二百美元的貨物，可以折抵關稅支付。凡在巴拉圭購買超過五百美元的貨物，都會被認為是個進口商，所以必須持有商業許可證，並支付關稅（稅率高達百分之六十）。

來自三月二十五日街市集的商人，了解如何公開在這樣的稅制下運作。他們安排巴士、組織非正式商販，然後從中賺取利潤（為數還不少）。如果一輛巴士載三十人，每人購買價值五百美元的貨物，那麼，每輛前往市場的巴士就能載著價值一萬五千美元的商品，輕易穿梭邊界。如果有十二輛巴士正在進行這趟旅程，貨物的價值總共高達十八萬美元。這意味著，在一年內，這種在埃斯特城與聖保羅往返的走私管道，創造的價值遠遠超過九百萬美元（這還沒有將折扣計入）。

以我的經驗，在巴拉圭，商品價格往往低於巴西街頭建議售價的四分之一左右。如此一來，巴士上被帶回的貨物價值，將會上修至三千六百萬美元之多；這還得假設所有非正式商販都確實回報在埃斯特城裡實付的金額。但是，鄰近友誼大橋的橋底街道上，有許多的小販專門出售假收據，這些收據可以寫下你購買東西的價值，幾乎近趨於零。這表示，很有可能越過邊界走私的貨物價值，遠遠比現在還更高，而且這僅是與聖保羅之間的貿易模式，如果加總其他主要巴西城市的交易，相信價值又會再大幅度增加。

走私客走私電腦與電子商品的模式更另類，而且更偷偷摸摸。

幾個在埃斯特城裡專門交易電腦的商人，他們的銷售大都不是針對個人，而是檯面下名為「櫻桃」或「柳橙」的批發商（沒有一個參與貿易的人可以給我一個理由，為什麼他們被這樣稱呼）。這些「柳橙」從巴拉圭到巴西，有時候是透過工人，有時候是透過更有創意的走私方法——運送高科技商品，並從中賺取高達百分之三十的商品價值。儘管他們的費用奇高無比，但他們所賺取的價差，還是遠遠低於附加在這些電腦上的關稅與貨物稅總額。但是，「柳橙」可能很快就會面臨不同的競爭。像現在，你可以在美國買到一台低於三百美元的筆電。如果埃斯特城的價格也降到這麼低，那麼每個人就可能合法穿越邊界（因為不但免貨物稅，也免關稅）。觀察當地電腦公司，以及走私這些電子商品的「櫻桃」設定電腦建議售價的過程，實在非常有趣。

確實，可以想像這個願意重複越過邊界步行的個人，會帶入許多免稅的電腦（事實上還有其他商品）商品。我越過友誼大橋數十次，不是步行就是坐公車，只有一次被攔下來，並要求我出示護照。海關從不要求我打開背包，雖然裡面可能藏有幾百片盜版DVD，以及幾十套打折的內衣褲，或是三到四台筆記型電腦。

深圳與香港的雙邊走私

當然，走私並不局限在邊界。它存在世界各地，甚至在一些最不可能的地方。

舉例來說，深圳河在中國境內，將國土一分為二。幾十年來，這裡都是個沉睡中的鄉村邊哨——前英國保護區香港的綠色新界郊區，同時也是香港廣九鐵路（目前被稱為地下鐵路東鐵線，是香港地鐵的一個分支）進入中國的終點站。橫跨大河的深圳，與香港遙遙相望，是個平和且景色優美的村莊。在一九四九年與一九七九年間，跨越香港與中國邊界唯一合法的方式，就是步行通過一座位在羅湖上的小橋。

然後，在八〇年代，中國指定深圳為經濟特區，接著這個城市座落的省分——廣州，也變成一處工廠聚集地。到了一九九七年六月三十日，當英國移交香港給中國，深圳已經準備好接受南方資本主義的挑戰。今天，深圳人口幾乎是香港人口的一倍（一千三百萬對七百萬）。大部分的居民都是來自北方的移民，這也因此導致了另外一個大規模的變革。如同在香港，在這個舊漁村的主要語言是廣東話，但是大部分在深圳的人，都開始講國語——中國的官方語言（廣東話與國語使用同一種文字，但是發音大不相同；而香港使用繁體字，深圳遵從中央政府的現代化政策，使用著簡體字，所以兩邊的語言變得更複雜。一般而言，簡體字是為了大量讀寫所設計，因而犧牲了一些語言的細緻度，以及語言的複雜度）。這種增長，使得這個村莊已經漸漸變得都市化。深圳經濟特區在最近幾年，已經變成香港時髦購物者的另一個天堂，並且吸引許多知名品牌前來開店。這裡的開店成本比香港還低，一些小型香港企業也被便宜的辦公室租金吸引，跳過邊界，將辦公室設在深圳。香港居民想前往深圳也非常容易（雖然深圳居民與其他來自中國其他地區的人民，進入香港仍需要一張特別的許可證）。根據最近一項由香港中文大學發表的調查結果，顯示幾乎每個香港人每年都會前往深圳至少一次。一般來說，不到二十分鐘，就可以越過邊界管制。

在了解香港居民可以輕鬆地來回邊界後，你可能會覺得，這些聰明的香港購物客，理當忙著偷渡便宜的設計款式商品，或是名牌仿冒品，進入屬於他們自己的高物價城市。但在羅湖這個地方，最令人驚訝的走私方法居然是——雙向貿易（它也將香港製造的商品，越過邊界，帶進中國）。

回程的走私管道存在的原因，可能因為中國不僅是全球高科技製造業的火車頭，也擁有受高度掌控的零售市場。雖然中國本身就製造了蘋果的 iPod 音樂播放器、iPhone 智慧型手機，以及筆記型電腦零組件，但在中國的消費者，往往沒有機會可以買到這些高科技產品。

舉例來說，伴隨著中產階級對手機行動需求的增加，那些能夠瀏覽網路、錄製影片，以及其他功能的高科技智慧型手機，在中國的需求也是成長的。但是，直到最近，中國市場無法銷售最先進的智慧型手機。於是，這些走私客就會解決這個問題，警方也在深圳查獲這些可以不受監管，就越過邊界的商品。

另一個從香港走私到中國的熱門商品，就是筆記型電腦。那些想要更好設備的學生與專業人員們告訴我一些主要廠牌的筆記型電腦（尤其是惠普、新力與聯想（ThinkPad）的筆記型電腦），在中國賣的商品品質，比起在香港與其他國家更差，而且這些機器在中國境內販售更貴。舉例來說，曾經是IBM電腦王國的一部分，如今由中國聯想公司製造的「ThinkPad」，在美國與香港的售價，通常會比中國便宜三分之一。

這種因為價格與品質的差異變化，已經讓走私行為找到了一個新管道。在中國境內，你可以使用兩種方法取得走私而來的筆記型電腦，而且兩種方式都相當公開。

第一種方法是直接前往商店。在廣州，你可以在天河區的高科技電腦商城一攤攤詢問。商城裡有許多不同的零售商，其中任何一家都有可能藏有走私電腦的庫存。其中一間店家經理告訴我，由於他們也會擔心我是其中某電腦公司的間諜，所以店員不會直接對我介紹走私的電腦。但是一位中國朋友敘述他拜訪廣州天河區，詢問他們是否有走私電腦的情況；花了一整天，他終於找到一名願意向他展示期望中的品牌商品，而他也出錢買了下來。這台筆電，比在展示店裡的同樣規格新型機種，便宜了百分之二十五，而且裡面還搭載運作速度更快的晶片，以及更大的記憶體。

買走私電腦的第二條路是上網。另一個中國朋友透過這個管道，買到他的筆記型電腦。他以電子郵件送出指定的型號，並在私下完成報價後，安排支付訂金。這台電腦以類似私人物品的形式通過邊界，經由另一個不同的旅客，將紙盒、包裝，以及操作手冊帶進來。一旦筆記型電腦進到中國境內，所有物品都會再重新結合。

當它抵達買方的城市時，我的朋友在確定筆電能穩定運作後，便會交付運費。

走私源於價差，美國也不例外

即使是在專制的國家，只要有龐大的價差，或是因為需求被抑制，而導致價格攀升，走私生意就會持續進行。哪裡有利可圖，哪裡就有走私發生，這種情況也發生在美國境內。

舉例來說，二〇〇八年密西根州當局估計，因為酒類從鄰州與加拿大走私進來，他們一年大約損失一千四百萬美元。當然，這正是走私客的目的，為了逃避密西根州的稅金，從而在他們可以攜帶越過邊界的酒瓶中，賺取額外利潤。香菸也經常在州與州之間走私，從南方貨物稅較低的州，運往到北方貨物稅較高的州。這是非法的，但也十分有名。紐約的印第安保護區也有類似的貿易；保護區內有一條免稅出售香菸的法令，但是商人卻靈機一動，將這些免稅的盒裝菸運出保護區，然後轉賣賺取利潤。

當然，只要地方法律限制商品的流通，通常只會帶動走私活動更猖獗，以便滿足人為造成的供給減少，壓抑需求增加。這種因為法律禁止，而導致走私活躍的案例，過去也時有所聞。一九二〇到一九三三年，在美國境內施行禁止出售所有含酒精飲料（除了含量最少的種類）的憲法修正案。於是，約瑟．甘迺迪（Joseph Kennedy）在禁令的後期，從事投機生意（在一九三三年前購買酒類，並在酒精飲品的禁令解除後大量拋售），並用這些投機賺來的錢，建立了政權。布朗夫曼（Bronfman）的家族就是靠著走私賺來的錢，買到了一個合法販賣酒的帝國——施格蘭公司。事實上，還是有很多人付得起天文數字的價碼，向走私客買酒，就如同幽默作家魏爾．羅傑斯（Will Rogers）所言，「禁止遠勝於完全沒有酒。」

幾個星期前，當我到達埃斯特城時，巴西政府決定開始打擊邊界走私活動。但不是中斷或突擊非正式商販，而是下令巴拉圭的歐卡達司機，不得在沒有取得許可證的狀況下，通過橋梁。這表示，司機必須擁有多次簽證，才能通過閘口——這項支出將花費他們日常工作收入中的大筆費用。但是，司機們的反應卻相當迅速，他們聯合堵住橋上交通，企圖迫使巴西政府暫緩這項政策；對於走私的瘋狂爭論，目前仍在持續進行著。政府決定嘗試另一種新策略——加強執行機車族必須配戴安全帽的法律。這對歐卡達司機來說較為容易，一天二十四小時，大多數埃斯特城的歐卡達司機都有兩頂安全帽，一個為自己準備，另外一個提供給乘客使用。

走私的問題，源自價差。大多數的政府深知這個道理，卻還是選擇忍受它（就像巴西的狀況，選擇默認），因為靠走私賺錢的民眾力量非常驚人。此外，如果廉價商品的管道消失不見，我想長期享受走私水果的市民，應該也會抱怨吧！

註1　巴拉圭共和國境內的城市，以及國內東南部省分巴拉那省（Alto Paraná）的首府。

註2 安定文（Ativan），抗焦慮藥物，成分為Lorazepam，屬於安眠鎮定藥物。

註3 樂復得（Zoloft），成分為Sertraline，主要治療情緒低落與強迫症等相關症狀，可以緩和情緒恐慌。

Chapter

07

檯面下交易祕辛

所有大型製造商生產並送往遠方銷售的民生必需品，只會考量影響當地的需求與消費等因素；至於居民的喜好、季節性折扣，反而不是重點。

——《國富論》

無論D體系在各領域再怎麼鬧得沸沸揚揚，大企業最想知道的重點依然只有一個——如何利用D體系賺進大把鈔票。

大企業也想利用D體系賺錢

在寶僑公司（Procter & Gamble）（註1）是美國消費日用品的生產製造商，擁有八百億美元資本額，陳琳達曾經夢想有一天能進入寶僑公司服務。保羅・福克斯（Paul Fox）擔任該公司的公關部門的部長，擅長以輕鬆的方式來闡述嚴肅議題。他語重心長地說，「無論一國的法律或財政狀況如何，我們都主張國內企業應該要財務獨立」。

然而，保羅真正想要表達的是，D體系對寶僑公司非常重要性。對一般大企業而言，他們根本不在乎產品製造商是否有健全的組織、是否合法登記立案、是否誠實納稅，甚至生產技術是否抵觸法律。他們在乎的重點只有一個——希望這些商品可以全部賣出去。

說到D體系，不但經濟學家對它咬牙切齒，政治家也痛斥它逃漏稅的行徑，甚至視為是混亂公共秩序的毒瘤。就連非營利事業，也曾經針對低薪資結構的議題，對D體系大肆抨擊，認為它缺乏完善的健保與勞工退休制度（說真的，目前許多政府機關與合法企業，也沒有健全的勞工保護機制）。不僅如此，社會學家更常為了D體系衝擊社會結構的話題，一天到晚爭論不休。無論D體系在各領域再怎麼鬧得沸沸揚揚，大企業最想知道的重點依然只有一個——如何利用D體系賺進大把鈔票。（寶僑公司早在十幾年前，就努力苦思這個問題的答案了。）

馬里亞諾．馬丁（Mariano Martin）（註2）是寶僑公司的顧客長，如同一般坊間大企業主管，他投注畢生心血經營北美業務，特別是一百七十三歲高齡寶僑公司的創始地——俄亥俄州的辛納提。馬里亞諾決定重返拉丁美洲，找出問題癥結。這是他第一次造訪拉丁美洲，但這次的經驗卻讓他的工作日夜顛倒，陷入一團混亂。

過去在發展中國家工作時，馬里亞諾恪守大多數跨國企業遵循的傳統商業模式——企業跟著生意走準沒錯！哪裡有生意，就往哪裡去；並且無論如何，都要盡一切可能來滿足最大零售商的需求。發展中國家有許多實力相當、自然而然應運而生的小型家庭式商店，它們在過去都是影響當地社區生意的重要關鍵角色。「他們還是有可能隨時消失」，馬里亞諾語帶保留地說。

但是在訪視拉丁美洲後，卻給了馬里亞諾不同的啟發；他出乎意料地看到這些人，居然可以遠離現代化的西方世界獨立生活。在過去，這些小型家庭式商店（坦白說，它們可能根本不具備商店的規模。有些不但比客廳小，甚至只是泥濘小路旁的簡陋攤販）始終只是寶僑公司的忠實客戶，根本不具任何市場價值。即使如此，寶僑公司的市調結果還是揭露不少驚人的事實，而且都與這些小店有關。

小店成功擊敗沃爾瑪

美國人習慣每隔一兩星期前往沃爾瑪（Walmart）（註3）、塔吉特（Target）、凱馬特（Kmart）等大型量販店採買肥皂、清潔劑，以及紙尿布等民生必需品。反觀開發中國家的居民，只有在真正需要（例如家裡的肥皂剛好用完）時，才會起身前往小型家庭式商店購買當次所需的數量。

雖然沃爾瑪是寶僑公司在美國的最大客戶，但是寶僑公司也知道，消費者在小型家庭式商店購買他們商品的數量，遠比在沃爾瑪這些大型量販店更多。（不可否認的，沃爾瑪也想在發展中國家展店，希望藉此扭轉趨勢。）根據統計，消費者平均每星期會光臨這些小店五．五次；這些開發中國家的小店，不但不受大型量販店影響，反而是主導市場經濟成長的重要幕後功臣。

事隔十多年後的今天，馬里亞諾仍然對這個市調結果感到驚訝不已。這些沒有大型量販店規模的小店，讓寶僑公司有機會醒思，怎麼做才能與消費者建立更深刻的關係。「沒錯！我們最大的客戶是沃爾瑪，」保羅說。「但是事實上，真正最大的客戶應該是所謂的高頻率商店（High-frequency store）。」據了解，寶僑公司超過百分之二十的業務來自發展中國家的這些小店，它們的空間甚至小到無法擺下三台收銀機。馬里亞諾也曾經說過，「這些商店為公司帶來最快速的銷售業績成長，同是也是我們的頭號顧客」。

為什麼像寶僑這樣在紐約證券交易所掛牌，且受美國政府管控的合法公司，想要與D體系有所互動呢？答案其實簡單得令人難以置信。為了這個問題，我請教經濟學家約瑟夫・史帝克（Joseph Stiglitz）。他嗤嗤地笑著望著我，「原則上，你本來就會將商品賣給合法的批發商。但是對那些批發商來說，他們的目的只要商品賣得出去就好了；至於商品是不是透過合法的管道賣出，對他們並沒有任何影響啊！」

行銷全球的唐尼衣物柔軟精

沒錯！寶僑公司就是用這個方法，在摩洛哥進行新的銷售分配計畫。市調告訴他們一個有趣的故事：北非某些國家境內，雖然多達七千個小村莊，但當地卻連一間商店也沒有。寶僑公司因此意識到，原來他們還一個多達一百五十萬名潛在客戶的未開發市場。未來勢必有越來越多年輕人遠從鄉村搬到都市，為寶僑公司創造更多商機。

於是，公司決定在道爾巴西亞這個只有五十戶家庭的小社區（居民距離最近的商店卻有十五公里之遠），展開一連串實驗計畫。由於這裡沒有任何商店，因此公司決定在計畫一開始就先開一間。接著，他們在當地挑選一位願意努力工作的殘疾零售商與他的家人，作為當地的零售商。這家人很簡單地利用屋內閒置多餘的房間，就這麼打開窗戶，直接賣起東西來。

約瑟夫推測，寶僑公司不可能直接將商品供貨給當地的零售商，而是會透過當地的經銷商，以建立遠距離供應鏈的模式來進行。也就是說，先將商品鋪貨給當地的經銷商，然後依序供應給下游廠商與子經銷商，接著再分配給村莊裡的經銷商（說穿了，少數村莊裡的經濟商其實就只是由一個男人、一輛車，以及一間足夠擺放存貨的倉庫所組成）。最後，透過村莊裡的經銷商供貨給當地的零售商。在道爾巴西亞，村莊裡的經銷商習慣將寶僑公司的商品，配送到當地三十個村莊裡的零售商店，並且每個月進行兩次例行性拜訪。

雖然，寶僑公司經常會利用競賽與獎勵制度等方法來鼓勵銷售，但是村莊裡的經銷商與當地的零售商只負責賣商品，與寶僑公司並沒有直接關係。即使如此，寶僑公司仍會為這些零售商購買油漆，好讓他們可以將攤位的外觀漆成寶僑公司所生產的洗衣精外盒顏色。

隨著贊助當地村莊的零售商店，這個對D體系的投資計畫不但讓寶僑公司在摩洛哥的營業額迅速成長四倍，並且還增加百分之三十的營收。基於這次成功經驗，寶僑公司決定重新整合全球各地分公司。目前，他們正努力配合這些D體系商店，布局新的產品線開發新產品。

就拿寶僑公司的明星商品——唐尼（Downy）衣物柔軟精來說。考量大多數美國家庭都有洗衣機，加上一般洗衣機設有多次清洗程序。因此，寶僑公司所推出的唐尼衣物柔軟精，主要就是針對這群目標消費者而設計。但是，在一次偶然的機會下，某位墨西哥人告訴馬里亞諾，水在當地是非常匱乏的物資（這讓他百思不解）。這個訊息，讓寶僑公司決定重新賦予該商品全新面貌。市場研究結果也顯示，對於那些住在違建地區的居民而言，他們其實也想嘗試使用唐尼衣物柔軟精，只不過因為必須經過多次清洗，才能徹底洗淨殘留在衣物上的柔軟精，而讓他們躊躇不前（售價反而不是問題）。

最後，寶僑公司為了開發中國家的這些人，開發出全新的衣物柔軟精——唐尼單次清洗衣物柔軟精（顧名思義，相較於傳統柔軟精，新產品只需要少量的水就可以洗淨）。對此，馬里亞諾樂觀其成，希望將新商品成功從發展中國家引進已開發國家，成功打入市場，吸引更多國家關注，並帶動良性循環。他得意地說，「看！這些收入不高的消費者，不僅存在發展中國家，同時也存在紐約與芝加哥這樣繁榮的城市。」

五百四十萬美元輕鬆入袋

聯合利華（Unilever）公司（註4），也已經公開承認他們與D體系的關係。最近南非的一份營運研究相關報告中指出，雖然該公司只在當地僱用了四千三百名工人，但是隸屬公司的其他單位，卻在該國創造了三萬兩千個D體系的就業機會。公司預估這群工人，將會為他們創造了四千三百萬蘭特（相當於五百四十萬美元）收入。其中，將近百分之七十五的工作都是它們所說的「帶動」——如果聯合利華不在此國進行貿易，根本沒有這些工作機會。

很不幸的，報告中並沒有公開相關數據，來說明聯合利華公司如何透過D體系銷售的過程，以及他們從這些商品中賺取多少利潤。儘管如此，這些資料還是顯示，公司的成功與D體系的勞動力之間，有著非常密切的關係。在過去，英國人類學家基斯．哈特（Keith Hart）也曾經談論那些藉由檯面下交易而獲利的政治家，但是當他告訴我，「非正式經濟在社會上，其實處於頂端的地位」時，居然也可以神色自若地輕鬆談論跨國企業的相關獲益。

降價換取高市占率

最顯而易見的D體系商業行為，非手機通訊業莫屬了。沿著許多非洲與亞洲國家的道路（包括主要幹道中央的分隔島、小路旁，以及許多十字路口），你都可以找到開著大傘做生意的小攤販。對開發中國家的人民而言，這是他們習以為常的書報攤。大傘下，正式經濟體系與D體系正以最直接的方式彼此交集。

奈及利亞提供了一個很棒的個案研究。看似只剩下發展潛力優勢的非洲大國裡，其實是各家電信公司的兵家必爭之地。

MTN集團（MTN Group）（註5）花了好幾年的時間，苦思如何在奈及利亞這個極具價值的電信市場裡取得一席之地（註6）。終於在二〇〇一年，集團首次進入奈及利亞。負責管控奈及利亞經營業務的總經理阿金瓦萊・古德勒克（Akinwale Goodluck）說，「我們試圖複製英國汽車與電信市場的成功模式。」他告訴我，「公司希望所有與我們交易的零售商，事先經過註冊。也就是說，他們必須先在我們公司的奈及利亞企業事務部門取得執照（因為必須擁有自己的商業名稱。）」為此，MTN 集團決定展開一項計畫——根據通話時間，將費率分成一千五百奈拉（相當於十美元）、三千奈拉（相當於二十美元），以及六千奈拉（相當於四十美元）三部分，並且這些方案只在掛有 MTN 集團商標的商店才能買到。

計畫執行的結果非常失敗，就好像飛機失事般迅速墜毀，燃燒化為烏有。於是，阿金瓦萊決定改變另一種更溫和的方式進行。他語重心長地說，「很明顯地，這個方法不可行。電信業無法像勞斯萊斯（Rolls-Royce）一樣，採用不同車型定價的行銷模式。」

所以，MTN 集團沖銷了先前的損失，並重新考慮銷售方法。它們做出結論——即使是在奈及利亞這個手機高度普及的國家（不誇張，拾荒者也幾乎人手一機），大多數電信業者可能還是有高達百分之九十的收入，是來自銷售易付卡型的通話方案（而非昂貴的月租型方案）。電信業者的服務必須廉價，並且方便消費者使用。就這樣，MTN 集團帶著新計畫——與大傘下的小攤販合作，重回市場。結果，幾乎所有產品都是由這些街頭攤販賣出。最便宜的話費方案甚至推出等同於大減價的超低基礎價格——一百奈拉（低於一美元），而且全國各城鎮都買得到。

雖然，這個計畫大幅削減了MTN集團在電信業的遠大抱負；但是，透過調降通話費率（不到三美元）的低價策略，成功席捲了奈及利亞當地的行動電信市場，交出創造百分之四十高市占率的漂亮成績單。

截至二〇〇七年為止，MTN集團的營收為七百三十一億蘭特（相當於八十七億八千萬美元）、淨利為三百一十八億元蘭特（相當於三百八十萬美元）；其中，奈及利亞當地的市場就擁有MTN集團大約四分之一的客戶量（MTN集團擁有超過一億名客戶），並且占了公司營業收入的百分之二十八（相當於兩百四十萬美元）之多。MTN集團究竟是如何賺取這個二十八億美元的呢？答案揭曉，幾乎來自D體系。

大傘下的驚人利潤

MTN集團將D體系的攤販關係經營得很好。阿金瓦萊說，「不管是街上的男女老少，公司都不可能和他們有直接的關係。我們還是必須透過這些經銷商，來幫忙販售商品並提供支援。」意思是說，MTN集團的行銷模式其實與寶僑公司非常類似。它出售電話易付卡給當地的經銷商，透過他們依序轉賣給子經銷商、村莊裡的經銷商，最後賣給街上的小攤販，零售給當地居民。

許多大傘下的生意人，也是透過MTN集團與其他電信業者，大量購買打折後的電信合約。

如果想用 MTN 集團的電信網路打電話到奈及利亞任何一處角落，你只要前往當地的傘攤，以一分鐘二十奈拉的價格，就能如願完成。針對不同電信公司，傘攤經營者大都有不同的方法，方便你透過不同用戶的電信網路撥打電話，節省金錢。雖然許多人都有自己的手機，但還是經常使用傘攤的服務撥打電話，只因為每分鐘通話費較便宜。阿金瓦萊認真地告訴我，「目前傘攤的市場非常、非常重要。錯失傘攤生意的業績損失與風險，絕非任何經營者承擔得起。」

瑪格麗特．阿奇尤雅曼（Margaret Akiyoyamen）是拉格斯當地的傘攤經營者。她經營傘攤好多年了，最初只花五千奈拉（大約相當於三十四美元）購買電話儲值卡，開始她的生意。她深知顧客沒有很多現金，所以只販售面額一千到三千奈拉的電話儲值卡。她選擇在住家附近的菲斯塔克鎮第五街路口，建立了自己的傘攤，並且花了兩千奈拉（相當於十三美元）購買桌椅相關配備。最後，再花了一千三百奈拉，向市政府購買一張允許在此地做生意的票券。加總後，開始營業的總資產大約是八千三百奈拉（最多不超過五十美元）。這是一門薄利多銷的生意；她從經銷商那裡買進大量電話儲值卡（可以從中獲得一點兒折扣），再透過廉價手機，提供一分鐘二十奈拉的通話服務。

她告訴我，「我在第一個月就回收了投資」。從此，瑪格麗特就以這種模式持續經營了五個月之久。六個月內，她平均每個月會買進總值約六十多萬奈拉（大約是最初創業時的六十倍）的電話儲值卡，再從中賺取四萬奈拉（相當於兩百七十美元，是政府公布國內最低薪資的五倍）

的利潤。她的故事顯示當地行動通訊業正在快速成長，以及街頭小攤販背後的龐大利潤（不難想像，電信業者有多賺錢）。阿金瓦萊承認，「這個管道提供非常公平的利潤。」街頭攤販透過這種模式賺取利潤的故事，無形中提供了正面的教材，鼓勵居民（包含過去曾經從事毒品生意的人）從犯罪活動轉型到販賣電話儲值卡。阿金瓦萊笑著說，「現在，就連路旁的乞丐，也在賣電話儲值卡。」

目前，MTN集團正在整合它們的銷售對象與地點，希望建立完整資料庫。但是，有件重要的事，MTN集團還沒做到——公司依然拒絕在這些幫忙他們販售電話儲值卡的店家身上做投資。阿金瓦萊說，「目前的運作成果已經相當令人滿意。走上街頭提供這些攤販貸款，這樣的投資不但不安全，而且不明智，也不是正常的商業模式。」

小販是明星商品的幕後推手

對企業而言，攤販與路邊推銷員，都不是理想的可靠投資對象。因為這些人當中，可能有人身兼數職（例如瑪格麗特白天在一家保險公司上班），甚至正為了持續背負慘澹的銷售紀錄而苦惱。

但是，如果公司可以設計一個計畫（也許只是大學獎學金計畫，或是為了加強訓練頂尖經銷商所成立的訓練機構），讓這些人參與銷售，也許可以為公司帶來為數可觀的收入。針對MTN集團不一定只能操作分銷投資的看法，阿金瓦萊一笑置之，只是在嘴裡喃喃重覆他的理念，「這個制度目前的運作成果相當良好。」

這樣的情形，也發生在其他行業。許多企業發現，D體系為他們的產品提供了一股安定的銷售力量。舉例來說，像UAC公司（註7）這樣合法經營的老字號公司，也在一九六〇年（脫離英國獨立後的第二年），開始利用類似的方法，在奈及利亞銷售賈拉（Gala）香腸卷。最近十五年，賈拉香腸卷的銷售量快速成長，幾乎是家家戶戶必買的商品。雖然該商品普遍存在，但是你絕對不可能在任何一間商店或零食吧裡發現它的蹤影；因為，賈拉香腸卷幾乎是透過那些排排站在擁擠公路邊，以及穿梭在火車站裡的小販獨家銷售。說穿了，UAC公司並沒有花任何一毛錢僱用這些小販，甚至可以說，公司根本不認識他們。說穿了，他們只不過是為經銷商（向UAC公司買進大量香腸卷的公司）工作的獨立小承包商而已。

UAC公司決定透過這種方式，繼續販賣賈拉香腸卷。因為如果不是這些街頭小販，根本沒有人會買賈拉香腸卷，甚至可能造成UAC公司的利潤下滑。但是，像MTN集團這些合法經營的百年大集團，也是不可能會為這些幫忙他們販售賈拉香腸卷的小販，進一步提供任何教育訓練的。

仿冒天王的成功祕訣

「Inditex 集團」（註8）也是一個介於合法公司，與D體系盜版商的最好例子。該集團擅長複製伸展臺上的時尚流行，並以著名的設計款式作為靈感，設計具有自己獨特風格的衣服。Zara是該集團旗下的品牌，主要的商業模式，是竊取高檔服飾的設計靈感，然後快速在兩星期內，將衣服從草圖變成店裡的架上商品；公司甚至承諾，沒有任何商品會在架上擺放超過兩星期。但是，它並非是製造一件完全相同的山寨版後，再貼上自己的牌子；而是派出設計師描繪在時裝伸展台所看到的作品，針對款式加以研究後，再加入對時尚觀察的靈感，最後生產出的廉價衣服。為此，Zara 再由工廠快速生產出廉價的商品。

公司因為D體系而成功；不但與全球一千多間布料工廠簽訂合約，而且還將各地的紡織工作協調得非常完美。這些小工廠結合在一起，每年為 Zara 生產超過六億件服裝商品。最近的一份年報中指出，Inditex 集團的合作廠商，包括西班牙與葡萄牙的五百五十五間工廠、亞洲地區的三百九十六間工廠、非洲地區的八十九間工廠、非歐盟國（大部分在土耳其）的九十七間工廠，以及美洲地區的四十間工廠。

在勞工激進分子的壓力下，Inditex 集團開始管理自己的D體系供應商；但是，就像拉格斯的銀行，以及寶僑這些公司，它也不願意將錢投資在這些與他一起做生意的無照企業。

銀行持續搶錢，絕不貸款

銀行也避免投資D體系，雖然他們開放存款帳戶給全球從事非法生意的無照工作者。但是事實上，你可以看到這些銀行在大街小巷的商場裡，都設有自己的分行。「我們從無起家，但是這裡擁有龐大的利潤。」在拉格斯的阿拉巴國際商場裡做生意超過三十年的詹姆斯・伊占菲歐瑪（James Ezeifeoma）說，「你可以透過這附近的十五間銀行，來了解這件事情。」意思就是說，不管在世界上任何一處角落，只要哪裡有錢，銀行就會開在哪裡。街頭市集大都是現金交易，並且需要存放現金的地點。所以，在拉格斯當地，不管是清潔人員安德魯・沙波魯（Omotola Eleshin）、穿著白綠相間衣服在公車上敲詐的亞各貝羅（Agbero），或是在聖保羅街頭販售盜版光碟的小販愛迪生・拉莫斯・達托拉（Edison Ramos Dattora），他們都擁有自己的銀行帳戶。世界上無論任何一個國家，銀行都非常樂意為民眾保管他們的存款；但是，也僅止於此。銀行大都不願意對D體系裡的人們提供貸款服務，即使有，也要從中收取百分之二十到三十不等的高額利率；對小商人來說，他們根本沒有能力負擔。

在拉格斯，大多數銀行的分行都會將防搶設備做得很紮實；就好像預期艾爾・卡彭（Al Capone）（註9）隨時會帶著機關槍出現一般。老實話，即使他們不這麼做，帶著機關槍的暴徒也會不定期地闖入這些銀行的分行。有別於紐約當地銀行，盡可能保持友善的態度面對上門的民眾；拉格斯的銀行卻是處心積慮地趕走民眾。這些分行設有防彈玻璃與安全旋轉閘門，可以防止未經授權的閒雜人等進入。我曾經前往數十間位在阿拉巴與拉迪波的不同分行，想要與他們的經理談話，但是最後結果，總是得到千篇一律的回應，往往在我抵達大門前，就已經被保全人員攔下盤查了。通常，警衛禁止我入內的手段不外乎是：聆聽我的詢問後迅速轉身，接著在一兩分鐘內快速遞給我一本密密麻麻記載總公司地址的小冊子，最後禮貌的請我離開。迄今，我沒有機會能成功走進這些銀行的任何一家分行。我努力拜訪所有銀行的總公司，並透過公關部門傳達訪問邀請，最後只有一間銀行同意接受我的訪談。

阿迪各保亞各．阿迪巴久（Adegboyega Adebajo）任職於鑽石銀行裡的投資銀行部門。該銀行擁有四千億奈拉（相當於二千七百萬美元）存款，在國內稱得上是一間可靠的中型銀行。阿迪各保亞各認為拉格斯是個D體系城市，但是銀行與這些街頭市集的商人維持夥伴關係，顯然不是一個聰明的決定。

「是的，在拉格斯，非正式的市場交易才是主流。銀行也注意到了這一點，」他說。「越來越多銀行會突發其想地設計新商品，希望能符合當地需求。但是，如果在非正式領域的業務比重太高，中央銀行（結合財政部與聯邦銀行的管控代理機構）會相當不滿。我們希望路邊的小販與其他從事非正式市場交易的商人，可以在金錢以外擁有更多東西。因此，這些人需要商業開發與管理等相關專業協助。就目前銀行體系而言，想在非正式的領域進行投資，的確不簡單。

我們也一直在尋找擁有相關專業，並且值得被尊重與信賴的優秀人才。」

他繼續補充說明，這些D體系裡的商人所想的，往往和銀行的期待有很大的落差。他說，「最理想的狀況是，當我今天借錢給路旁的一位女子後，我會希望她將這筆錢存下來」。但是，以她的立場來看，這樣做對她並沒有好處。就像整天與垃圾為伍的安德魯（Andrew），最大的希望，就是如何能讓手上的現金翻轉五倍獲利。一般而言，這些路旁的小販普遍希望能將收入再投資自己的生意；因此，他們大都沒有任何儲蓄，也沒有多餘的錢足以應付生活上的突發狀況。阿迪各保亞各繼續說，「他們的生意模式不是銀行所要的。所以，銀行會嘗試透過簽訂制式化投資契約的方式，來防患未然。老實說，銀行有自己的業務，不像一般私人企業有那麼多時間進行投資後的監測。因此，我們沒有興趣只是單純為了企業的使命與願景，而在銀行業務以外成立任何組織。」

阿迪各保亞各最後做了結論：未來銀行仍會堅持相同的營運模式——繼續搶錢，不辦理貸款業務。他的話，再次獲得多數保守銀行業者的支持。就貸款業務而言，龐大的D體系風險實在是太高了。只是，如果銀行在吸收民眾的存款後，只會回饋一點點的利潤，顯然也是很不公平的。

歷史學家費爾南．布勞代爾（Fernand Braudel）曾經在〈論經濟體系的成長與發展〉第三卷中，深入剖析銀行的經營模式。「雖然，銀行是接受政府補助與資金提供的最大受惠私人企業，但是他們卻會限制小型企業的信用貸款。如此一來，無疑地是讓小型企業的經營更加雪上加霜；

不但不會成長，甚至可能因此消失。我想，這大概是最危險的政策了。」

註1 美國消費日用品的生產製造商，擁有八百億美元資本額。該公司曾打造全球無數知名品牌與新產品，包括象牙肥皂絲（Ivory）、唐尼（Downy）衣物柔軟精、幫寶適（Pampers）紙尿布、佳潔士（Crest）牙膏，以及汰漬（Tide）洗衣粉等。

註2 他在寶僑公司服務三十三年之久，二〇〇九年六月退休時的職稱是全球顧客長。

註3 美國一家跨國零售企業，總部設在阿肯色州本頓維爾，全球共有八千四百家分店，二〇〇九年淨利潤高達四千億美元。

註4 是一間擁有多項世界知名食品、飲料、清潔劑，以及個人護理商品的上市公司。美國家喻戶曉的康寶（Knorr）、立頓（Lipton）、Hellmann's 康寶沙拉汁，以及多芬（Dove）等，都是他們旗下的品牌。

註5 南非當地最大的電信運營商，總部設在非洲，是一家活躍於非洲與中東等二十一個國家的大型跨國企業。

註6 奈及利亞擁有近一億六千萬人口，是非洲人口最稠密的國家。根據統計，平均每六個非洲人中，就有一個是奈及利亞人。

註7 UAC 是一家位在奈及利亞，擁有一百一十三年歷史，營收高達兩億美元。對所有奈及利亞人，以及大多數西非當地居民而言，無論在食品、汽車，以及房地產業，這家公司都創造了辨識度極高的品牌。

註8 Inditex 集團的總部設在西班牙。截至二〇〇九年七月為止，該集團在全世界七十多個國家，擁有四千四百三十家分店，其中包含 Zara。

註9 綽號「疤面」，是美國當地許多城市的知名罪犯；不但是1920年芝加哥市黑幫的控制者，也是該市所謂的「地下市長」。以智慧犯罪見長的他，所犯罪行至今仍常被提及，也曾被搬上電影大銀幕。

Chapter

08

西方崛起

很久很久以前，在遙遠的西方……，因為富國的市場很龐大，所以無論什麼行業，都可以吸引人民投注所有的勞力和資金。反觀窮國的人民，大都會在工作之餘，同時兼職其他工作賺取少許利益。

——《國富論》

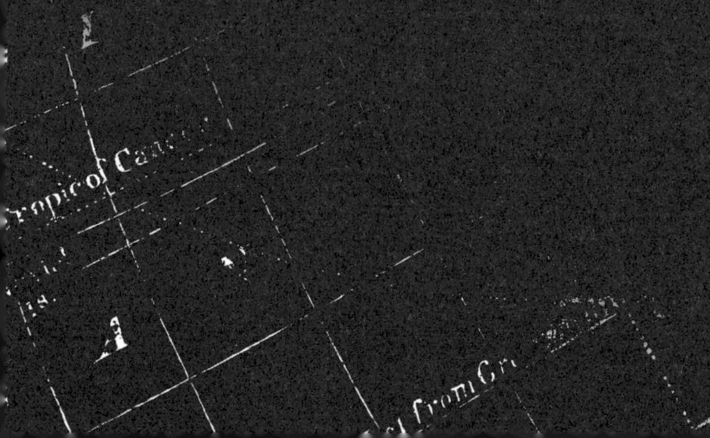

外來的移民如果不是透過這樣的方法取得資金，美國的經濟可能會因此停滯不前。在經濟發展的過程中，人們習慣將各種不同的賺錢方法汙名化；我們只嘉許成功的人，卻很少讚賞努力奮鬥的人。但是，當你面臨經濟困頓的瓶頸，卻仍期許自己可以擁有更好的生活時，一切都是值得嘉許的。

愛蜜莉．米蘭達（Emily Miranda）是一位擁有設計學位的畫家，二〇〇八年的失業對她來說，是個創業的契機。她自信有能力可以靠著自學成為珠寶設計師，只不過因為她沒有足夠資金取得營業執照與工作室，所以無法循一般管道圓夢。最後，她把腦筋動到D體系……

D體系讓她們美夢成真

首先，她遊走法律邊緣，利用自己停放在布魯克林區住所後院的一輛老舊拖車，作為工作室（註1）；接著，違反建築法規偷接電線，使用一樓住家用電，並且將部分空間再轉租出去（最後，她幾乎是「住」在這輛舊拖車裡）。拖車沒有配置管線，當然更不可能有任何衛浴設備，如果一旦被人發現檢舉，肯定是罪證確鑿、百口莫辯。還有最重要的一點，那就是她從來沒有為自己的公司登記註冊；營業一段時間後，當她的生意如日中天需要僱用助理時，她甚至只是以現金來支付助理的薪水，而且也沒有記帳。

事實上，在這個珠寶事業之前，愛蜜莉就曾經擁有過一個D體系的工作——用華麗的糖霜裝飾蛋糕（想像一下，完全用奶油糖霜作成的皇冠、寶座或樹枝）。她在自家無照營業，既沒有食品技師證照，也沒有營業許可（她堅持，裝飾蛋糕並非正式的事業；加上收費與設計投注心血不敷成本，導致最後幾乎只是幫朋友服務而已）；儘管如此，她還是在這樣的商業行為上努力了兩年的光陰。

「我沒有多餘經費另外再接水電；再說，也沒有其他方法可行。既然經濟層面的問題無法解決，我唯一能想到的辦法，也只有這樣了。」愛蜜莉表示。

布蘭登．亞諾維克（Brandon Arnovick）也是誤打誤撞進入D體系的一員。他是舊金山的一位音樂家，希望工作之餘也能在家陪小孩。正是這個需求，讓他靈機一動，開發出「Mission Minis」（註2）這款售價一美元的迷你杯子蛋糕；不但外表討喜、名字俏皮，而且售價相當便宜。「我非常確定這個小東西會有市場，而且還可以作為小本生意經營；不過，因為我手頭資金不足、也找不到任何投資者贊助，所以沒有能力讓它合法。我只能在自家廚房製作蛋糕；既然是住家，當然不可能取得衛生單位許可。」推出不久，訂單就源源不絕，最初一些小店的訂單，還可以在家中廚房消化；不久後，像是Philz與Ritual Roasters這類地區咖啡連鎖店的訂單，可能就需要人手來幫忙分攤烤蛋糕與裝飾糖霜的工作了。很快的，Mission Minis一舉成名；最後，就連美國健全食品超市，也同意讓這款杯子蛋糕在地區店面上架。

就在此時，布蘭登突然意識到，「這可能是個不錯的生意！」但是，「不錯」不代表「簡單」；為了服務這樣的大型連鎖超市，Mission Minis必須擴大經營規模（這麼一來，再也不是每天只花幾小時就能完成的了）。於是，布蘭登將這門生意搬離住家，並轉移到鎮上有證照的合法廚房生產。租一間廚房所費不貲，即使是選擇最低價位每小時十五美元的等級，一天營業八小時，一個月結算下來也要五千美元。除此之外，如果考慮再租一間配備齊全的餐廳，一個月大約也要花費六千五百美元。經過仔細推算，最經濟實惠（也是最冒險）的方案，就是租一間小店再加蓋合法廚房了；雖然必須先付出一些代價，但是可以省下後續運作的相關成本。最後，布蘭登找了一間離家不遠的小店（原本是命相館），以每個月一千五百美元的租金承租（最大的誘因是，這間小店已經是這個地區面積最小的店面了）。他用自己的存款，以及向親戚調度的資金，東拼西湊終於籌到了十萬美元，然後開始進行店面裝潢。現在，店面已經完工開始營業，而且還擁有超過十二名員工呢！考量公司只會在白天使用廚房；因此，布蘭登決定在夜晚將廚房分租給其他前景看好的D體系美食業者。

物盡其用發揮更大效益

寇蒂斯・金寶（Curtis Kimball）是最早向布蘭登分租廚房的業者。他之前是個木匠，如今卻將心力投注在自己的焦糖布丁事業（因為他的餐車不符合規格，所以沒有取得當地執照。唯一的宣傳，是靠著口碑與推特網友的討論迴響）。後來，手工派賣家娜塔莉・葛雷茲（Natalie Galatzer）加入；因為對顧客提供腳踏車送貨到府的服務，所以將品牌命名為「Bike Basket Pies」。她向布蘭登租借廚房，每星期製作七十二個派。

布蘭登表示，廚房分租不但可以幫他減輕租金負擔，也可以讓店面在營業時間以外維持運作，更可以聯繫社區裡志同道合的餐飲業者。儘管轉型成功，布蘭登依然沒有放棄家裡的廚房；她還是參與輪班，繼續烤蛋糕、裝飾糖霜，並且電話聯絡當地的企業，請他們投資這些杯子蛋糕。她說，「這裡是舊金山，我們見證過網路業的勝敗興衰。」她始終沒有忘記，杯子蛋糕並不是自己生命中的唯一；她擁有音樂家的身分、是the Rondo Brothers的成員，並且還是曾經與Dan the Automator聯手製作頗負盛名的嘻哈節目「帥哥名模養成班」的製作人。「音樂可以發揮的東西比烘培更多」，即使朋友們覺得布蘭登在杯子蛋糕生意的表現更好，她始終還是堅持自己在其他領域的夢想。布蘭登認為，即使投資杯子蛋糕最後會有不錯的收入，但她終究只將它當成是一份帶來額外收入的工作罷了！杯子蛋糕不可能從此改變世界，「不像牛奶、水這類必需品；人們有沒有杯子蛋糕，好像也無所謂。」美國如今正從經濟衰退的低谷逐漸走向復甦的漫漫長路，她相信這是D體系的絕佳好時機。

靠D體系白手起家，一圓美國夢

La Cocina 是一間位在舊金山灣地區的機構，專門幫助無照食品業者轉型合法經營。執行長蓋伯・季格斯（Caleb Zigas）估計，全舊金山街上至少大約有一百至二百個違法食品餐車，由於取得證照非常花錢（某些案件甚至超過五萬美元），因此一般業者大都不符合規定。加上地方和中央法規常常相互牴觸，很容易發生某餐車在符合甲法律的同時，卻可能觸犯乙法律；不僅如此，業者還要考慮建築法規。曼蒂・哈特（Mandy Harter）是 Wholesome Bakery 的老闆，她擅長蔬食點心，一開始只是興趣，後來發展成街上的攤販，直到最近開了第一家零售店。在轉型過程中，她最棘手的問題莫過於處理一些匪夷所思的市府規範了；就像有關當局曾經因為紙巾架的高度，刁難不讓她開業。其他像 La Cocina 這類致力於推廣合法化的公司，也不得不承認，「符合規定不見得就是一筆好交易。」這樣的情況在兩百五十年前，亞當・史密斯（Adam Smith）可能無法想像，但是如今看似富庶的國家裡，許多人往往無法只靠一份工作賺大錢，可能還必須同時兼差其他工作才行；而這些兼差性質的工作，可以說大都屬於D體系的範疇。像是逃避規範薪水不入帳戶，或是在被有關當局查緝前，盡可能地先從某些產業獲利，這些在D體系司空見慣的手段或方法，幾乎早就成了美國的一項「傳統」。

迪克・希爾斯(Dick Sears)是明尼蘇達州一處偏遠小火車站的站長，他向旅客兜售手表賺取外快，意外開發出紅及一時的美國零售業西爾思公司（Sears Roebuck）。其他像思想家佛瑞迪瑞克・史丹利（Frederick T. Stanley）在成立美國史丹利（Stanley Works）公司前，也是背著包包兜售零件。至於，美國歷史悠久的紐約名牌服飾公司Van Heusen（註3），當年也是無照營業，夫妻倆靠著一台手推車在費城白手起家。就像都市文化觀察家珍・雅各（Jane Jacobs）所說的，「許多值得尊敬的美國公民之所以成為現在的樣子，是因為他們過去曾經受過的教育；而許多合法立案的企業之所以能夠取得草創時期的資本，往往是靠著最初的沿街兜售、仿冒、走私，以及違法而來。沒錯！可以這麼說，外來的移民如果不是透過這樣的方法取得資金，美國的經濟可能會因此停滯不前。」

孩子們在屋前賣檸檬水、人們將用不著的東西送到二手市場或eBay販售，這些都屬於D體系（當然，這還要看他們有沒有誠實申報自己的所得）；當然，如果商人打著免稅的幌子，誘惑你從口袋掏出現金購買商品，不用說也知道這絕對是D體系的範疇。除此之外，那些在路邊Home Depot and Lowe's居家修繕公司的停車場旁，被承包商招攬的建築工人，以及那些因為管理跳蚤市場（以物易物）等集會場地，而賺進六位數字收入的家庭，也都屬於D體系。

對許多新移民而言，D體系為想要一圓美國夢的他們，提供了不錯的管道。以馬蒂達（Matilde）為例，一九四三年她出生於墨西哥的哈利斯科，在十八歲那年越過美國邊界，來到加州。轉眼間，她來美國已經將近半個世紀之久。最早，她在中央谷地從事農業工作，直到四個孩子陸續出生，她才前往當地一家農產品包裝工廠工作。但是，儲藏室的低溫將她的手指和手腕凍得僵硬，讓她越來越難做事；於是，她開始了第二份工作——先到跳蚤市場進貨，然後拿到當地的二手市場變賣。漸漸的，這類買賣成了她生活的重心；現在的她已辭去農產品包裝工廠的工作了，靠著每星期三天在不同的跳蚤市場販賣毛毯和錢包，維持家中生計。馬蒂達花了四千五百到一千美元買齊自己的商品後開始事業；其中，五百美元租攤位，另外三千美元買輛小貨車載著所有家當到處走。她現年已經六十好幾了，因為年事已高，所以僱用幾個當地的女孩兒幫忙她的生意，負責裝貨、卸貨、架設攤位，以及招呼客人。扣除支付這幾個女孩兒的薪水後，馬蒂達每個月還可以賺進大約一千五百到二千美元（依淡旺季而有不同）。專家表示，馬蒂達的收入只能算「還好」；類似的攤商每月應該可以賺到二萬美元，如果是全家總動員在不同的二手市場擺攤，一個家庭甚至可以賺進超過十萬美元。許多人都像馬蒂達一樣，先在當地的跳蚤市場購買商品，然後再到更大的二手市場轉賣。時間一久，大部分的人發現，前往中國、韓國、台灣買更便宜的東西（例如太陽眼鏡、玩具、化妝品、皮包、香水、首飾），甚至會有更大的利潤；這個道理就像在聖保羅的三月二十五日街（Rua 25 de Março）市集，可以翻找到來自世界各地的商品。為了吸引顧客，這些二手商店提供大型商店沒有的服務；例如他們大都願意接受墨西哥人口中的「apartado」服務（就是所謂的分期付款），讓顧客分期償還貨款，直到結清餘額，再將東西帶回家（註4）。雖然沃爾瑪（Wal-Mart）賣的商品較便宜，但是這裡卻提供顧客更彈性的條件，多花一些錢來分攤付款壓力，也不失是個合理的好選擇。

全體總動員加入D體系

如今D體系的範疇越來越廣，特別是一些經濟難民加入後，讓D體系更加蓬勃發展；這些所謂的「經濟難民」，都不是外國人，而是在二〇〇八到二〇〇九年因為遭遇經濟衰退，而被迫退出合法經濟體系的一群人。沒錯！最近人口普查顯示，全美國兩千七百萬人民，幾乎有五分之一的勞動人口只做兼職工作（因為他們根本找不到全職工作）。某研究結果也顯示，全國雖然有三千四百萬人民擁有正職工作，卻被企業主歸類為約聘人員；因為這樣一來，他們的雇主就可以不用負擔他們的健保與其他福利。至於其他從事兼差工作的人就更不用說了，不管是入帳或不入帳。

很久很久以前，這樣的行為有個漂亮的頭銜；對於那些在正職之餘兼差第二份工作（包括超時的工資，或是另外投入一項比她的正職更有趣的工作）的人，我們稱呼他們是「moonlighting」

（月光工作者）。追溯「moonlighting」這個單字的起源，大概是在一九五〇年中期（正確的年代不明），後來就這樣陸續被使用超過了幾十年；很明顯地，它源於澳洲的俗語，意思是表示古代夜間趕牛的習慣。夜間工作不一定就是D體系，但絕大多數工作的性質不外乎是：一點點零用錢以現金支付的微薄報酬、不需向政府報備、額外的工作。

我有個朋友退休後靠著幫忙鄰居和朋友修理收音機等電器用品，賺取一點蠅頭小利。另一個朋友則是會將自製的pasteles（波多黎各與多明尼加當地的傳統填餡點心）事先分裝冷藏後再賣給熟客。有時我會透過以物易物的交易方法（偶爾也會現金交易），為家裡的舊電燈重新配線。很遺憾的是，我們現在早就不適用什麼夜間趕牛的漂亮頭銜；取而代之的，是個帶點詼諧的冰冷醫療用語「income patching」（薪資貼布）。

不管是什麼樣的名稱，其實一些檯面上的合法產業也開始涉獵D體系，銷售法律灰色地帶的商品（例如附有過期或外國保證書的相機與電器用品），或是出版社尚未正式出版的新書試讀本（某編輯告訴我，他們「捐贈」許多這類的試讀本給願意接受的個人或團體，包括Housing Works二手店、愛滋病慈善機構，以及二手書店，他們大都會將這些未經校對的書籍貼上「非賣品」的標籤，再以每本一．九九美元出售）。此外，二〇〇六年以前，透過手機解碼使用另一家電信業者的服務，在技術層面仍屬違法；但由於從來沒有任何人被起訴，因此這類為人解鎖的服務充斥全美各個角落。這幾年，市場趨勢轉向可以上網的智慧型手機，想當然爾，解鎖或破解，也就成了業者的生財工具。手機製造商想要遏阻這樣的風潮，因此對外宣稱這樣的行為可能存在手機內建程式被竊取的風險。直到二〇一〇年，美國國會正式通過，才允許「破解」的這類行為合法。即使如此，這也只能作為數位千禧年著作權法中的暫時豁免，類似行為至今仍有不少爭議。

D體系兼容並蓄的團結氛圍

近十年來，華盛頓特區的非營利組織 Social Compac，針對D體系規模做了研究。其中，「不受規範的經濟活動」占了非常大的財富營收比例，特別是在較貧困的區域。例如，邁阿密中部的祕密經濟就占了當地八億五千萬美元產值、巴爾地摩有八億七千兩百萬，而紐約附近的哈林區，也有八億。至於在國家首都方面，哥倫比亞特區蓬勃的地下經濟體系，甚至帶來十億美元產值，其他像休斯頓，也是高達十億美元之多。根據二〇〇五年洛杉磯經濟計畫的研究結果顯示，環繞洛杉磯這個城市周圍的D體系，至少提供了當地七十萬個工作機會，以及每年八十一億的薪資；如果以百分比分析，美國當地的地下經濟體系可能是世界上最小的。奧地利經濟學者富黎德里希・史耐德（Friedrich Schneider）擅長估算非正式經濟體系；他估計非正式經濟體系大約占其國內生產總值約八到九個百分比，但是如果再加入美國的經濟規模考量，那麼美國的D體系幾乎算是超級強權，總值高達一百萬兆美元左右之多。

威斯康辛大學都市計畫教授艾爾法頌・莫羅苾斯（Alfonso Morales），是少數撰寫D體系相關著作的作者中，也投身D體系的人。由於當年他念研究所的學費，來自芝加哥麥斯威爾街上清倉拍賣硬碟；於是，他以自身經驗作為論文主題。打從一八七〇年以來，麥斯威爾街的市集就是芝加哥人生活中很重要的一部分。該市集在第一個世紀原隸屬市府，一九六〇年都市騷動後，市府卸下管理者的角色，麥斯威爾街轉而成為非正式商人的集散地，長達二十年之久；直到一九九四年市府大力規劃市集，才將管理權收回。在轉型過程中，艾爾法頌教授每星期日都會來此賣東西，在短短一年半的時間裡，他就換了五次攤位，目的只是想了解顛沛流離的攤商在現場所面臨的現實問題，以及長期經營生意的攤商如何對待新加入的成員。連續兩年，他每星期會再次重返這裡，繼續他的研究。

他發現，所有攤商必須彼此關照，例如互相幫忙占位置、幫助新人了解潛規則、維持整個市集秩序等。他每換一次攤位，就寫一篇文章；此外，他還會花時間與鄰近攤商建立感情。「我在試探考驗這個角色的雙重面向。身為闖入地盤的人，我發現這些攤商不但會積極地保護鄰居的區域，同時也會捍衛自己的地盤；而身為鄰居的角色，大家也會期待我能加入他們保護攤位的行動。」艾爾法頌看到桌子是如何以大家習慣的方式擺設，為什麼大家決定不要取得證照或納稅，卻又對整體設施與服務品質深感不滿。就像在聖保羅三月二十五日街市集附近的街，這裡也有一張非官方的時間表，中盤商會很早出現在這裡，然後再把貨批給其他攤商，而這些攤販可以稍微提高價錢再轉賣出去；當然也有那種早市大戶，你只要花五美元就可以省去麻煩，不必早早擺桌子排隊卡位的（根據市場潛規則，擺好桌子代表你已經占有這個攤位，其他人不能把你趕走）。他說，這些攤位有共同的目標，也願意讓大家公平參與競爭；奠基在「友誼」至上，每個人都會儘量配合攤位安排。艾爾法頌表示，透過共同努力，麥斯威爾街的市集變成城市中和諧又多元的特別景象；不同於芝加哥與其他地方處處充滿緊張對立，這裡有的，是一種十分具有包容力的氛圍（三月二十五日街市集，以及阿拉巴等地其他市集也如此）。艾爾法頌發現擺攤的生意其實有優渥的利潤。他告訴我，「大家賺進大把鈔票，我只要每星期帶著三四百美元走進市場（如果市集固定為時一整天經營），每星期工作三天（或是只花現在工作的一半時間），每年就可以賺進超過六萬美元薪資。」接著，他壓低聲音說，「而且我都沒有報稅。」

根深柢固的負面偏執觀念

市政中心因為打贏了一場公共關係的戰爭，因此得以將麥斯威爾街搬離舊址。市府表示，原來的地方並不安全，而且又是非法交易的溫床，販毒、幫派都在此聚集（在惡意攻擊市集這件事上，芝加哥政府還是遵循著清教徒革命以來的古老傳統）。一五〇九年，馬丁路德（Martin Luther）發表了九十五條教義，並且與天主教切割；一位不具名的德國作家出版一本很薄的書《流浪者與乞丐》（*The Book of Vagabonds and Beggars*，拉丁文原文為 Liber Vagatorum），揭露在這片土地上工作所面臨到的新威脅——乞丐和小販。這本書短暫流傳一段時間後，隨即消失在中世紀的書堆中。但在八年後的一五二九年，馬丁路德因為被質疑販售贖罪券與其他貪腐事件，而被教皇逐出教會。他將這本書找回，重新出版並加上簡介；他在簡介中斷言，街頭小販和其他流動攤商正是惡魔在德國街上遊走活生生的例子。老實說，這本書會重新竄紅，其實有點兒令人不解。幾個世紀以來，流動攤商一直都是鄉村與都會區的固定職業；一二〇〇年，攤商們甚至會在當地的教會空地舉辦臨時的星期日市集。

倫敦則充斥著無照營業且違法的D體系攤商，且大都是販售家裡自製的商品。在巴黎，許多主要的公共廣場（包括 the Place de Grève, Place Jurée，以及 Place Saint-Gervais），工人們也是四處遊蕩，雇主只要在人群中找人，作為當日的勞工即可（類似公開招工的方式）。但是馬丁路德的新版本觸動了敏感話題。十六世紀德國的經濟正在轉型，國家正開始將農夫們踢出他們傳承好幾世代的農場，並重新規劃共有牧場，準備將農地私有化。結果造成越來越多人失去維持經濟的命脈，失去田地的農民遊走街頭，淪落為乞丐、化緣的僧侶、商人與臨時工。在這樣剛成形的社會秩序中，儼然是一種危機感。可能因為馬丁路德的書大賣而受到啟發，一些作者開始用不同語言出版類似的信念。英國從一五六一年開始，不斷出版一連串反街頭遊民的手冊，當時約翰・安德利（John Awdeley）出版了《街友同盟》（*The Fraternity of Vagabonds*），內容主要是對這些可疑份子所做的簡短注釋。五年後，前地方官湯姆生・漢莫（Thomas Harmon）提出篇幅較長的作品《給街頭攤商的告誡》（*A Caveat or Warning for Common Cursitors*），書中警告街友，誓言揭發「這些無賴、暴民種種令人討厭、邪惡又可憎的行為。」湯姆生所描述的這些恐怖情況，就包括街頭攤商。他在書中提到，「這些小販並非十惡不赦，但是只要行為不佳、違反法律或威脅高貴的王土，就該被歸類為乞丐；毫無疑問地，在我被賦予維持平靜的任務時，我勒令將他們帶到我眼前，為他們審判定罪，無論是行賄或偷竊，」這些都是湯姆生對這些攤商負面評價的證明。湯姆生甚至將小偷們經常使用的俚語「Peddler's French」（「叫賣者」的法文），稱為「整天閒晃的痞子所使用的低俗語言」。

在接下來的數十年內，人們對街頭叫賣小販的抱怨與日俱增，而且更加尖銳苛責。一六三一年，詩人理查・布瑞斯懷特（Richard Braithwaite）出版了《*Whinzies*》（又名《新社會性格的觀察》〈*A New Cast of Characters*〉），內容收錄了各種對倫敦街頭遊民的描述；全書幾乎找不到任何一句正面評價。「他們從來不老實做生意，只知道魚目混珠，把泥土摻在胡椒裡頭賣。」不到一世紀的時間，這種對小販們的負面想法就更根深柢固了。湯姆生至少還說他們「並非十惡不赦」，但理查並不認同，在他眼裡，所有街頭小販都是壞蛋。

為什麼這些流動攤商會從誠實的日常用品供應商，變成徹底的騙子呢？答案很簡單，就是對市集的恐懼；或者更精確地說，是恐懼市集對我們造成的改變。封建體系下緊密連結的尊卑結構和社區，形成重商主義下的每個獨立個體，社會大眾甚至已經習慣人們對街頭小販的怨懟，因為這也代表著他們對這個新體系的恐懼。漸漸的，在整個經濟體系中，經濟貿易成為定位個人價值的標準。

眾矢之的無名英雄促成經濟成長

在美國歷史的前幾世紀，國內擁有許多街頭小販。這些流動攤販對國家的成長功不可沒。流浪的牛仔、農夫與勞工對美國的向西擴張貢獻良多；直到今天，在許多鄉村仍然可以見到這些景象。

的確，因為小規模農場式微，導致許多美國鄉村地區藉著D體系繼續維生。在風勢強勁的那博那斯卡大草原上，人們靠著養小狗與不入帳的交易方式，賺取第二份收入；此外，他們也為派對和特殊場合烤蛋糕（但是沒有申請執照），並參與檯面下的托兒和學校制度。當地一位無照烘培師，就是自己備料、自製並販售甜點，估計一個售價二十美元蛋糕，成本其實只有四美元，因而讓她可以從中獲利不少。每天只需工作幾個小時，每個月就可以擁有高達五百美元收入。

她曾經考慮展店擴展生意，不過這就意味著合法化了；屈指算算，註冊、取得衛生局許可與相關保險等成本，她真的不確定是否還值得這麼做。

和流動攤販一樣，這些小販也飽受批評。報紙受菁英主義慫恿，長期報導這些攤販販售劣質品或欺騙消費者的消息。如此紛紛擾擾，導致政府曾在二十世紀早期考慮全面禁止攤販行為；不過，該法案卻在三千英哩外的加州引起反彈，因為加州的柑橘產業需要靠紐約的攤販幫忙販售。即使如此，報紙的討論還是不斷。一份報導深入追蹤檸檬詐欺案，譴責飲料攤販將檸檬酸加入糖水，並在杯口裝飾一片新鮮檸檬，偽裝成檸檬汁販售的行徑（諷刺的是，目前市面上的檸檬汁飲料，與這樁幾年前引起軒然大波的路邊攤飲料根本沒什麼兩樣）。市府於是下令深究這個問題，並且在一九〇六年公布了驚人的報告。事實證明，路邊攤販才是購買食物最安全的地方，曼哈頓接受調查的一千五百個攤商裡，大約只有少數百分之三．五的攤上陳列著不良商品，腐敗的食物也只占百分之〇．二五。「相較之下，小店面販賣的食品中，居然高達百分之二十對人體有害。」調查委員長阿奇貝．希爾（Archibald A. Hill）在《獨立報導》雜誌（*The Independent magazine*）寫道，「可能因為路邊攤沒有儲藏的地方，所以只能少量進貨；也因此，他們更需要快速將商品賣完，所以他們的商品才會那麼新鮮。」

委員也表示，攤商們不但沒有剝削消費者；相反的，他們往往才是被剝削的對象。例如，下東區百分之四十流動攤販的推車並非小販本身所有，而是由掮客另外再租借給他們的。同樣地，這些攤商也會與水果市場的供應商簽訂合約，受僱於他們。不只如此，警察還會經常性地向他們收賄（通常是每個月十五美元）。路邊攤商曾嘗試組織工會，但最後結果同樣引發非議。史格姆・史奇瓦茲（Sigmund Schwartz）已經擔任 the United Citizen Peddlers' Association 路邊攤公會主席多年，因為積極爭取路邊攤商的權益，而飽受許多壓力。一些店面業者極力反對路邊攤商；甚至政府調查報告也顯示，有些店家還會私下勒索路邊攤商，例如將店面的騎樓出租給路邊攤等。史格姆進一步說明價錢，一棟座落在亞治烈街上的建築物裡，街角的店家會向賣飲料的路邊攤販每個月收取三十美元租金、向賣雞蛋的收取十五美元、向賣糖果的收取二十五美元，然後再向另外六個推攤車的人，分別收取十五美元。這樣子加起來，平均一個月可以進帳一百六十美元（或者相當於今天的三千至二萬美元；就看你如何計算這個世紀以來的貨幣增值了）。

因為誠實，史格姆被說成是貪腐的工會老闆，而且被控打著向市府取得營業執照的名義，向攤商勒索。一九一九年，路邊攤商選舉出自己的幹事路易斯・查能（Louis Zeltner）擔任市議員，但是路易斯只做了一任，對市府的路邊攤政策貢獻不多。

路邊攤的經濟效益

只有少數民族的媒體了解路邊攤的價值。像阿姆斯特丹新聞報就曾在一九四〇至一九五〇年聲援哈林區的路邊攤（當時城市其他地區都不接受這些攤販）；該報社的社論指出，路邊攤可以為小販，以及附近的社區帶來經濟效益。現今社會中，我們習慣有條理的工業傳統，也就是固定的規則和工作時間，我們接受登記註冊的公司，以及理論上有規範維持公平原則的市場；D體系畢竟還是存在體制外。所以，我們當然害怕在這個欣欣向榮的體系中賺錢的人沒有職業道德。這樣看來，或許可以解釋為什麼大家對路邊攤議題爭論不休了。

就像在馬丁路德的年代，全歐洲的路邊攤商和臨時工人都被譴責為是社會的亂源。例如，二〇年三月一日，路透社駐馬德里記者發表了一篇震驚世人的文章，「處理西班牙廣大的黑市，有助於填補財務空洞」。這篇報導指出，西班牙的地下經濟總值二千億歐元（大約是二千八百億美元），而且數量超過二〇一〇年財務危機的兩倍。這篇報導很明顯地暗示著，控制D體系有助西班牙政府重新振興，並償還債務。二〇〇九年的十月，《愛爾蘭時報》（*the Irish Independent*）刊登了類似文章（違法的經濟活動收益高達六十一億歐元，大約相當於八十五億美元），寫道「年年輸給英國國庫」，暗示如果人民合法申報自己的收入，政府就有錢可以花在公共計畫上。

二〇〇七年十一月，瑞士政府設立的新聞網站Swissinfo，在頭條發表了一篇關於人民薪資不入帳戶的工作，宣稱這樣的工作每年占瑞士產值高達三百五十億億美元；再次意味著，政府的收益受到很大的剝削。寫這些文章的人，當然是依據合理且正確的數據，評估D體系占國內勞動總值的比例，但是他們卻偏執地將這些獲利與政府的收益做連結。事實上，如果這三個國家的政府可以向這些非法經濟活動課稅，他們還是沒有辦法將這些收入的總值納入國庫，充其量也只能收到相當少的金額，也就是一般正常稅收的比例而已。雖然這筆錢為數可觀，西班牙不可能藉由整治D體系，而擺脫財務危機，愛爾蘭的國庫也不會因為人民一窩蜂賺取現金，而損失八十五億美元，而瑞士則像刊登Swissinfo上的文章內容，因為類似的地下經濟活動相對較少，所以受到的影響不大。這些沒有報稅的人民，實際上也會在這三個國家中消費，所以等於是說這些國家直接受益於D體系。既然這些人在政府開始對地下經濟課稅後決定放棄這些工作，那麼你也可以說，「處理」這樣的黑市經濟，將會產生不良後果。但是，抱怨仍持續不斷。政治人物例行性地詆毀街頭貿易，說他們是非法移民與犯罪的溫床。義大利總理貝盧斯柯尼（Silrio Berlusconi）也曾說過，這些路邊攤販有很多都是沒有註冊的非洲移民，他們犯罪並與義大利人搶工作；他甚至提議，將這些人遣送回國。在法國，總統薩爾科齊（Nicolas Sarkozy）開始一連串整治吉普賽人的計畫，而這些人都是長久以來存在D體系。

瑞士和德國的政治人物也反對D體系，因為這樣的經濟活動可以為移民們提供經濟來源。

但有件事這些政治人物不願意承認，那就是D體系其實是社會結構的一環；例如在義大利，大家都心知肚明，參與D體系的不只有移民。在南義大利和西西里，至少百分之二十五的經濟活動是沒有申報的，這樣的比例很高，但也不能完全歸咎於非法移民。根據調查，當地人對地下經濟並沒有不好的觀感，但是許多愚蠢的偏見也沒有因此消弭。英國的《獨立報》（*The Independent*）最近又重新開始這樣的謬誤，表示這些地下經濟都是非法移民造成的。這篇文章表示，這些人透過來自同一族群的團結力量找到工作，並且各據一方，占領不同的貿易。「中國人撿垃圾、奈及利亞人掃街、羅馬尼亞和波蘭人修理水電。」報社並沒有試著調查英國當地從事無照營業的路邊攤人數，也沒有深入了解這些參與D體系的人當中，有沒有合法移民或是當地公民。即便是在鄉下，D體系的存在也成為令人緊張的話題。二〇一一年一月，英國風光明媚的小鎮蘭開夏（人口大約八千人），明令禁止所有當地人口中的「街頭流氓攤販」經濟活動。據報導，議員堅持採取行動禁止這些「無照、不受歡迎」的攤販進駐，並保證不會威脅賣牛奶或是冰淇淋的攤販，以及任何所謂的「合法市集商人」。

貧窮不等於人格缺陷，窮人更要認真工作

長期以來，社會D體系的價值與觀感和階級團結有關。在經濟大蕭條後，《紐約時報》（*The*

New York Times）前財經編輯史丹利・沃克（Stanley Walker）寫了《夜總會時代》（*The Night Club Era*）的回憶錄。史丹利經歷過他心目中紐約的輝煌年代，非常不喜歡紐約某些街道的格調因此被拉低。「曾經有海皇宮大餐廳和夜總會，但是現在只剩下二流文化。」他這麼評價時代廣場，但是他的辦公室卻座落於此。他瞧不起這些街頭攤商，並且在警察追逐取締這些攤販的過程中表示大力支持。當史丹利悼念時代廣場的輝煌不再，達摩・浪陽（Damon Runyon）也忙著在他的故事中記錄同一群人。只不過史丹利覺得淪喪的，達摩卻認為是討喜的搗蛋鬼，達摩的故事所記錄的，包括Nathan Detroit、Sky Masterson、Harry the Horse、the Lemon Drop Kid，以及其他聲名狼藉，但卻是啟發熱門音樂劇《紅男綠女》的所有人。就在達摩發表自己的創作五年後，艾・莉伯琳（A. J. Liebling）在紐約客中，描述了時代廣場社會底層人們所做的事情，包括他暱稱的「組頭」、「跟班」、暴食者，以及電話亭旁的印度人，而這些人只能負擔遠離廣場中心的租金，好賺錢維生。不同於史丹利，艾反而認為這些人是城市中的靈魂，他沉醉在這些人坦率的集體違法中，因為他們讓他學會日常經濟裡的道德觀。

當然，這絕對不是美國的主流看法。八十年後，我們仍然在詆毀D體系的成員。珍妮・莎柏格（Joanne Saltzberg）是巴爾地摩女企業家協會主席，她估計百分之二十五出現在機構門口或參與會議的人，都有從事未經註冊、沒有執照的經濟活動，為自己增加收入。但是政府忽略了他們的需求。「在經濟發展的過程中，有種思考模式不斷地把各種不同的賺錢方式汙名化。這中問一直有先入為主的觀念，拒絕承認窮人比任何人更需要認真工作。我覺得這個觀念源自於美國長久以來對貧窮的看法，認為貧窮就是人格缺陷。」這是事實，我們讚許D體系裡的中產階級，卻貶低體系中看起來好像比較低下，並使用較草莽方式工作的階層。為了了解這一點，我們可以比較兩個完全不認識，也好像完全沒有交集的紐約客——凱特・強尼斯（Kate Jones）與吉諾維瓦・賽培達（Genoveva Sepeda）。

凱特是羅德島設計學院的畢業生，她設計珠寶，來自於緬因州，二〇〇八年就已經搬到這個城市。吉諾維瓦則是從墨西哥葡爺貝拉來的移民，幾乎可以說當凱特剛出生時，她就已經來到紐約，但是講起英文還是有點兒彆扭不流利。三年前，因為在布魯克林區開咖啡館的前男友想要賣一些特別的糕點，好在激烈的競爭環境中脫穎而出，凱特於是開始烘焙一些橄欖油蛋糕在前男友的店面販售。停止為前男友的商店供應蛋糕後，她開始轉而供應一間距離她曼哈頓公寓不遠的時髦咖啡，她說，「我沒有健康認證或執照，我的客群也不用我為了包裝而煩惱，只需要用錫箔紙包好再送過去就行了」。就像許多紐約客一樣，凱特必須要靠另一份兼差維持生計；她另外在一家早午餐店當服務生，這家店讓她可以用批發價購買烘焙蛋糕所需原料，並且還可以免運費幫她送貨到府。她的爐子每次可以烤三條蛋糕，一星期可以烤二十一條；這些蛋糕的利潤還不錯，這個地下蛋糕的事業剛好可以幫她支付每個月在曼哈頓的房租。

至於吉諾維瓦，她早在五年前就開始自己的街頭事業了，當時她的丈夫失業，雖然會另外再找工作，但她還是到街頭工作，因為她們位於布魯克林重建區的公寓每個月房租漲到一千美元。為了賣食物，她買了台有冰櫃設備的舊推車，每星期二到三天推著車子在自家附近的麵包店前（這個也從墨西哥來的麵包師傅，同意讓她免費在店門口擺攤做生意）賣 tamales 玉米粉蒸肉、mole poblano 和其他 Puebla 特色料理。她一邊把頭鑽進冰櫃，一邊拿出兩個錫箔紙包好的玉米粉蒸肉遞給客人，悻悻然地說，「我的生意沒有很好，一天頂多賺個五十、八十或一百元。」如果將她花在廚房料理和在街頭做生意的時間列入考量，這樣的工資的確不高，但是如果生意夠好，一個月下來就足購支付房租了。吉諾維瓦雖然知道沒有執照隨時會被警察趕走，但是合格的證照索價一千美元，幾乎是她一個月的房租；而且，就算取得執照，也無法為她解決另一項市府要求，那就是她必須在合格的廚房裡準備食物。無論她家的廚房多乾淨，但還是不夠好；而且，就算她在完全合格的廚房裡準備食物，能否取得販售許可，也還是個問題。她會這樣想，也不是完全沒有道理，因為從一九七〇年以來，紐約街頭食物攤商許可的數量就一直沒有再增加。目前最高限額是三千一百個，而且沒有候補名額；因為有太多人想要取得許可，所以市府乾脆不再登記申請者。然而，即便有如此大的需求，已經領有許可證的人還是不會輕易出讓。相反地，如果攤商打算不再擺攤，他一定會將許可證轉賣或轉租出去。一張許可證的售價高達上千、上萬美元，不過還要再另外加上支付給掮客的幾千美元傭金。

雖然凱特與吉諾維瓦所做的事大同小異，但是他們的工作環境卻是天差地別。吉諾維瓦在大街上用推車販賣 kiosk 小吃，凱特則是做好商品放在高級餐廳販售；凱特是個受過高等教育的白人，吉諾維瓦則是連英文都說不好的墨西哥人。而這些差異都反映在有關當局對他們的反應。雖然他們的情況不能完全類比，因為凱特並沒有在街上賣東西，但還是有許多知名雜誌報導她在家裡做橄欖油蛋糕的事，而市府單位卻完全忽略這樣的行為。相對地，雖然吉諾維瓦從未登上任何報章雜誌版面，但是她最近卻被趕出在麵包店前的小空間，理由是市政督察認定她在麵包店外營業的行為，所以打著非法加開露天咖啡店的名義，威脅要對麵包師傅開單；因為麵包師傅不想被罰，所以只好請吉諾維瓦離開。現在她把攤位移到附近一間熟食店的門口，只是這樣的遷移明顯地影響到她的生意，因為這個地點的人潮沒有麵包店外的人潮多。

這不是將吉諾維瓦的狀況怪罪於凱特，也不是要求市府督察對凱特開罰。相對的，市府應該要對兩者都給予支持，無論他們是不是屬於主流的合法經濟體系。就像巴爾地摩的珍妮所說的，「我們只嘉許成功的人，卻很少讚賞努力奮鬥的人，這包括那些沒有管道發展生意的人，以及那些需要同時兼差兩三份工作餬口的人。但是，當你面臨經濟困頓的瓶頸，卻仍期許自己可以擁有更好的生活時，一切都是值得嘉許的。」

註1　自家的車停在私人車道絕對合法；但是，在未經註冊的情況下，擅自使用這輛車從事未登記的商業行為，可能就有所爭議了。

註2 這是布蘭登克為了對自己的居住地「Mission District」表示敬意而命名。

註3 該公司現今的資產還包括Bass、Arrow、IZOD、凱文克萊（Calvin Klein），以及湯米・希爾費格（Tommy Hilfiger）。

註4 雖然大多數商人和顧客都是來自墨西哥的移民，但這類交易並不局限單一民族，其中也包括所有居住在南加州的各個民族。許多跳蚤市場從一九四〇年到現在，都提供類似的分期付款服務。

Chapter

09

反對效率

商人與製造商經常抱怨，過高的薪資會帶來不利的影響；因此做了決定，讓國內外的工廠同時減少產量。不過，他們也往往忽略了一個重點——高利潤也會帶來負面影響。最主要的原因，是對於不利收益的事，他們通常會選擇沉默。

——《國富論》

D體系就是實際的生活，不但活絡了經濟，也讓更多人有機會進入市場，從事交易行為。應該要在互動的過程中，討論彼此的關係與貿易合作，進而重新定位發展；因為有組織的商業行為，才能讓我們有足夠的經濟能力維持生計。

回收業者的驚人獲利

一位不願意透露姓名的男人拉著木製推車，上頭堆滿了硬紙板與泡棉。他說，「就像其他人一樣，我只是個小角色。」他的體型瘦小而結實，皮膚被中國南方的太陽晒得黝黑發亮。他告訴我，打從五年前與家人從河南省南遷到廣州後，他就開始了回收工作。雖然不需要輾轉將收入寄回家，但是由於他與家人都沒有居留證，所以小孩無法在當地就學。最後，他只好將小孩送到鎮外一間私立學校就讀。

他進一步告訴我，在這個距離香港北方大約一個小時車程的大城市裡，人們會將可回收的東西變賣換取金錢。所以，他的工作就是向人們買進（每樣東西的價格都不同）這些不要的紙類與塑膠製品，再從中賺取價差。他以每公斤六角人民幣（註1）的價格買進紙板，然後再以每公斤十到十六角人民幣的價格出售；以每公斤兩元人民幣的價格買進保麗龍，然後再以每公斤三元人民幣的價格賣出。我們見面當時，他正在與一名女人爭論著（她沿途跟著他，希望能將手中那一大包塑膠袋賣給他）；最後他還是拒絕了這個女人，因為這筆交易根本沒有任何利潤可言。最後，女人悻悻然地帶著那一大包塑膠袋離開。他回頭對我擺了一個勝利的姿態並解釋，「女人開的價錢太高了；再說，那一大包塑膠袋真的很占空間。我推車上的空間只會保留給最值錢的物品。」這個方法讓他每個月可以賺取超過一千元人民幣（大約一百五十美元）的報酬，在當地已經算是一份很不錯的工資了。

他必須要走六英里路才能到達邊境，將貨物出售給批發商。路途遙遠，而且他還必須徒手拉著這台兩輪推車，只因為「城管」（註2）已經宣布，只有回收團體組織，才能使用腳踏車（個人回收業者使用腳踏車是違法的）。他告訴我，這麼一來利潤也會被稀釋（但他終究還是只能拉著手推車做回收）。其實，他算是幸運的了，因為在這個邁向現代化發展的城市裡，大部分的街頭工作對「城管」而言，都是違法的。

他透露，其實有個專為回收業者與其工作路線而設計的回收組織網絡。像他手上目前就有三條路線，每條路線每星期進行兩次回收物品交易。

這個系統的確有用，但是經濟學家認為並不合理，而且沒效率。畢竟，廣州人口多達一千萬人，對一個理性的商人而言，如果只憑這些非法勞工拉著推車（靠著發達的肌肉與口才），又能成立什麼樣的回收事業？很明顯的，成立一個車隊，應該會更有效率；卡車不但可以承載更多物品，同時也更衛生。比起個人徒手拉推車，卡車可以走的路更遠；如此一來，只要整合所有路線，甚至每星期只需要進行一次回收交易即可。一般業者會事先扣除購買卡車及其相關維修、燃料等費用後，再將工資發給街頭工人。所以，最好不要僱用沒有居留證的非法勞工。

這些都是現代經濟系統的價值。外包是個合理又有效率的選擇；將工作委外低工資國家，的確可以省下大量勞工成本。同樣的道理，也適用在開發大型連鎖百貨來取代小型零售商店；因為大規模可以減少經常性開支，並降低勞動力需求，讓商品的定價更便宜。

D體系的自發性效率機制

相較於這些雜亂無章的街頭市場經濟，在阿拉巴國際商城裡，至少有幾十個販賣同款平面電視機的零售商，而且大家都有自己的買家、送貨員，以及銷售人員。每個商家可能都會僱用招攬客戶的掮客，企圖將潛在客戶拉進他們的店裡消費。可是，從經濟的角度來看，這些都是浪費和多餘的。如果可以將所有小店集結在一起，就能省去這些不必要的掮客。要他們離開也許非常困難，但是對一個合理、效率的市場而言，這絕對是必要的。

D體系質疑效率的價值：比起僱用很多店員，集中規劃（例如一個擁有健全組織與控制的購物商城）的效果難道會比較好嗎？難道不會瓜分市場（雜亂無章的街頭市場）的大餅？為什麼中規中矩的商業模式，反而比不協調的模式更好？比起在車庫拍賣現場此起彼落的討價還價聲中，為什麼這種方式反而能定出更好的價格？在標準化設計的賣場裡消費，難道會比在堆滿紙箱的小巷裡交易更好？在D體系，不但工作機會比效率來得更有價值，就連那些不合邏輯的小王牌經銷商，身價也比那些合法的大型零售商高。

事實上，在看似缺乏效率的D體系裡，其實有著自發性的效率機制。經濟發展學家彼得・鮑爾（Peter Bauer）曾經概述他的非洲旅行經驗。「色彩繽紛的圖象為這些二手容器創造了龐大的商機，」彼得寫道。「小販將這些二手容器買回來後，經過蒐集、保存、清潔、修補等處理後，再改造成馬口鐵罐、盒子、瓶罐等形式，包裝成袋出售，延長了這些物品的生命。他們利用勞工節省了資本。」在自由意志主義理論有著極大貢獻的奧地利學派經濟學家穆瑞・羅斯巴德（Murray Rothbard），也和彼得的意見一致（雖然本意已被他自己的陰謀論扭曲），他說：「特別是這些取締推車小販的法律，幫助了那些沒有效率，但卻擁有更多政治影響力的對手，摧毀了有效率的市場形式與企業家，」穆瑞在一九六二年出版的著作《男人、經濟，以及國家》（*Man, Economy, and State*）裡寫道，「要『進入』推車小販的『產業』其實是很容易的；因為，你只需要準備一點點資本就夠了。」

就某種程度來說，現代化的合法經濟體系，其實就像是個封閉的商店；透過D體系裡的街頭攤販們，可以為大眾打開這個市場。或許不是很有效率（就像廣州回收業者這樣的勞工，只能從價差中賺取微薄的報酬），但至少還賺得到錢。D體系可以減少不公平的情形。雖然市場裡某一部分廠商很賺錢、可以帶動經濟成長，但它們卻會威脅D體系的生存。舉例來說，吉尼法（Jinifa）是阿拉巴國際商城中的指標店家，老闆詹姆士・依茲費歐馬（James Ezeifeoma）告訴我，他非常擔心經濟成長會衝擊他的生意，以及整個市場。在大規模的嶄新生意背後，他已經預見業績正在下滑，就連伊博族學徒制度也逐漸勢衰（創業過程的革命情感已不復見）。他說，「今日所見，到處都是賺取工資的勞工。」他再也不相信像他這樣的人（從基層做起、沒有受過正規教育，並且花了好多年的時間一點一滴累積經驗），還有機會能在阿拉巴商界闖出一片天。

「看不見的手」的經濟哲學

長久以來，降低貧富差距已成為政經著作的話題。十七世紀英國著名的激進運動掘土派份子傑拉德・溫斯坦利（Gerrard Winstanley），也在一六五一年出版的《平臺上的自由法則》（*The Law of Freedom in a Platform*）中，發表自己的看法。「這個男人難道不能比其他人更富有嗎？」溫斯坦利自問自答，「不需要！這就好像是一場戰爭，財富不但會使人變得虛榮、驕傲，還會讓他的同儕因此感受無比沉重的壓力。」當時他主張平衡所得差距，並開放D體系，允許農夫可以在不被課稅，或不需額外支付通行費的前提下，在城內的街頭市集販售自己生產的商品。

一個世紀後，亞當・史密斯（Adam Smith）也在一七五九年出版了他的第一本著作《道德情操論》（*The Theory of Moral Sentiments*），針對不平等議題，發表自己的看法：

富人的消費能力只不過……比窮人多一點點，儘管他們本性自私與貪婪，只圖自己的方便，甚至為了滿足自己的自負與貪得無厭的欲望，對千百名僱用的勞工訂定不變的目標；即使如此，他們還是有辦法主宰勞力分配，達到增加生產、改善生活、提高利益的目的。這就是著名的經濟理論「一隻看不見的手」的經典內容；人類的需求與自利動機，誘使企業想盡一切可能，期望能透過最有效率的方法，生產社會所需的產品，進而滿足全體利益。

正是這個由亞當・史密斯首次提出的名詞「一隻看不見的手」，為後人揭示古典經濟學的思想核心，成為流傳千古最具爭議的經典代表。然而，這不過是個偉大的經濟幻想罷了！什麼主人與奴僕們平分、貴族與雇傭共享、皇族與百姓共享、老闆與勞工分享、……；美其名稱這樣的制度為資本主義，還不如說是共產主義來得更恰當。當時，這些富人只知道毫無限制地揮霍與消費（喬治國王二世（King George II）從年薪裡拿出近九十萬英鎊供給自己的隨侍。當時，一般公司小職員的年所得也不過兩百英鎊左右；至於勞工，最多可能也不會超過五十英鎊）、只知道愛惜自己的財物，哪裡還會想到要合理公平分配，甚至是滿足所有人生活所需的偉大理想？也許吧！可能連亞當・史密斯本人也知道這一切根本是天方夜譚，所以減少「一隻看不見的手」等相關論述，才會只在《國富論》（*The Wealth of Nations*）裡出現一次而已。

亞當・史密斯死後六十年，法國記者與烏托邦思想家皮埃爾・約瑟夫・普魯東（Pierre Joseph Proudhon），也針對刺激經濟成長與減少不平等，發表了改革方案（皮埃爾提議，強制調降利率到百分之〇・二五至百分之〇・五），希望透過成立合作組織、強化組織力量的方式來管理經濟，在公平互惠的基礎上簽定合約，雙方以合理的價格買賣貨物。當時，兼具瑞士企業家與經濟學者身分的西爾維奧・格塞爾（Silvio Gesell），也對此提出解決方案；建議透過貨幣價值的漲跌，來反應「囤貨」（資源與財貨）問題。他說，「就好比報紙會過期、馬鈴薯會發芽腐爛、鐵器會生鏽、酒精會蒸發的道理，只有透過這樣的方式，貨幣才能禁得起考驗，成為交易媒介的工具。至於，要讓貨幣成為更好的媒介工具的唯一方法，就是讓它成為更差勁的商品（他甚至希望，貨幣最好能每星期千分之一或每年百分之五・二大幅貶值）」他的想法是，只要貨幣會隨著時間貶值，人們就不會想持有貨幣了。所以，西爾維奧鼓勵人民消費，並且盡可能地刺激消費（這點，恐怕就連貝爾納・曼德維爾（Bernard Mandeville）（註3）也忍不住要對他豎起大拇指）；最後終於達成了增加商品生產、創造就業機會、分享財富的目的。

自由經濟的問題——貧富不均

三十年後（亞當・史密斯發表《國富論》後的一百六十年），約翰・梅納德・凱恩斯（John Maynard Keynes）也在一九三六年發表了新書《就業、利息與貨幣的一般理論》（*The General Theory of Employment, Interest and Money*）中，書末也針對自由市場體系問題提出診斷。他寫道，「在我們所處的經濟體系裡，最明顯的錯誤，就是未能提供充分的就業機會；甚至在所得不均的情況下，自己也無法隨心所欲地支配財富。」凱恩斯相信政府最後還是會提出公平的措施，來增加就業機會並刺激消費，改善財富與所得不平等的情形。有別於皮埃爾與西爾維奧兩人的看法，凱恩斯並沒有因此提出烏托邦式（不切實際）的解決方案（註4）。他不認為應該消弭所有不平等，而是應該縮小貧富差距。「這並不是為了解決目前的問題，而是針對很明顯的財富與所得不均問題，所提出的社會與心理層面的辯護。」

近代經濟學家西蒙・史密斯・顧志耐（Simon Smith Kuznets），也解釋不平等的意義。他曾在一九七一年諾貝爾經濟學獎的得獎作品中表示，不平等的現象在農業社會並不多見，但隨著社會的進步與發展，這樣的情況在工業社會最明顯，但是到了工業社會後期，又會逐漸趨緩。舉例來說，比爾・蓋茲（Bill Gates）與華倫・巴菲特（Warren Buffett）是全球公認的富豪，擁有世人稱羨的巨額財富；相較於一九九〇年約翰・戴維森・洛克菲勒（John Davison Rockeller）

與傑．古德（Jay Gould），兩人與目前美國人的平均財富差異更小。雖然貧富差距逐漸縮小，顧志耐還是擔憂所得不均的現象會拖垮經濟成長（註5）。他激動地談論社會混亂，以及經濟理論無法預期的現象，認為這是全球科技衝擊的結果，社會發展同時也會帶來負面影響。一九七一年十二月，他在斯德哥爾摩的一場演說中提到，「即使在已開發國家，這些讓人引以為傲的經濟成長背後，也會伴隨著意想不到的負面結果。」他說，「相較之下，那些發展遲緩的國家會企圖利用科技發展的潛力，希望日後有立足之地。」他強調，對發展中的國家而言，一味地模仿沒有任何意義（只會阻礙生產）；相反的，如果能在政治與經濟方面多交流實際經驗，並努力爭取平等的對待關係，應該會更好。他說，「在這些落後國家裡，經濟發展的第一步就是革新現有的技術、政治環境，以及社會結構。這些過程或許可以作為重新分配的藉口；也就是說，為了達到降低成本、縮小技術差異等目的，可以默許存在盜版、走私，以及其他遊走法律邊緣的非法行為。」

顧志耐準確地預測出，技術進步將會創造機會（證據是，因為大多數發展中的國家已進入無線電話服務，因此會減少有線電話網絡的需求）。他補充說明，如果政府無法滿足人民日漸龐大的需求，這些突飛猛進的技術只會演變成政局不穩定的隱憂。不過，對大部分未開發的國家來說，卻可以經由長期不斷努力，找到真正可行並能帶動經濟成長的制度（這是顧志耐支持D體系存在的意思嗎）。人民的需求與制度之間的落差，以及現實與理想之間的差距，恐怕只會隨著經濟成長不斷擴大，使得努力的過程備感艱辛。

雖然，這些有別於傳統看法的獨到論點看似悲觀，但正是因為大多數經濟學家忽略了它們的嚴重性，才使得經濟成長受到局限。社會大眾的欲望往往多過政府的財政政策期待，甚至會否定經濟成長的結論；D體系不過是為顧志耐的擔憂，提供其中一個解答而已。盜版同時「解決」了技術落後與高不可攀的智慧財產權問題，高科技產品因而有機會以如此低廉的價格，流通在這些落後國家（就像阿拉巴與其他電腦商城的街頭市集，窮人們才有機會接觸電子與高科技產品）。整體而言，D體系不但提供了就業機會，同時也讓人民有機會參與經濟體系運作，並透過經濟成長縮小城鄉之間的貧富差距。

對於D體系，顧志耐在著作中並沒有著墨太多；但是在他發表演說四十多年後的今天，這些影響經濟成長的不公平現象與負面衝擊，依然存在全世界各個角落。「根據二〇〇八年聯合國世界經濟發展研究所（United Nations' World Institute for Development Economics Research）的研究結果，目前全球前百分之十最富有的人，主宰全球超過百分之八十五的資產。全世界任何一個人只要可以擁有兩千一百三十八美元的存款或其他等額的資產，就可以晉身為全球前百分之五十最富有的富人名單。此外，在二〇一〇年世界銀行公布的一份報告中也指出，全世界富國的平均國民所得，居然是次撒哈拉非洲地區窮國的三十六倍之多。姑且不論市場體系的價值為何，我們所居住的這個地球，如今已經變成一個嚴重不平等的地方。不同於顧志耐的看法，最近幾年富人與窮人的貧富差距越來越大。

關於這個議題，馬提尼克島作家愛德華・格里桑（Edouard Glissant）也在《加勒比海談話》（*Caribbean Discourse*）中，透過追溯後殖民地的真實世界的方法，來探討這個問題，當地居民因為政治或經濟因素被貼了標籤，從此註定一輩子只能是次等國民，甚至還要被迫接受自己的不動產被強占。對愛德華當地而言，經濟體系裡的殖民主義，不但拖垮了生產力與創造力，還因此影響景氣停滯不前，分食傳統社會團結合作的成果。

地下經濟救地上經濟

這就是D體系背後潛藏的問題。在殖民地的世界裡，奴隸、農奴、農場工人，甚至很多工廠裡的無產階級，都被禁止參與一般國營的經濟活動，迫使他們只能在邊界做生意。對他們來說，D體系就是他們的市場，是維持生計的唯一希望。這些檯面上看不到、無法計算，甚至無法理解的投資、盈餘、本地控制、資本、創造力、生產，全都來自這些世界的陰暗角落。

在殖民地處境之外，無論何時，當人們想突破既有的經濟優勢時，D體系的經濟活動總會浮現在他們的腦海中。這個根據社會最基層、早期經濟基礎發展的經濟體系，正透過微小、缺乏效率的經濟活動逐漸茁壯。根據經濟合作與發展組織（Organusation for Economic Co-operation and Development）的報告，D體系的規模會隨著時間不斷擴大，不但會創造十八億個就業機會，同時也會為那些沒有受過教育的窮人帶來機會。就像拉格斯成功的汽車零件商人大衛．伊貝維（David Ibekwe），他甚至沒有完成國中學業（輟學），還有阿拉巴的商人詹姆斯．伊茲費歐瑪（James Ezeifeoma），連小學都沒有畢業；由此可知，即使沒有龐大的遺產或漂亮的學歷等優勢，這兩位商人依然能靠著D體系，進入全球經濟體系的成功名單。

一些學者正困擾著，不知道如何分析解釋D體系的缺乏效率與標準化問題。於是，他們提出不同的解釋，認為D體系可以在緊要關頭，挽救低迷不振的經濟景氣。基本上，該論點最早是由一九八九年普林斯頓的社會學家亞歷山德羅．波茨（Alejandro Portes），在他的著作《非正式經濟》（*Informal Economy*）中所提出的看法。亞歷山德羅教授認為，長遠來看，只要這些檯面下的交易還有活著的一天，這些聲名狼藉的國家還是可以從中賺取一點兒蠅頭小利。他覺得D體系就好像是受到保護的私生子，提供人民微薄的收入維繫生計，使得社會秩序可以正常運作。但是，這並不表示他認為D體系的規模會因此日漸擴大，因為D體系還是會受限於外在環境；再說，合法的經濟體系也不可能允許它們漫無限制地發展。

「對國家來說，它就像是提供了一個安全閥，為人民找到另一種相對較無聲的就業機會。」亞歷山德羅告訴我。「在進口與出口的過程中，會回收不少利潤，對一些中產階級或工廠而言，只要付出極少的成本，就能將工作外包給這些在非法經濟體系中工作的族群，讓這群窮人得以維持生存的基本條件。」從這個觀點看來，D體系就好像是國家裡的無聲機器，默默維繫著窮人與中產階級的生計。「如果沒有它們，這些現代化的國家恐怕還無法生存呢！」亞歷山德羅最後下了這樣的結論。

儘管亞歷山德羅長期還是不看好D體系可以解決經濟停滯的問題（因為全世界的政府傾向放鬆相關管制結果，勢必會讓這些大工廠更輕易地壓榨其他小競爭對手。如此將衍生更多問題，因此必須為這些地下工廠提出適當的策略等。）他告訴我，「D體系說穿了，就是實際的生活。最好的方法是嘗試接近它，而不是強迫它們合法；必須深入基層找出問題，然後給予訓練，或是為這些小公司提供貸款等協助，幫助它們度過難關。」

我曾請教哈佛法學院教授羅伯特．曼戈貝拉．昂格爾（Roberto Mangabeira Unger），當時的他因為擔任戰略事務秘書處首長一職，正著手替巴西居民規劃一系列生活相關計畫。他簡略地告訴我，「如果我們只是憑著自己對這個市場有限的了解，硬要將D體系與目前的經濟市場明顯做區隔；那麼，就會很容易落入一般政府的迷失，將它們視為是阻礙經濟發展的絆腳石。我認為，這樣的想法只是空想的理論，而且非常不客觀。」（雖然，當時羅伯特很含蓄地表示他的看法，但是在他的著作裡，老早就不認同經濟學可以作為社會進化的參考指標了。因為這樣的理論，根本無法改善目前的經濟結構，更遑論是要印證理論精髓所強調的「因時因地制宜」的變通觀念了。）儘管如此，他的看法仍然清楚地指出經濟學的改革方向——無論是我們的自由市場，或是一般市井小民的宗教信仰行為，都不應該狹隘地被當成是經濟利益下的產物，甚至是創造利潤的工具或手段。「市場並不需要法律為它制訂任何形式上的規範。說穿了，它只是歷經時間演化後，所發展出最適合目前環境的現況。」在羅伯特教授看來，市場就是涵蓋買賣雙方利益的合作系統。（這個想法與一百二十年前尼采筆記所寫的意思不謀而合。從國際貿易的借貸行為，不難看出人類誠實與守信用的善良本性。）

D體系帶來更多就業機會

正確地說，經濟學家應該要將D體系導入合法，而不是把它們逼到非法、祕密，以及犯罪的社會邊緣。眼前很現實的問題是，其實D體系裡囊括了超過半數以上的勞動人口；如此看來，我們是否應該檢討，並修正自己目前所處的自由經濟體系呢？

這些昔日巴西政府部長的片段概念，如今看來非常重要。如果我們可以重整經濟市場，達到充分就業的理想，增加所得，減少社會不公平現象，並提高生產力，那麼D體系就可能在未來成為全球經濟體系裡的重要關鍵角色。套用羅伯特爾教授的說法，目的就是為了讓經濟體系更接近普羅大眾，所以必須滿足全體人民的需求，而非自私地創造個人利益。D體系不但活絡了經濟，同時也讓更多人有機會進入市場，從事買賣等交易行為。因為D體系，小貿易商有機會周遊列國從事國際貿易、昔日被判褫奪公權的人有機會參與交易，非法的移民（例如，那位來自河南的廣州街頭回收業者），也因此有機會在這個非法的居住地創造屬於自己的未來（也許在經過這些努力後，有一天會出現某個區域，允許當地居民成立組織或工會，來捍衛自己的權益。就好比擁有五十年悠久歷史的「boukou 體系」一樣）。

很明顯的，亞當．史密斯當年所提出的這個「一隻看不見的手」，可能不再被世人推崇為典範。就像當年顧志耐在諾貝爾獎演說中所提到的，這些理論根本不切實際，經過多年努力，自由經濟體系還是無法改善這些問題（如果問題可以被解決，失業與貧富不均就不會再困擾著我們了）。如此看來，人們的確可以義正嚴詞地質疑這些經濟理論是否合理，以及傳統市場體系能否正常發揮功能。更具體地說，全球過半數D體系下的勞工，恐怕才真正應該關心傳統經濟體系背後的不公平等等相關問題吧！

這樣的問題容易解決嗎？羅伯特不抱任何期待。「地下經濟要談自救，簡直比登天還難」，他很直接地告訴我。長期以來，D體系一直在合法經濟體系的夾縫中求生存，以致於根本無法進行任何改造計畫。再說，這群靠著自己的力量默默奮鬥的人們，甚至還得忍受政府的嚴厲政治手段，以及傳統觀念的沉重壓力等羞辱或迫害。他暗示，「這需要……裡應外合。」也就是說，必須拋開舊有思維，尋求另類的解決之道；結合政府與民間的力量，讓D體系與合法經濟並存。

社會學家約翰．柯斯（John Cross）研究墨西哥街頭市集已經好幾十年了，他告訴我，這些有關市場革新的具體建議，未來都會逐一反應在社會現況。如果政府與社會大眾願意開始認識D體系，了解街頭市集在經濟發展與景氣成長所扮演的重要角色；那麼，第一步就必須先讓這個市場合法，並且認同這群在D體系裡工作的人們（也就是被貼上傳統標籤，認為是罪犯或社會異端的這群人）。他斬釘截鐵地告訴我，「到時候，舊制度將被重新修正改寫，並孕育出眾望所歸的新氣象。」

大多數的經濟學家對這樣的想法感到害怕，他們甚至擔心可能因此演變成左派激進份子的偏執思想，引發社會動亂。只是，D體系很難被絕對地歸類。像卡爾·馬克思（Karl Marx）就認為，D體系裡的商人與勞工都是反革命份子。他著名的文章〈十八世紀路易士波拿巴的霧月革命〉，曾經將流浪漢、退伍軍人、流放囚犯、逃亡的船工、騙徒、江湖郎中、流浪者、扒手、騙子、賭徒、老鴇、搬運工、文人雅士、街頭風琴樂師、無賴、磨刀工人、鞋匠、乞丐等到處逃竄的族群，歸類為無產階級（也就是法國人口中所稱的「波希米亞人」），認為他們是被社會所唾棄的敗類，就好像是正在服役中的「首都輕步兵」（註6）。從這些激進的遣詞用字中，不難看出馬克思的共產主義思想與階級偏見。經過一個世紀後，精神科醫師弗朗茲·法農（Frantz Fanon）卻提出不同於馬克思學說的看法，認為這些無產階級是革命份子。

互助合作創造雙贏

保守的古典自由派經濟學家莫瑞・羅斯巴德（Murray Rothbard）與法農對D體系都非常熱衷，但觀點卻南轅北轍。他相信D體系裡的商人可以無拘無束地從事商業行為。他反對開業執照與駕照，「證照刻意地限制了這些行業裡的員工和公司。許多規定為了入行需要設立門檻，那些無法取得資源與通過檢定的人，根本沒有機會進入這個行業。昂貴的考照費用因此成為資金微薄的人進入市場的一大阻礙。」憑心而論，莫瑞幾乎反對所有機構對貿易的限制，他相信課稅會讓國家變成「史上最龐大、最令人畏懼的犯罪組織」。他表示，真正的自由社會，孩子有權脫離父母，而父母也可以販售孩子。他認為現況對整體經濟有害無益，因此必須修正當前的民主。他說，「選舉如果是被當成市場現象，那麼也就可以是消費者團結的方法了。」根據過去經驗，這樣的消費者團結根本沒有能力，與財力雄厚的公司互相競爭，特別是在法律之前人人平等的情況下。

簡言之，意識形態並非地下經濟的討論重點。沒有人需要非常激進，或是不帶感情地認為非得參與D體系，才能創造機會。雖然經濟觀點常認為D體系缺乏效率、不夠理性，但這並不表示它就沒有自己的運作規則或市場機制。就像克勞蒂亞・烏瑞絲（Claudia Urias）評論三月二十五日街（Rua 25 de Março）的市集所說——D體系並非毫無章法。D體系的市場是奠基在買賣雙方都認同的常態與結構管理，因此買賣雙方屬於同一社群；理所當然地，它們自主發展出的鬆散結構，也就會支持並刺激該體系的成長了。

史蒂芬·顧德曼（Stephen Gudeman）是明尼蘇達大學的教授，研究領域跨足經濟學與人類學；他用相對較微妙的詞彙，來定義一般人所認知的經濟發展。他說，「最初的發展往往不會有具體的經濟架構，所以我們不應該期待降低交易門檻或推廣全球貿易，就一定可以帶來經濟發展。因為這並非只靠建立完全透明化的制度（這剛好也是國際主義學者所認定的關鍵），就能解決私有財產權、借貸金錢，或是支持某計畫等相關問題。」史蒂芬表示，如果想要求發展，我們不但必須跳脫方法目的論的狹隘觀點，同時更應該拋開收益的現實考量。「應該要在互動的過程中討論彼此的關係與貿易合作，再來重新定位所謂的發展。」看樣子，史蒂芬應該比較認同皮埃爾所提倡的互助合作組織，而且這類組織也可以進一步籌劃並參與相關討論。邦·史萊（T-Bone Slim）同時兼具船長、政治領導者、新聞記者與遊民詩人等多重身分，他非常熱中美國一九二〇至一九三〇年的勞工運動。他將上述道理轉換成較平民化的語言，發表在自己撰寫的勞工媒體專欄，「雖然人類死於希望，也生於希望；但是，希望並不會為人類帶來什麼好處（就像漁夫不會因為許願，就捕到更多魚）。終究還是必須務實地透過有組織的商業行為，才能讓我們有足夠的經濟能力維持生計。」

註1 人民幣的主要單位，一角等於〇・一元人民幣，相當於九美分。

註2 街頭商人們私下對當地市政機構街頭交易相關執法單位的稱呼。

註3 荷蘭醫生，一七二〇年因為撰寫諷刺性文章，而引起社會廣泛爭議。

註4 當時，哲學家曼德費爾（Mandeville）與經濟學家西爾維奧兩人也對傳統的看法提出質疑，不認為這是刺激經濟的作法。對此，凱恩斯也深表認同。

註5 四十多年前顧志耐獲頒諾貝爾獎殊榮時，社會大眾本來對他的演講不抱持任何期待，甚至還預期可能只是一堆充滿統計數字的枯燥內容。

註6 「首都輕步兵」（the light infantry of capital）是法蘭西王國早期的專業部隊，雖然出生低微，但擁有絕佳的作戰技巧，是良好的防禦和進攻單位。

Chapter

10

誠實的騙子

儘管走私犯會因為違法受到譴責，但他們卻不會悖逆公平正義。要不是因為國家法律被定罪，否則根本不構成犯罪行為；無論從任何層面來看，他們都是溫良的公民。

——《國富論》

對喬治而言，就像對經濟學家彼得．鮑爾（Peter Bauer）所言，大部分的官員往往戴著西方世界的眼罩在看待非洲、拉丁美洲、亞洲的商業。但是當你觀察他們的群體，D體系反而是個極度高效率的團體——他們熟知自己的需求。

克里斯．努瓦契（Chris Nwachei）是我一星期前，在努瓦契位鬧區附近CMS（這個縮寫來自英國聖公會，該組織曾將辦公室設在附近）公車站遇見的攤商；他說話聲音很小，所以我必須將電話的話筒緊貼著耳朵，才能聽清楚他在說什麼。他說，「有件事情必須告訴你，這個祕密你一定要知道。」無獨有偶，把CMS稱為公車站，既是事實，也是謊言。雖然，這裡確實是許多公車路線的終點站，溝通歷史意義重大的拉格斯島嶼與大多數居民居住的本島之間交通；不過公車往往不會依照固定班表發車（載滿了乘客就走），而且還經常把乘客丟包在戶外狹窄泥濘的坑道旁。附近到處是兜售食物、文具、化妝品的攤販，印尼Blue Band奶油、奶油小麵包、孩子們的鉛筆、虎牌（Tiger blades）刮鬍刀等，此起彼落的叫賣聲，混雜著「Mile Two」、「Festac」、「Apapa」、「Ikeja」等招攬乘客前往拉格斯各城市的吆喝聲，熱鬧極了。如果要在這個城市裡，找到一處西方人熟悉的街景（例如充滿不同時代背景的建築、井然有序道路上的林立高樓大廈與商店），拉格斯絕對是首選。

洗過的新鞋更好賣

但是，拉格斯稱不上什麼市中心，許多大型公司會跳過五瑪瑙溪（拉格斯著名城市），直接前往維多利亞島尋找更平靜的街區；甚至越來越多公司會移到更遠的地方，像是近年來快速興起的南方城市——樂卡半島。本島有更大的市場，只要越過連接拉格斯島與其他城市的三座橋梁，就可以到達。在拉格斯，把哪裡稱得上市中心，取決於你想買什麼，想要在什麼樣的環境購物，以及你會為了貨比三家走多遠。同理，如果要說奇瑞絲（Chris）做生意的地方是個市場，既是事實，也是謊言。的確，同樣是在有組織的地方做生意，奇瑞絲和他的七十七個同行的確可以組成市場；但是，他們的店面都是木版隔間，並用樹枝與零碎褪色木板釘成簡單的桌面。這裡沒有什麼是永久的，更不用說安全問題了。每晚，奇瑞絲會把所有家當（多雙經過仔細清洗的舊鞋）包起來，再藏到附近的垃圾堆裡。

最後，說我「遇見」奇瑞絲，也是個介於事實與謊言之間的弔詭說法。當時，他正安靜地待在一群商人旁，等著他們在攤位上隨意翻看瀏覽，討論「oyibo/onye öcha」（奈及利亞語）這玩意兒（我也不知道究竟在做什麼）。在我遞出名片的當下，他抓起我的電話，拔腿就跑。

現在他就在這裡，用懇求的語氣，偷偷打電話給我。我的朋友建議我不要與他見面，因為他們覺得他就是奈及利亞「四一九詐騙集團」的成員，打算從我這敲竹槓。不過，由於奇瑞絲十分堅持，所以我倆便約了時間，在「Tantalizers」（奈及利亞著名速食連鎖店）見面。這是一家距離他的攤位大約一街之隔，販售速食的熱鬧小酒館，就在英國聖公會辦公大樓的一樓。我點了帶有苦澀啤酒味的舒味思檸檬蘇打與一塊肉派，然後選擇一處開放式的雅座。他一屁股坐在我對面的長椅上，接著滔滔不絕地打開了話匣子。他說，「這些『舊』鞋，根本沒用過。」「我們買的時候，它們就是新鞋，但是我們會把鞋洗過，讓它們看起來像是二手鞋。」他解釋，他從中國批發鞋子，顧客們認為這樣的鞋子是劣質品。大家對中國製的鞋子印象，總認為一開始看起來很不錯，但是幾乎馬上就不堪使用了。

相對地，用過的二手鞋，就很少是中國製的，而且人們還會因為這樣，認為鞋子的品質更好，因此價格相對可以提高。「如果你賣的鞋子就像用過的，就可以賣得更貴一些。」奇瑞絲完美地展現了不靠直覺的思考邏輯。「如果你賣的鞋子如同新鞋，價格就會比較低。」奇瑞絲解釋，中國製的鞋子在奈及利亞的法律下並不合法，必須經由走私夾帶，才能進到國內（政府在這個部分的政策搖擺不定，有時後開啟了進口這道門，有時候卻又全面禁止；奇瑞絲和我，針對所有禁令的其中一項，認真討論著）。不過，潛在的市場利潤，讓賣這些非法鞋子所冒的風險，變得相當值得。曾經有個星期，他旅行六十哩遠，穿越邊境，來到幾內亞灣的一處海港——科多努。這裡是貝南共和國最主要的城市，和中國貿易是不受限制的，而且關稅幾乎是零。因此，奇瑞絲可以在這裡自在地選擇他的鞋子，然後安排仲介商偷偷把鞋子運到奈及利亞本土。奇瑞絲一次大概採買二十八雙鞋，一雙鞋平均只花了大約一千六百奈拉（相當於十二．五美元）。他付了二千奈拉給那些知道如何把鞋子平安帶過邊界的業者、一千奈拉租金給當地的市場協會，然後再以每晚二十奈拉的價錢僱用一個人，請他連續幾個晚上為他守護這些貨物。一但他洗了鞋子，就可以用每雙三千至三千五百奈拉的價錢賣出。所以在六天的工作裡，他大概花了三百七十五美元成本，賺進六百五十美元（淨賺二百七十五美元）。雖然聽起來沒有很多，但利潤還是高達百分之四十二；如果依「Payless」的標準（擁有四千五百多家店面的連鎖鞋店，是美國境內平價鞋店的龍頭，認為超過百分之五的獲利就算成功），奇瑞絲已經稱得上是位成功的業者了。我對先前懷疑奇瑞絲的心態感到有些愧疚，並謝謝他的據實以告。

一年的光景，新政權將D體系趕盡殺絕

大約一年後，我遇見了大衛．伊貝卡（David Ibeke）。他是拉格斯國際公平貿易市場中的汽車零件商協會組織會員；當時，他就坐在一張厚重的木桌（這張桌子幾乎占去他那間小辦公室

的大部分間）後，告訴我有關他從中國進口鞋子的經驗。（大衛主要是汽車零件專家，此外也發展進口各式涼鞋與鞋子的副業。）就像奇瑞絲，大衛也將貨物送至科多努。但是身為批發商，他做的可不是幾打鞋子的生意，而是要將裝載這些鞋子的貨櫃，從中國運到非洲。誰知道？說不定奇瑞絲就是向大衛買的鞋子。所以我向他問起了有關奇瑞絲的業務經營模式。大衛向前靠近我，然後專注聆聽，他的手指搓著下巴，然後搖搖頭說，「奇瑞絲並沒有說實話。在奈及利亞，市面上超過百分之五十的鞋子都是來中國，而且都是新鞋。」他不明白奇瑞絲為何要說謊，但是他強調，「有關洗鞋才能賣得更高價的說法，簡直是一派胡言。」究竟大衛所言為真，還是奇瑞絲在說謊？真的很難釐清。很明顯的，大衛想要說服我將奇瑞絲當成騙子，甚至他還自願提供所有奇瑞絲行騙的細節。但是，他在這當中到底有好處？或者，奇瑞絲說的是實話，只不過大衛脫離零售業太久，以致於他根本不了解市場中的新難題。這似乎也很難讓人信服。畢竟大衛是個老練的企業家，必須了解市場的脈動，才能獲利。如果洗鞋是標準模式，或者至少是其中一種方法，大衛都應該知道，也沒有理由誤導我；所以我打算回頭再去一趟CMS公車站，找奇瑞絲再確認。我希望他帶我到邊界，觀看整個交易過程。

但當我抵達CMS公車站時，我發覺這個地方在一年內發生了很大的變化；奇瑞絲早已不知去向，他的店也不在了，整個他曾經工作過的市場也消失了。一切又回到原始的狀態——布滿爛泥和碎石的一塊空地。少數勇敢的人在殘破的土地上鋪了毯子，然後賣些小裝飾品。他們沒有人認識奇瑞絲；我嘗試留下我的兩支電話號碼，但都沒有人回應。我重複打了幾個星期的電話，每通電話響了再響，就是沒有人應答。說穿了，這個市場是新政策下的受害者。一年前我和奇瑞絲詳談時，拉格斯選出了新市長巴巴托・費索拉（Babatunde Fashola），他將街頭小販與無計畫漫延擴展的D體系市場，視為是這個城市裡的最大的夢魘。巴巴托從政前是個律師，當選後立刻宣告街集的叫賣兜售行為犯法，並用類似軍隊鎮壓的方式，拆毀許多自發性市場；這些商人們全都在無預警的情況下，沒有經過合法程序被剷除了。警察們簡單露了面，破壞燒了上百個報攤。地方首長稱他的新政策為「KAI」（Kick Against Indiscipline，打擊不法的意思），再次喚起D體系從馬丁路德（Martin Luther）時代開始，就承受的批評。街頭臨時工再次被塑造成道德問題（如同馬丁路德的論點，魔鬼在人間恣意遊走），只不過很少與經濟問題扯上關係。

D體系：要我繳稅，政府得先學會負責

然而，D體系讓人們抱怨的，主要還是經濟議題。舉例來說，對D體系最大的抱怨，其中之一就是這些不在政府規範下運作的商業行為不需繳稅；這的確是事實。在D體系下工作的人們不需繳稅，但大部分政治人物與經濟學者都不了解，這其中的問題，遠比直接論斷D體系裡的商人逃稅更複雜。

伊士芮．歐康國（Israel C.Okonkwo）就是最好的例子，他在拉格斯汽車零件商協會裡，負責進口部分舊型雷諾（Renault）與寶獅（Peugeot）的過時自用客車和卡車。二○○七年我第一次在拉格斯遇到他，當時我問了有關繳稅的事。他靠著椅子，用一種帶著嘲笑的勝利語氣對我說，「我現年四十四歲，沒繳過任何一毛稅金，一生從來沒有繳過稅。」但當他開始針對這件事詳細說明時，這副逃稅還不知悔改的樣子，突然增添了些許陰鬱。「沒有人在繳稅；不但銀行與保險公司沒在繳稅，就連石油公司也一樣。大家都在想辦法對抗這個體制。」伊士芮先生（這裡的敬語，並不是因為出自對英國女王的感謝，而是因為他隸屬天主教名為「聖鴿騎士團」的兄弟會組織）堅持，如果政府願意把錢花在刀口，用於那些真正需要的計畫上，那麼，他會很高興地繳稅。「政府已經垮台了。這就是為什麼私人企業對政府失去信心。就奈及利亞來說，這裡根本沒有政府。」

伊士芮提出有關D體系的課稅爭議，與美國殖民地居民在爆發獨立戰爭前所提的訴求，本質上是相同的；也就是說，無選舉權者免課稅。繳稅隱含著一個社會契約。如果政府想要叫這些商人們納稅，那麼官員就必須證明他們會妥善運用這些稅收，讓人們可以從中受惠。在奈及利亞這類國家，沒有供水系統，只提供少許電力，就連鋪路，似乎也都優先考慮鄰近的有錢人或後台強硬的住家；在人們考慮要不要繳稅前，政府必須先展現這些稅金的價值。就像伊士芮說的，「讓政府學會負責。」政府在這裡的責任，是讓這些錢的運作更公開透明，並增加專業性，讓伊士芮這些人看得到顯著積極的進展。

到目前為止，伊士芮還沒看到國家的發展有進步，因此他採取了一個不同的方式——把政府放在一邊，直接投資D體系。「如果你們覺得奈及利亞政府是貪污腐敗的，那麼，歡迎來這裡並探訪這些市場裡的人們吧！」這裡他說的「你們」，指的是美國的公司與政府。

此外，世界各地的政府們，都會藉由對某些商業提供減稅額度方案的作法，來促進工作機會增加。紐約市提供某些建案特別的稅金條件；其他國家則對整個產業鏈，提供稅額上的優惠。這就是印度創造出各式建設的方法，包括工業園區、零工待僱中心，以及資訊科技公司。這些稅金條件有趣的地方在於，本質上，他們合法地向這些商業活動的某些部分傳達加入D體系的好處。當然，你可以說，這些生意長期來看會是很好的投資，就像紐約市的辦公大樓，時間一久，將會刺激經濟，最後替政府增加額外稅收。而在印度，因為客服中心與資訊科技公司所僱用的員工都是年輕人，他們在未來幾十年內，會為國家的成長和繁榮貢獻一己之力。但是另一方面，有些人認為，就算不減稅，還是會蓋這些辦公大樓，這樣優渥的稅金條件，只會用來過度開發。有些經濟學家指出，印度在客服中心與資訊科技產業的就業人口不多（只占總人口少數）；相對地，街頭攤販養活更多人，因此對印度經濟的存亡更重要。

D體系小兵立大功，帶來全球經濟成長

另一項對D體系經濟活動的抱怨是，它們本質上就不會成長擴張。就如同社會學家亞歷山德羅．波茨（Alejandro Portes）所說的，他在一九八〇年針對D體系寫過分析文章，表示，「這並不是為了累積資本或投資發展事業。一般而言，這些小公司最初的規模很小，最終也只會維持這樣小的規模。」

規模大小，真的會造成影響嗎？成長擴張有這麼重要嗎？答案當然取決於你如何定位所謂的成功。像沃爾瑪（Walmart）的大規模公司，相較於其他幾百萬家小商店，就傳統觀念上，一定較有生產力，且更有效率；因此，它也可能看起來比較容易帶來經濟上的成功。但像寶僑公司（Procter & Gamble）在墨西哥、摩洛哥，以及其他許多發展中國家，所發現那些大量小販、路邊報攤，以及只有一到兩個櫃台的小店，卻提供大量的商業服務，這些店與顧客之間，通常有很緊密的關係。宏觀而論，你可以說有這麼多同質性的小店很多餘，也因此削減了彼此的利益，但其實它們都很重要，因為這意味著讓更多人有工作，進而可以生存，並且開始有能力購物，這一切都會帶動經濟成長。

答案也取決於你認為怎樣才算成長。所謂的成長，是否就是最基本的利潤？或者，可以是層次更高地不影響個別利潤，而增加商業機會總量？而原創性與冒險挑戰呢？一間公司需要有很

大的規模，才能有創意嗎？畢竟，對亞瑟・奧卡福（Arthur Okafor）而言，跑到中國加入國際商場還是挺冒險的。而陳琳達、瓊安・瑞米爾斯（Juan Ramirez）與艾力克斯・魏（Alex Wei），靠著在國際商場建立D體系的新商機賺取資金，非常有創意。同樣的，對馬格麗特・阿奇尤雅曼（Margaret Akiyoyamen）而言，把她僅有的現金投資在雨傘市集賣手機加值卡的生意上，就非常冒險。每天，有上千人在D體系中冒險、發揮自己的創意。有關D體系的小公司沒有想像力，或是無法有原創想法這樣的概念，根本是完全忽略D體系是如何遊走在邊界的三不管地帶，有創意地利用海關規定的疏漏，以及不同政府層級之間所產生的規定斷層。產業不一定要合法註記，才能想出創新的生財方法。

雖然我們很習慣將大公司的重要性神聖化，事實上這些大公司很少一開始就有這麼大規模。即使是當代最成功的微軟公司（Microsoft）與谷歌（Google），都曾經只有車庫大小的規模。公司的規模真的不需要很大，才能賺錢或具備生產力。

再來是最常聽到的指責，也就是D體系裡的工作者常會受到歧視，甚至可能輕易地就會被開除，或是無法享有健保或社會福利。但是卻沒有人發現，全世界不少國家中的合法經濟活動中的勞工，也沒有這些保障。除此之外，很多正式公司正在效法D體系；最常被引用的例子就是沃爾瑪，這個全球最大的零售商沒有提供更好的福利，反而要求行銷助理無薪超時工作、竄改工作紀錄、拒付加班費，甚至不負擔員工的健康保險。當社會大眾將D體系汙名化、說這樣小規模的公司不提供健保的同時，沃爾瑪超市卻還是一樣備受尊重，顯然是非常不公平的。

只為了市容付出更高代價，值得嗎？

回到拉格斯，「打擊不法」的政策，很快的摧毀了這個城市中最大，也最不受侵害的市集——奧修地市場。二〇〇九年，僅僅幾天的時間內，「打擊不法」毀掉大半的奧修地市場，推倒大傘、將商品充公、燒掉組織這個大規模市場的木製報攤；D體系中上千個商人因此無以為生。現在，如同許多拉格斯報紙所報導的，交通相對流暢，這裡的房價也上漲了。巴巴托市長的手下也把攤販轟出卡特橋，這樣的舉動在讓交通更通暢的同時，但卻也毀了上百個商機。整個城市裡，警察嚴厲取締街頭小販，逼他們將桌子搬離人行道，甚至連賣手機卡與賈拉香腸卷的小販，都被逮捕（雖然相較於奈及利亞其他城市的標準，拉格斯已經算是非常仁厚了；在奈及利亞首都阿布賈的法庭上，七名青少年因為在街頭非法兜售物品，而被處以鞭刑）。

當地政府與電腦經銷商協會（負責將該市場推廣到城市以外較偏遠的地方）談了一筆交易，新地點可能對市場上的大公司有利，它們會有更多空間，相對擁有更大掌控權；但這註定導致小公司的經濟危機。這些小公司幾乎不可能東山再起，因為他們仰賴街頭生意，也就是為那些想要快速、便宜解碼、維修或更新手機的人服務。現在幾乎不會有人走近這個市集，因為從城市任何角落來這裡，往返至少需要一天的時間。

許多拉格斯人民為這些政策鼓掌，但是我持保留態度。我認為應該要有中間地帶，釋放這些路邊經濟，同時重視這些商人創造出來的市場所擁有的優勢與重要性。巴巴托市長宣稱要重整拉格斯，讓它成為二十一世紀的先進大城。他自認為立意良善，但卻阻絕了公共領域，將廣大的公共貿易廣場分解成狹小分裂的區塊，而且不是讓所有大眾共享這樣的空間。沒錯，「打擊不法」美中不足的證據之一，就是政府對這些從攤販手中取回的高速公路圓環與交流道所做的處理。為了美化市容，這個城市趕走這些攤販，取而代之的，是枯燥的花圃。然後又因為擔心路邊攤販會再次占領這小塊土地，於是馬上在這些地方加上籬笆（當然，這也意味著，沒有任何人可以使用這些被遺棄的小公園）。請再仔細考慮一下，這樣的運用與D體系某位商人創造出來的商機，兩者之間的差異；他也占領了阿拉伯歐沃斯修奇快速道路的一小塊地，還有入口的斜坡，並且也趕走了一群人。在這個案例裡，是一群利用這些空地當作他們聚集地的惡棍，他也在這塊地築起圍籬（就像政府做的一樣），但是他沒有設置一堆沒有用的花圃，反而是創立樹苗圃和公園，幾乎是整座城市裡少數像樣的綠地之一。雖然必須要付一點兒費用，但是開放給社會大眾。這個D體系公園可能是由私人建立，但卻提供大眾享用；而且在這個極需慢活精神、逃脫邊境外燃燒垃圾的世界裡，提供了一個舒緩的地方，這位D體系商人的足智多謀，與政府拙劣又不親民的花園相較之下，高下立見。交通也許順暢了，但商機同時也從奧修地市場消失了；但請思考一下這背後付出的代價，這些人的生命和生活。為什麼不嘗試與這些商人合作，共創奧修地市場的未來呢？

畢竟，全世界有許多類似的破壞與重新規劃證明，這些都無法帶來信心。二〇一〇年初，安哥拉的羅安達政府，拆除並重新規劃國家最大的D體系市場——洛克．聖狄埃羅市場。結果對該市場原址的鄰近地區（也就是市場新位置所在地），造成災難性的影響。大部分攤販無法負擔前往新市場工作來回五英里的交通費，所以失業率上升、犯罪率明顯增加；加上顧客也不想走這麼遠的路，前往新市場。攤販們表示，生意一蹶不振。「根本就沒有客人」，一個小販這麼告訴法國新聞社（Agence France- Presse），「以前大家會來買條褲子或CD，但現在他們根本不會花一千安哥拉寬扎（相當於十一美元）交通費來這裡東西。」事實上，生意差到安哥拉最大的小額信貸銀行決定，他們不會再貸款給當地的攤販。最令人難過的是，市府對於市中心（也就是這個市場的原址），沒有提出任何規劃。

同樣地，幾年前肯亞的首都奈洛比蓋了一處新市場，當地政府吹噓，這樣的建設將會把所有的路邊攤趕離街道。位於市中心交通最繁忙公車站旁的「慕蘇瓦」市場，應該是個「二十四小時營業，配有包括水、休息室、照明設施、醫院、警察局、多層停車場、銀行大廳與辦公室等基本設備的先進現代化市場。」《英國虎報》（*the Standard*，香港發行量最高的英文報紙）這樣報導，設立該新市集花費了七億先令（相當於八千六百萬美元），在二〇〇七年熱鬧開張。

僅僅一年半的時間，該報卻揭發了非常不一樣的現實，「慕蘇瓦」市場已經變成混亂的代名詞，這個十二公頃的複合式建築，已經墮落成路邊攤販和流動攤販爭奪地盤的混亂場所。報社列舉不少問題，「骯亂的水溝、就算不是泥濘也是布滿灰塵的地面、擁擠的人潮、扒手、缺水。」二〇一二年九月，攤販們為了糟糕的環境與經濟狀況，而走上街頭抗議，他們封鎖市中心道路，表達自己的不滿。

繞了半圈地球，來到薩爾瓦多的首都聖薩爾瓦多，這裡的警察和政治人物正在執行「雷聲作戰」政令，試圖要將城市中一萬六千個小販趕出街道。雖然政府宣稱，他們會為這些攤販更新當地市場，但反對路邊攤商的政令，已經引起小販和警察間的械鬥，依照路邊攤商的說法是，因為新市場距離市中心很遠，根本不可能賺錢餬口。「又不是我們想在街上賣東西，但失業率這麼高，我們只能靠這種方式賺錢養家。」馬丁·芒托亞（Martín Montoya）這樣告訴聯合國的國際新聞社（Inter Press Service）；他是流動攤商運動的領袖，共有五十三個組織在薩爾瓦多，代表路邊攤商。

幾乎每個城市和國家，都有把市場趕出市中心的計畫，但是這中間卻引發了更大的議題——到底是什麼促成了經濟成長。在拉格斯，高達百分之八十的人口在D體系賺錢，很難看出巴巴托市長的計畫除了讓市民走向絕境外，還能帶來什麼建樹。以趕走罪犯與疏通交通之名，破壞這個城市由家庭發展出的企業脈絡，這樣的政策太粗略了；這對D體系商機的影響，遠大於掃蕩犯罪的成效。

D體系是熟知自己需求的群體

令人難過的是，政府其實知道。二〇〇七年，我的拉格斯之旅是以與吉德・山吾歐（Jide Sanwo-Olu）的長談作結，當時他是拉格斯商務與經濟發展局的局長。再過幾天就要選舉。雖然當時柏拉・亭烏布（Bola Tinubu）還是市長，但是巴巴托很明顯會勝出，吉德支持的是巴巴托。他對D體系可以如何與政府合作，有很多想法；他希望歐卡達司機與公車司機可以一起合作。「如果他們願意合作，政府可以提供誘因。」他指出，政府已經準備好要跟體制外的市場合作，一起改善公共建設和貿易。「在我們的稅務系統中，只有不到一百萬人。但我們知道，在體制外的部分，至少還有兩百萬人。所以，要如何把體制外的拉近體制內？連我們的稅務官都這麼腐敗。」吉德有許多提案，只需小公司所得的百分之五或五萬奈拉均一稅。透過商會，安排一次買斷生意，或是直接與商會接洽，了解他們心目中理想政府的政見與計畫；但是他隸屬的行政體系（他依然在巴巴托行政體系內），卻訂下完全相反的政策。雖然D體系負責拉格斯百分之八十的就業市場，但現在的政府卻以懲罰的態度面對它。

「Univinco」是個非營利組織，宗旨是保存並改善三月二十五日街（Rua 25 de Março）區市集的生活，但是他們在聖保羅好像犯了一樣的錯誤。該組織聘請一位建築師，設計了新穎的二十一世紀街景，並以這張參考繪圖裝飾該組織的辦公室牆壁。不幸的是，這張圖最有趣的地方，正是沒有畫到的部分。圖中畫著，這個每逢假日就吸引上百名購物者的市集，街道上卻連半個客人都沒有；相反地，「Univinco」提出的草圖上，卻展現了一長排規格一致的攤販推車，平均分配在整個空間裡。戴著拯救市集的假面具，這個計畫其實會扼殺街頭市集充滿活力的商業活動，因為它將這種令人沮喪、過度規劃的美食街型態，硬是加諸在市場上。「Univinco」為了要拯救這個市集，好像非得置它於死地不可。

就像在奧修地市場，對三月二十五日街市集的改造，很可能圖利該區域的大型商家與地主；可以預期的是，會為他們帶來更多的財產與更高的房租。也許，街道將會變成香水零售商的家，他會賣著凱文．克萊（Calvin Klein）的精品，而不是帶著一大桶仿冒古龍水，沿街叫賣廉價香水的小販。但是對基層商業與從城市四面八方前來買賣的市民而言，這些消逝的吵雜聲，簡直是災難。

但是，二〇一〇年聖保羅警察開始執行這個計畫，在「Galeria Pagé」這個連接三月二十五日街市集的商場進行搜查。有關當局查獲超過一噸的盜版商品，包括手機、電玩與數位相機，市值大約一千巴西里奧（相當於五千七百萬美元）。想當然爾，那些小販非常擔心自己的生計；但是據報導，短短一天內，他們大多數人都搬到一站之隔的「Brás」火車與地下鐵附近（有趣的是，這是一個世紀前，辦公大樓將攤商趕出市區街道時，小販們開店的地方）。巴巴托市長和「Univinco」，以及其他想驅逐D體系的人，好像刻意忽略迦納經濟學家喬治．阿耶提（George B. N. Ayittey）最近在推特的發言，「任何社會需求都是商機。」在他們試圖讓自己的城市更理性、讓外人更能理解的道路上，巴巴托市長與「Univinco」的規劃員，都好像只執著於效率，忽略工作機會、汙名化混亂的市集；卻忘記它們正是發展中國家的特色。我們常聽到經濟學家與政治人物不斷地說，這些體制外的市集不夠有效率，不可能創造大規模商業。喬治在他的著作中，引用伊博族的諺語，「只有存在於同一個生命共同體的人，才知道自己的需求，也只有自己才能使自己滿意。但是自命不凡的政府，卻從來不徵求非洲群體的意見，來決定並滿足他們的需求。」對喬治而言，就像對經濟學家彼得．鮑爾（Peter Bauer）所言，大部分的官員往往戴著西方世界的眼罩在面對非洲、拉丁美洲、亞洲的商業。但是當你從他們的群體中觀察，D體系反而可以成為極度高效能的表現——他們是熟知自己需求的群體。

合作是唯一出口，大家不得不妥協

值得注意的是，巴巴托市長對D體系一個強大的團體——歐卡達摩托計程車產業，採取了喬治與彼得的方式。幾年前，為了降低犯罪，政府下令禁止歐卡達司機在夜間工作。雖然這對某些司機而言，收入會受到嚴重影響，大部分的歐卡達司機都贊成這樣的作法。最近，巴巴托市長與歐卡達司機商會代表商量，希望將這樣的機車載客量減到一人，並且要求司機與乘客必須戴安全帽，D體系馬上開始運作。「ASPAMDA」汽車零件商協會於是開始進口各式各樣炫麗的色彩安全帽，價格合理（我買了好幾個，每個都不到三美元）。

當然，巴巴托可能被歐卡達龐大商業團體的政治影響力所驅動。擁有這麼多摩托計程車在城市中運行，更多人參與進口摩托車、提供相關服務或修理摩托車的行業，要是巴巴托將歐卡達歸類在非法體系，或者逼所有司機取得價格昂貴的證照，他很可能要付出很大的政治代價。你不可能讓上百萬人失業的同時，還希望他們讓你連任。巴巴托市長在與歐卡達產業合作時，還是展現了高度智慧，邀請長久以來了解當地社會經濟需求的代表，前來參與討論。

如果D體系的團體想要避免被巴巴托這樣立意良善，卻被誤導的官員剷除，他們就必須組織起來，讓自己的力量強大，並且想辦法如何與政治團體互動。如果政治領袖想要駕馭企業家精神這個真正讓國家興盛的力量，就必須要與D體系合作。大家需要的，都是不得不的妥協。

Chapter

11

何不讓體制外的加入體制內？

要了解到底是誰發明了這個貿易系統，其實並不難……相較於製造商的利益總是特別受到照顧，消費者的權益與部分生產者一樣，往往因此被犧牲。

——《國富論》

對在東方市賣東西的小販而言，取得證照不太合理：因為這只會讓他花費更多，並減少收入。對這些商人來說，解答不在於卑躬屈膝地請求進入體制內，而是增加中間的彈性領域；就這個領域而言，跳蚤市場這個收穫豐富的經濟活動，是個很好的範例。

自從這個城市成為走私者的天堂，東方市的電腦交易就變成D體系的一部分了。這並不妨礙任何事情。「Icompy」是艾力克斯．魏（Alex Wei）的家族企業，定期向美國知名供應商批貨；公司職員告訴我，其中包括貝爾公司（Bell Microproducts）、英格雷姆麥克羅公司（Ingram Micro）、英特康馬斯（Intcomex）、全球工業大學資料（Tech Data Worldwide）、安可科技銷售（Encore Technical Sales）、EVGA、瑪實驗室（Ma Laboratories），以及索佑（Soyo）等。這家公司擁有百名員工，一位深入了解該城市有的巴拉圭經濟學家說，「這間公司可以買進價值一億美元的商品，而且只要在取貨後三十天內付清款項即可。長久以來，他們就是以這樣不正式，但卻需要高度信任的方式，整整運作了十幾二十年。」

基本上，這個例子涉及兩種走私活動，或者，我們可以用艾力克斯的說法——「偽裝」。

首先，他們將電腦、周邊商品與電器用品走私進口巴拉圭；然後再把這些商品走私給巴西的消費者。當電腦屬於奢侈品，價位很高的時候，這是一筆很划算的生意；但隨著電腦越來越普及，這個市場的動向就改變了。艾力克斯說，一九八〇年他的父親創立這個家族事業，當時東方市的貿易商透過在巴西賣桌上型電腦的方式，可以得到全部利潤。十年後，利潤跌到只剩百分之十，於是他的父親放棄這項事業；現在，價錢甚至低到利潤只剩百分之四。這些年來，巴西學聰明了，他們意識到巴拉圭不成比例的電腦數量，並且開始對「Positivo」這間當地公司，提供所得稅減款額度；如此一來，他們就可以將價格壓低到與巴拉圭公司一樣。根據當地商人表示，二〇〇四年，巴西販賣的電腦與電腦零件中，有四分之三來自於巴拉圭；現在，這樣的跨國交易只占百分之十。可以理解，東方市的資訊業者，為什麼會開始擔心這個體制正在逐漸瓦解。

將體制外加入體制內，就能創造雙贏

於是五年前，他們決定開始合法化。現在每個在東方市的電腦商都是合法、註冊立案、正常繳稅的公司（的確，艾力克斯一反常態，驕傲地告訴我「Icompy」在巴拉圭是繳稅總額第五十名的公司）；他們的進口現在也都完全公開，並記錄在帳目上。

表面上，這好像應證了二十幾年前赫南多・德・索托（Hernando de Soto）提出的概念。

他是祕魯經濟學家、企業家兼智囊團中的領袖，同時也是最早開始思考D體系的先驅之一。一九八〇年，他以西班牙文出版《另一條道路》（*The Other Path*），隨即又在一九八九年出版了英文版；這是主流市場中，第一本認同D體系的活力、合法性與價值的書籍。他提出了一個簡單且直覺的反應——簡化規則與法規，讓D體系的經濟活動加入有證照、合法註冊公司的行列。簡言之，將體制外的加入體制內（有趣的是，雖然赫南多被譽為提出這個構想的人，但是他遠在祕魯利馬家鄉的官員們，早在一九六一年，就開始讓非正式的非法群體合法化了）。

在《另一條道路》（*The Other Path*）這本書和接下來的相關著作《資本的祕密》（*The Mystery of Capital*）中，赫南多認同D體系與街坊情誼，他認為這是經濟脈絡中相當重要的一部分；但是這些小公司的擁有人與社區居民，都無法取得加入正式體系的工具，包括貸款、房貸、銀行帳戶、政府補助等。他強調，這些項目代表一筆可以讓人脫離貧困的龐大資金；受限於D體系中的固定資金，只要讓D體系合法，就會創造既簡單又容易明瞭的雙贏局面。從前體制外的小公司，可以因此得到貸款；而投入的資金，也可以創造奇蹟。「一旦窮人在正式法律下變得可靠，他們就可以買得起低價位的房子，並且脫離顛沛流離的法外生活。菁英人士們也可因此受惠，建築商與營建材料製造商會發現自己的市場正在擴張，銀行、房貸公司、產權保險公司與保險公司也一樣。」

然而，在真實世界中，事情向來不是那麼簡單。沒錯，後續追蹤調查顯示，大部分在利馬因為受到幫助，而將房子私有化的人，並沒有因此可以取得房貸。對這些取得住處的人與從前在體制外的商人來說，他們感覺較有保障，也較願意將微薄的存款投入自己的房子或是生意。但是固定資金還是沒有活化，因為沒有銀行願意接受用他們已經合法的房子與生意，來作為貸款的抵押品。

同樣地，東方市電腦生意的成功合法化也證明，赫南多所提出的一體適用方法，不見得與他想的一樣可行。這是因為東方市的電腦生意其實並不想合法，而且他們也不需要合法化。他們在取得現金，以及從合法供應商取得貨品等方面，並沒有任何困難。相反地，他們之所以被迫合法化，是因為瑞納多・佩能（Reinaldo Penner）這位經濟煽動者突然想到，加入合法的行列，其實可以省錢。瑞納多經營一個位在首都亞松森的非營利組織「Paraguay Vende」，該組織由美國國務院經濟部（the Agency for International Development）贊助，且由華盛頓特區的私人顧問公司科盟立思運作，主要工作是負責參與南美洲一些國家小型內陸地區的經濟發展。

將賄款轉換成可預期的稅金成本

就像其他人一樣，瑞納多早就察覺巴西邊界走私的價值了。在所有政治人物、官員與經濟學家當中，只有他在想辦法改進。他在看了小字體印刷的南錐共同市場協議（註1）後，突然靈光乍現。他在這裡發現了非常誘人的條件，一鼓動力驅使他想要讓巴拉圭與烏拉圭這兩個相對較貧窮、人口較少的國家，在邊界兩大強國的情況下，加入自由貿易網絡。南錐共同市場協議規定，如果資訊科技與電子儀器在本質上有著教育意義，可以用免稅方式進口到這兩個小國。換言之，東方市的商人們，未來可以不用再為了走私電腦進入巴拉圭，而付出大把鈔票賄賂海關人員。

瑞納多將他的發現，帶給在東方市經營電腦公司的商人。他告訴他們，如果把公司合法化，就可以省錢。茱安・雷尼瑞茲（Juan Ramirez）是經營「PC Tronic」的業者，當時身為資訊科技公司商會主席的他，認為瑞納多所言有理。電腦商們衡量這個提議後決定，如果巴拉圭政府願意再提供一項利多——降低他們合法登記後的稅賦，那麼，這個建議倒是還滿不錯的。基本上，他們想要將用來賄賂巴拉圭政府的這類無法預期開銷，轉換成完全可預期的稅金成本。茱安說，「現在跟我們一開始從事生意的時候差太多了，相較於從前，現在的市占率更少，基本上我們都認為，只要稅金低一點，我們就願意全部合法化。」

事情發展至此，雖然奇怪，但卻可以理解，巴拉圭政府內部分有力人士反對這樣的計畫。「最大的阻礙其實是巴拉圭政府，海關人員反對這樣的合法化。」雖然他們也想了各種理由反對這個計畫，不過最大的問題還是，海關人員不想因此失去體制外經營時可以收到的賄款。

成本與報酬攸關合法與否

儘管這些官員反對，這樣的交易還是馬上達成了，二〇〇五年更明訂在法律上。在安靜、開著空調的商會裡，艾力克斯在白板上隨手計算了成本與利潤——政府同意幫電腦商減稅，他們只需繳納百分之一．五的企業增值稅、百分之〇．五的「valorización」稅，以及艾力克斯口中混雜西班牙語和葡萄牙語的「Imposto La Rata」，與另外百分之〇．六的稅，總計需要繳納百分之二．六的稅金。一般巴拉圭企業必須支付大約百分之十的稅，但因為在南錐共同市場協議的保障下，這些資訊科技業者完全不用繳納關稅；相較之下，合法化為他們省下將近百分之七十五的稅金。施行下來，成效立見。在立法禁止這樣非法交易的同年，巴拉圭申報的進口總值提高了百分之六十六，從三十億躍升到五十億。瑞納多表示，這樣的成長來自於電腦公司的合法化。

所以，這件事情又如何能證明赫南多提出的「讓體制外加入體制內」是有問題的呢？其實，艾力克斯與他的同業對我承認，要不是因為電腦市場的緊縮、扭轉南錐共同市場協議帶來的雙重利益，以及巴拉圭政府提出的優渥條件，他們絕對不會達成這樣的協議。想當然爾，赫南多認為，只要離開D體系生意，自然而然會變好。但是瑞納多告訴我，選擇合法化或是留在D體系，完全取決於殘酷的成本與報酬考量。這些電腦公司面對的問題，並不是他們突然之間必須具備貸款，或在銀行開戶的能力。相對地，他們的問題是「賄賂海關人員需要多少成本？應付敲詐要多少成本？這些較於納稅，究竟何者較好？」

用東方市的案例支持赫南多的論點，還有另一個問題——儘管在巴拉圭政府眼裡，這些電腦公司已經合法化，但它們在東方市的電腦貿易上，依然屬於D體系。這是因為這些貿易的部分內容（也就是把貨進口到巴拉圭的部分），也許已經公開且合法，但是把商品從巴拉圭賣到巴西的部分，還是暗地在進行。就像艾力克斯所言，「我們可能已經踏進體制內，但是向我們買東西的人，卻還是在體制外。」這些為數眾多的走私販，一般稱為「laranjas」，還是繼續帶著電腦，遊走邊境販賣。

此外，資訊科技產業也引起「Paraguay Vende」的注意，並受到政府特別關照；因為它占了整個國家經濟活動的百分之七。東方市的電子業，最近也在討論簽下類似的協定，他們也可能得到關注，因為他們的占比幾乎與電腦業相同（總而言之，東方市的這兩大商業，大約占了巴拉圭國內生產總值的六分之一）。但是，東方市其他的生意又怎麼樣？像是那些賣內衣褲和襪子、一些便宜小東西、喝「黛蕾蕾茶」專用的皮杯與純銀吸管的商家？不幸的是，他們沒有什麼權勢，也達不到十億多的銷售量。他們無法占比國內生產總值的大部分。這代表他們合法化以後，也沒有辦法爭取對自己比較有益的協議。相對地，他們會繼續將商品走私進出巴拉圭。

合法並非萬靈丹，繁文縟節讓人頭痛

合法化的確不是萬靈丹。無論政府將體制再怎麼簡化，許多商業在體制外仍然可以運作得更好。就像瑞納多所解釋的，「要不要合法化」牽涉的問題，遠超過降低取得證照的花費，或是加快註冊公司的速度。「這不只是降低昂貴的官方行政成本而已，關鍵在於找到合法化後的利多。」或者，就像吉爾・德勒茲（Gilles Deleuze）與菲力克斯・瓜塔里（Félix Guattari）在反伊底帕斯中，幽默又嚴肅地檢視資本主義下近似精神分裂的渴望，「怎麼會有人瘋狂到大吼……叫我多繳稅！少給我一點兒麵包！？」

赫南多表示，過時的規則與繁瑣的細節，讓公司的註冊與繳稅工作變成既耗時又費神，必須要修正。這點他說的沒錯，我們的確不需要為了繁文縟節，將官方行政紀錄留下（根據赫南多在一九八〇年的紀錄，在祕魯，一家公司取得執照需要耗時二百八十九天；他估計，跑遍所有所有官方程序，花費居然高達工人每年基本工資的二・五倍）；即使是極端的合法化支持者，都必須承認，這些流程真的太浪費了。相較於把貨物運到科多努後，就可以在二十四小時內取得；那麼，花好幾月的時間，從拉格斯的阿帕帕港取貨，就顯得很荒謬。合法經商卻相對不利，這樣的情況實在讓人感覺匪夷所思。但是赫南多說錯了一件事，就是他認為只要刪除那些失控的繁文縟節，以及過度膨脹消磨時間的規定，D體系的商人就可以被吸引到體制內。沒錯，祕魯有點兒像是赫南多建議體制的實驗組，但是結果卻歧異不斷。例如相較於接受救助而擁有房子所有權狀的社區，那些沒有房產的社區，生活卻反而過得更好；研究顯示，貸款與房貸的數目並沒有因此爆增。有合法居留權的社區所得到的改善，事實上來自心理作用。擁有所有權狀的家庭認為，他們更有能力將可支配所得投資在自家；但是住在違建區的家庭，相對在個人投資較保守。加入體制內不代表投入任何新的金錢來源，只能鼓勵大家更大方地消費自己的存款。就像普林斯頓社會學家亞歷山德羅．波茨（Alejandro Portes）告訴我的一樣，「赫南多所承諾的理想——讓你開發新市場、刪減規定、因為小型企業帶來的活力使經濟起飛，無法落實在現實生活中。」

這裡最重要的關鍵是，赫南多和大多數經濟學家，都置身於D體系外觀察。當你身邊充斥著公司行號、註冊、證照，你就會將取得這些東西的藩籬，當成是最重要的問題。然而，那些從D體系內部觀察的人，可能會有不同看法。對他們而言，如果取得證照或登記註冊，並沒有為生意帶來什麼改變，那麼做這些事情，本質上並不吸引人。雖然登記公司行號對某些商業有利，但畢竟不是賺取利潤的萬靈丹，只不過是當公司所有權人受到法律質疑的時候，可以提供有利的保護罷了！從D體系來看，合法經商的重要性逐年遞減。在這裡，我想要用赫南多的想法討論這個議題，只可惜他最後不再回應我的頻繁採訪邀請。

D體系留在體制外或許更有利發展

瑪莎．陳（Martha Chen）是哈佛大學甘迺迪政治學院的講師，同時也一名約聘的婦女，以全球化與組織總籌的身分，與體制外的企業合作。該組織由商人與提倡相關理念的人所組成，活躍於三十五個國家的網絡。她說赫南多認為應該要註冊並建立公司的想法，來自於D體系外的觀點；對當代經濟學家而言，公司行號、註冊、法規看起來好像是永遠的認證。她也表示，這些在過去可能真的對發展是特別有用的工具（像第二次世界大戰期間的歐洲和北美，當時的市場仍以勞力與重工業為主，這些就很管用）；但在這之前的兩個世代，雖然美國與歐洲的經濟活動更複雜，但現在發展中國家的結構，卻與當時如出一轍。發展中國家的經濟較零碎，也較仰賴小規模的商業、家族農場、本土傳統，以及發展自區域的社會網絡，這些有可能會，也有可能不會是法律上認可的經濟結構。

瑪莎希望大家進一步再思考，相對於赫南多提出的解決方案，對D體系最好的發展辦法，可能是讓他們繼續留在體制外成長。對安卓．沙波魯（Andrew Saboru）這類經營中等規模資源回收生意的人來說，登記註冊、讓公司立案營業，對他沒什麼益處。無論他做什麼，收入都不太可能增加，但這卻是他最需要的。同樣的，對在東方市賣東西的小販而言，取得證照不太合理：因為這只會讓他花費更多，並減少收入。對這些商人來說，解答不在於卑躬屈膝地請求進入體制內，而是增加中間的彈性領域；就這個領域而言，跳蚤市場這個收穫豐富的經濟活動，是個很好的範例。

「我們必須想出一種模式，讓這些街頭攤商可以與零售店、大型商場並行不悖」，瑪莎這樣告訴我。體制外的經濟並不是問題，應該是解決方案的一部分。街頭小販、清道夫與市場裡的攤販，對城市與經濟都有貢獻。我們該如何管理我們的城市，同時也讓這些人有棲身之處？思考如何提升D體系的生產力，並使之更有效率，才是當務之急。

註1　南錐共同市場協議（the Mercado Común del Sur，簡稱「the Mercosur treaty」，又稱「Mercosur」），是巴西、阿根廷、烏拉圭、委內瑞拉與巴拉圭等南美洲國家的區域貿易協定。

Chapter

12

貿易自由

政治經濟……，應該要能同時滋養人民和政府。

——《國富論》

D體系也需要政府，因為他們需要種種好處，像是基本建設、有規劃的港口、匯率相對平穩的貨幣等，這些也只有政府有能力提供。這中間的張力提供了機會，可以形塑富創意、有生產力的空間，讓D體系蓬勃發展。

約翰・伊貝諾古（John Ebeyenokuy）走出他放有軋碎機的棚子，站在一堆塑膠容器、夾腳拖鞋與假髮旁，看著員工以熟練的動作，有條不紊地將這些東西送進機器。每隔幾分鐘，馬達就必須改變它的速率；好像正想著另一堆塑膠，雖然眼前的工作還沒完成，仍必須完全消化這些塑膠，吐出一顆顆小球般大小的尼龍，讓工人裝袋後，重新出售。

在他的頭頂上方，有個大型柴油引擎驅動的公路看板，照片中的主角，有著完美的笑容，長相乾淨、裝扮入時，傳達現代化深入拉格斯人生活的主題。這是MTN集團的手機服務廣告，下面打著他們的廣告詞「Yes, you can!」他指著這個超大型看板旁的電線杆告訴我，它是「Ojota」機械工村莊商人們的大成就。數年來，電線杆上的變壓器一直都是壞的，機械工村莊完全無法供電；這些商人動員起來進行抗議，市府與電信公司始終沒有任何回應。於是他們採取行動，七個商人聯合起來，花了兩百萬奈拉（相當於一萬五千美元）買了一個變壓器裝起來。如今，電力透過電線輸送，約翰與他的伙伴們都可以使用。

快去打開發電機

不幸的是，這樣的電力卻不足以供應整座城市的需求，特別是在拉格斯停電的時候。二〇〇七年，影響數個社區連續停電好幾天的情形時有所聞。有一天，在我居住的費斯塔鎮，停電在持續了十六個小時後，才恢復正常供電；大家趕緊忙著開燈、為手機充電，但二十秒後又停電了，這次還持續了二十四小時。

面對這樣的情形，大部分的人都麻痺了，也不再為此感到生氣；相反地，他們會聳聳肩、看向天空，然後懊惱地說，「NEPA」（發音為「nay pah」，雖然意思是指「奈及利亞電力公司」，但背後卻隱藏「不要期待有持久的電力」的暗諷）。在這句解嘲式的呼喊後，他們就會跑去打開D體系提供的電力來源——由大衛・奧比（David Obi）這些商人帶進來的私人發電機。阿拉巴市面上充斥著各種價錢、為各種用途而發明的發電機；小型的馬達，體積相當於「Dustbuster」吸塵器般大小，可用來提供微弱電燈泡的電力；跟割草機差不多大小的，可以驅動整個房間的電腦，或者供應當地酒館的電力；牽引機般大的小型發電機，則可以為一個家庭供電；甚至，還有火車頭般大小的大型發電機，可以提供整間辦公大樓的電力。整個城市的居民與商人都唱著同一首歌——雖然他們每個月繳電費給「NEPA」，但發電機卻是當地的主要供電來源，「NEPA」不過只是電力備案。

柴油引擎發電機帶來不錯的商機，聰明、創新，而且利潤很高，對國家發展有相當大的好處。如果沒有這些D體系的發電機，手機無法運作、網咖必須停止營業，就連市區住客量很高的高級飯店（例如阿雷格里港喜來登酒），也將陷入一片黑暗之中，銀行沒有自動提款機、國際機場內的班機無法正常起降；當然，「Ojota」機械工村莊裡的商人，也無法繼續他們的回收工作。整座城市的經濟將會因此癱瘓；但是，這些發電機也不太好。所有拉格斯的公司行號，都需要仰賴發電機供電（的確，大部分的大公司甚至有兩台發電機——一台在平常使用，另一台準備因應第一台壞掉時使用），但這卻限制了整個國家的經濟發展。為數眾多的發電機，也為這個城市帶來不少環境災難，雖然柴油引擎發電機比汽油引擎發電機排放的有毒物質少，但仍排放驚人的煤煙與噪音。加上這些發電機一天運作二十四小時、一星期七天，讓原本空氣就不好的拉格斯，又蒙上另一層汙染。此外，在政治文化上，也隱藏著另一層代價——像約翰這樣，必須要自己花錢買發電機與燃料的人，總是對政府的辦事能力抱持著憤世嫉俗的態度。換句話說，這個城市沒有任何力量，可以讓公司為人民提供服務。

在「Ojota」機械工村莊裡，同時有著十幾台小型發電機一起運作，譜出現場的背景音樂，一群清潔工推著車，一邊打盹、一邊等著商人前來秤量他們成堆的塑膠與廢鐵。對街有堆正在燃燒的輪胎，日日夜夜在這個小巷子裡製造刺鼻的濃煙，這些輪胎屬於專門回收碳煙（註1）與鋼圈的公司。

政府？商會？不如賄賂吧！

約翰工廠裡的十位員工，幾乎每天都必須負責軋碎，並為一噸重的尼龍裝袋。他們有早、晚兩個時段的排班，每個排班五人，一星期工作七天。他說，「幾乎供不應求。我們需要財務支援，不旦需要有個專家來檢查我們的收入與支出，也需要有專家為我們推薦新技術。如果我們的機器效能好一點，一天幾乎可以生產二十噸的產量。」另一個回收商的公司已經處理PVC（註2）長達二十年之久，他提出，「給我們土地、道路、水、電，以及貸源，並且應該禁止進口PVC。」（如果明文規定「不准用回收以外的PVC」，可能為他壟斷市場，並帶來更高的獲利。）他搖搖頭，幾乎是一個字一個字地重複著我在汽車零件市場遇到的伊斯瑞・奧康國（Israel Okonkwo）先生說的話，「奈及利亞根本沒有政府。」

因為需求，這些商人成就了很重要的事情——他們互助合作買了變壓器。雖然此舉是個很好的聯合行為範例，但他們還是有怨言。像拉格斯這樣欣欣向榮的大城市，要怎麼在沒有像樣的電力系統下存活，依然是個問題；但是在這同時，「Ojota」機械工村莊裡的七個商人，也沒有因此合力對政府施壓，要求足夠電力。雖然他們沒有合買一台夠大的發電機，支援所有人的用電量，但也因此省下燃料開銷。沒有後續的組織，也沒有企圖想要針對其他議題進行改革；雖然，他們以合作的方式來改善問題，但卻沒有依循這樣的經驗，將力量發揮到極致。每個商人仍在抱怨政府的同時，市場上的重大需求（例如基礎建設、職業訓練、取得先進科技的管道、好的經濟政策）依舊遙遙無期。

即使在商人已經組織有力的商會，他們的發展仍然非常有限。汽車零件商會為D體系中想要自立組織的商人們，提供了很好的妙方，伊斯瑞和大衛都在裡面工作。十年多前，拉格斯島上卡特橋邊上伊都瑪他城的一些殘破建築物裡，到處都是販賣汽車零件的商人，街道擁擠到連請貨櫃車運送進口貨物都有問題；但是他們不得已，還是只能這樣運貨，因此大家只能花錢賄賂，以避免當地稱為「地方男孩」的小混混找麻煩。所以，他們團結起來，向政府談條件，讓他們可以使用距離貝達格快速道路十英里遠的國貿大樓內閒置空間。現在汽車零件商會還是個D體系市集，但是不會再有小販對你叫賣，也不會有攤商突然出現向你兜售東西。神奇的是，商會制訂了固定的開市時間，明定星期日公休。汽車零件商會非常有制度、組織，而且準備好裝貨、運送，朝向國際化發展；而且生意也越來越好。但是這個商會出了自家門，就完全沒有掌控的力量，要把貨帶到市場，他們必須走出貝達格快速道路，進入綜合式商場。在這短短的路途中，造就了永無止境貪腐收賄的機會，有人占據綜合市場的入口，把那裡變成私人的收費亭。每次開進市場、每次收貨，汽車零件商會的人就會被強制要求付費；不只如此，甚至連每個進到市場的顧客，也必須支付過路費。這不但是很大的打擊，同時也是很大的開銷，市場的代表們表示，他們根本完全無力擺脫占據這座橋的這些人。沒錯，有些商人告訴我，他們甚至不認為自己有權利抱怨，因為這個收費的人，塞了很多錢給地方與中央的政治人物，如果有任何一個或一群商人敢對這件事情有所抱怨，那麼後果可能會非常悽慘。這個商會，雖然在自己的領域非常強大，但是他們強調，面對這類有政府撐腰的行為，他們還是無能為力。

在汽車零件商會收費的人，根本就是法蘭西斯．德瑞克（Francis Drake，英國著名的私掠船長、探險家與航海家），以及同行巴巴利海盜的傳人，完全示範傳統的海盜行為。相較於巴巴利海盜在地中海攔截商船，大膽、暴力事蹟頻傳，這個人則是在貿易大樓裡占領一個位置，並以威迫恫嚇的方式，賺取最大利潤。我路過時，數名替這個人收錢的手下，在看到我拿出相機準備拍照張貼在路邊的收費清單時，立刻放下一長排車子，把我團團圍住（我想應該只有拉格斯的土匪，才會張貼收費清單）。他們這樣的武力方式奏效了，所以我趕緊把相機丟入背包（就是因為這樣，才沒有照到相片）。這個收費站賺取的龐大利潤，對整個商場一點好處都沒有，不過這就是所謂的過路費，以及商會收取的非正式會費，或是歐卡達司機每天必須付給政府官員買票（保證自己不會被抓）之間的差別。後面兩項檯面下的交易，至少為商人帶來實質的好處；例如市場的改善、可以暢行無阻做生意的權利。如果商會的領導人直接把款項納入私囊，完全不做任何改善市場的事情，這群商人就可以群起罷免他。如果警察拒絕尊重政府發售的每日券，這些歐卡達司機也可以拒絕繳費。但是，在這個綜合市場裡的交易，卻完全是單向的；沒錯，錢是易手了，但是在這個機制裡，交錢的人完全沒有得到任何回報。這不是什麼有生產力的生意，說穿了，根本就是敲詐的勾當。

凱特．玫葛（Kate Meagher）是倫敦政經學院研究「發展」的講師。過去十幾年的時間，她一直專心研究奈及利亞東部這些無照、未註冊的製造業群體，因而讓她發現，D體系在自行組織上的限制。「眼前最需要的，不是商譽，而是基礎建設、道路、電力、合作技巧、出口與行銷專長。小型製造商如果嚷嚷無法取得這些資源，那麼他們就必須組織起真正有力的商會；只可惜，他們沒有足夠的社會資源這樣做。」沒有足夠的團隊精神，可以帶來更長遠的影響，而不只是改變目前的環境；於是，這些商人轉向政府尋求協助。但非常不幸的是，政府本身就是個腐敗的團體，不太可能提供需要的支援。「內部無法自立自強，外部給的又與他們所要的恰好相反。」

D體系與政府合作，共創全球貿易自由

我們住在一個越來越偏向D體系的世界。就像城市觀察家珍・雅各（Jane Jacobs）在一九六九年預測的一樣，未來世界的城市，「不會比現在的城市更小、更簡單或更專精。相反地，他們應該會變得更錯綜複雜、全面，而且多元，甚至可能比我們現在的城市更新舊混雜。」珍根本沒看過這些都市（就算她看過拉格斯、東方市、廣州市四十年前的樣貌，都相對現在的城市更小型），就能完全猜中這些城市與世界上其他城市的發展趨勢。就連動盪國家裡那些問題繁多的城市，也成為全球貿易同盟裡的前哨站。在辛巴威的哈拉雷，一位年輕媽媽告訴《英文虎報》（*the Standard*），她不用離開小鎮一步，就可以經營多國生意。「我正要去古夫綜合市場（這是個很熱門的折扣購物中心），我會在那邊向奈及利亞人買兩袋襪子與餐巾紙，再轉賣給市中心的印度人與華人。」這個家庭式D體系的商人，這樣解釋著。

在這個越來越混亂的環境中前進，D體系的貿易與市場必須自行改良，創造出讓自己可以發揮天分、施展能力的模式，進而呈現某些體系應有的特色。而正式體系也必須重新改良，讓自己更靈巧、更有適應力，然後某種程度上，不要那麼制度化。政府需要D體系的市場，因為他們很有創意、積極尋求機會，並且擁有許多工作機會；而D體系也需要政府，因為他們需要種種好處，像是基本建設、有規劃的港口、匯率相對平穩的貨幣等，這些也只有政府有能力提供。

這中間的張力提供了機會，可以形塑富創意、有生產力的空間，讓D體系蓬勃發展。在這個充滿活力的全球化未來，不會有新自由主義所提倡的經典自由貿易；也就是摧毀一切藩籬、關稅與規定，好讓大型國際企業可以賺取更多利潤。相對地，這個新市場會讓D體系有貿易自由。

雖然聽起來很像自由主義者，但是貿易自由不能局限「Rothbard」的模式，只希望消除一切控制商業活動的規則。沒錯，許多商會就像在汽車零件商會這個組織，已經建構起勢力，並且以由下向上的方式設立規定、方針與他們市場裡的規則，進而刺激貿易。商會很自然而然地會弄懂自由市場完全不了解的事情，以睜一隻眼、閉一隻眼的方式，讓公司好辦事（包括一些無法遏止的惡劣行徑，例如非法濫倒垃圾，或是僱用童工這樣的事情）。汽車零件商會知道，他們必須設立規則，才能整治市場。

D體系與主流體制合作，將會是什麼樣的世界呢？D體系該如何讓自己在提升生產力的同時，又變得可靠？它又該如何在不自我摧毀地投身體制內與合法化的前提下，取得政府認可？該如何讓路邊市場擁有自主經營權，同時又讓內部商人感覺對這個社會的歸屬感與責任？一些實驗性的作法，部分來自D體系、部分來自幫助D體系商人組織團結起來的非政府組織。總而言之，這些不太完善的嘗試，逐漸開啟貿易的另一種可能——阿爾巴市調解委員會（D體系的社區法庭，每星期開會兩次，裁決市場裡的糾紛）。不過是在一處既悶熱，又充滿灰塵的小亭子裡，塞滿一排排教堂長椅，十幾個人懶洋洋地坐在這個充滿陳舊味道的靜謐氛圍裡，等待見證一切；

接著五個人走進來，選定前方一張斑駁的桌子就定位後，開始進行調解會議。

貿易糾紛？D體系自有裁決機制

第一起爭議，是一位顧客指控她向某攤商買到瑕疵品，但攤商對這樣的詐欺指控感到非常生氣。委員們聽了顧客的抱怨與攤商的回應，時而態度溫和，時而情緒激動大聲咆哮。最後，他們達成共識，裁決攤商必須收回瑕疵商品，但是不需退款或另外賠償顧客；也就是說，換個好的商品給顧客就可以了。「要是這個新的也不管用呢？」顧客失望地大吼；對此，委員會並不感到驚訝。其中一位成員說，一定有個新的商品，保證可以讓他滿意。面對攤商與顧客雙方的牢騷，即使兩邊都不開心，但因為正義得以伸張，所以最後全案了結。

在議程短暫的中場休息時間，委員會秘書長維歐弗瑞・努旺闊（Wilfred Nwankwo）簡單說了幾句話。在先前的市場代表管理下，阿爾巴市是個很容易產生怨言、累積怒氣的地方，商業糾紛很難有公平正義，造成許多購物者不太敢買東西。或許因為他是商人，比較容易相信同行的話，所以他特地前往拉格斯州際大學研讀法律，希望實務經驗學到的東西，可以讓委員會的立場更客觀，而非帶著敵意。「裁決是我們的工作，大部分的時候，我們可以找到和平的解決方法，這正是我們讓市場變得更和諧的方法。」

只要有貿易，就會有糾紛。每個社會都有自己的一套解決機制。在古希臘，每個市場都會選出一位「經理」；在北非穆斯林，每個商業區都有一位「檢察官」。羅馬商人有自己的審議庭，英國則有「Piepowder」法庭（訛用於法文「Pieds Poudrés」，原意是指髒兮兮的雙腳。這個譬喻很適切，象徵市場案件必備的送審速度）法庭，這個奇怪的名詞無關派系問題，而是十二世紀留下的傳統。每個市場都必須有個法庭，來協助攤販與顧客裁決正義。在街頭市場，這些案件都必須要盡快在發生後馬上解決，以免這些攤販輕易地在一般法庭傳喚前，就打包所有家當，前往下一個城鎮。「Piepowder」法庭的運作非常有效率，所以任何紛爭在一小時內都可以結案。如果有任何攤商沒有出庭，或是對某項指控不做任何回應，該法庭就可以在某種形式、原始的保釋證書上，判決沒收他的商品。目的是要讓這些案件可以在二十四小時內被提出來討論並解決（雖然很多時候會拖延較久時間）。根據現存的判決紀錄，顯示「Piepowder」法庭的法官負責調解、仲裁與審訊。在市集一天的活動結束後，法官可以在名為「love day」的當天，傳喚原告與被告共同解決紛爭。

正因為「Piepowder」法庭是最基層的法庭，因此常常被嘲諷，連帶影響法官也常常被戲稱為小丑（例如賓．強生（Ben Jonson）在一六一四年所寫的戲劇〈巴塞洛繆市集〉，就是在諷刺倫敦最大的市集裡的「Piepowder」法官）。儘管大眾對他們的評價很不好，但是「Piepowder」法庭卻率先採取了一些我們現在習以為常，但在當時非常創新的審議制度——陪審團制度、聽證會、依證據判決（而不只是依據證詞）；這些制度都來自「Piepowder」法庭上的案例，而且似乎會向上影響整個法庭制度。雖然這些法庭隨著工業化而式微，但紀錄卻顯示，直到一九七一年，每個英國市集都必須配有一個「Piepowder」法庭。阿拉巴調解委員會有點像「Piepowder」法庭，而這樣的機構，應該變成世界各地D體系市集的常態。

就像在阿拉巴，這些法庭可以建立在特別的基礎上，由商會的商人們組成。或者，他們也具有法律效力，可以寫入法令。就像東京的築地市場，可以買賣製作壽司等級的鮪魚。因為高級鮪魚非常昂貴，所以評斷鮪魚的品質是門藝術。有糾紛是正常的，即使買賣雙方可能已有好幾年的合作默契與信任。判決必須快速，因為魚肉很快就會腐敗（同理，證據也不能被儲存），反而必須快點切開，重新販售。築地市場的鮪魚市場法庭裡，並沒有受過法律學院訓練的法官；相反地，該法庭由拍賣商們自己主持。但是，因為這個法庭被列在市府章程裡，所以決定具有法律效力。參與的人可以有一場聽證會與一次上訴機會；基本上，就是在同一個法官面前有再議的機會，因為沒有更高層的法庭。就像歷史上的「Piepowder」法庭，無論多複雜，鮪魚市場法庭會在爭議發生的當天就解決。

如果市場都可以設立像「Piepowder」這樣的法庭，他們所獲得的，一定不只是聰明、迅速、確實解決商業糾紛的方案。當D體系的商人聚在一起設立法庭的時候，他們也在創造比個人更大的力量。他們不需要戴著白色假髮的律師，或博學多聞的法官告訴他們該怎麼做。透過這樣非正式、隨意的開庭，他們就建立了奠基在公平、平等和司法上，自己專屬的社會契約。建立市場法庭，意味著他們已邁出團隊組織與分工合作的第一步。一旦這個市場建立的法庭可以持續運作，他們就可以開始考慮其他任務；例如一個基礎設備銀行或是當地的衛生部門（只要有些攤商拿起掃把，情況就可能大不同），或者是市場保全部隊。如果D 體系的商人可以持續合作，解決自己市場裡的問題，他們的力量和風評都會大大提升，然後就像已經發生在阿爾巴市的一樣——他們的生意會變好，原因是有越來越多人相信他們的交易品質。

合作社成功凝聚回收商團結

在沒有規劃的地點進行買賣，往往易受市府當局打壓與批評，D體系的人們轉而組織互助團體，建立並維持保全系統。三十年前，史奇歐．畢斯波．豆斯．桑多斯（Sérgio Bispo dos Santos）從北方鄉村走到大城市；在這趟為期三個月的旅程中，他露宿街頭、躲避人群，而且幾乎只以香蕉果腹。就這樣，畢斯波（註3）最後終於走到國家最大的城市——聖保羅，展開全新的人生，開始加入「catador de lixo」的行列。這是一份不受法律規範的流動垃圾回收工作，全巴西有三十萬人從事這樣的工作，他們在街上遊走，撿撿丟丟有價值的東西，然後再把它們賣給供應商。

大約前二十年，畢斯波獨自在拉格斯的桑達博羅陰暗角落工作，這是個位在聖保羅商業區邊緣，有很多回收商進駐的廣場。雖然他們占據相同的地方，但大家都各自急忙地趕路，把東西分類，然後賣掉；但是十年前，市府決定把這些回收商趕出廣場。

這個舉動讓所有的回收商團結在一起。畢斯波與另外幾個回收商，找到一個輻射狀規劃公路下的小土地，但是政府沒有接受他們的調整，反而把這樣的舉動視為宣戰，畢竟新政策的目的是要讓這些垃圾回收商在街頭消失。警察對這些拾荒者開槍，並毆打他們。畢斯波冒著風險（甚至連進城都可能被騷擾或逮捕），每天推著他的車子，就只為了撿垃圾這個舉動；但是，他與同行一起合作苦撐，最後在這場與市府的戰爭中，贏得了令人緊張的停戰協議。現在他團隊裡的拾荒者，都扎根在自己七年前取得的空地上，在這裡，他們創立合作社總部與分類站，運用鄰近地區的地名，為這個合作社取名為「Cooper-Glicério」。

夜幕低垂，他回到這裡，將撿到的垃圾分類；即使像是餐巾紙這樣最不起眼的東西，都有它的價值——變成報紙。但是當畢斯波將一堆小小的塑膠紙捲成團時，他搖搖頭把這團東西丟給我說，「令人不悅的是，沒有辦法可以回收這些糖果紙。」「Cooper-Glicério」裡的成員，會蒐集附近醫院或是餐廳用過的食用油、市中心公司行號用過的硬紙板與白色辦公室用紙、辦公室大樓淘汰的電腦，幾乎任何可以想到的東西，都有其它們的價值（畢斯波特別指出，最有趣的是約翰走路〔Johnnie Walker〕，這款威士忌酒的空瓶在檯面下的需求量特別大，因為私下有人會將劣等酒裝入回收瓶後，重新販售。）

無力回擊市場中那隻看不見的手

「Cooper-Glicério」是個成功的生意。三十六個成員每月可以回收一百噸的東西；但是，即使規模如此大，他們還是無法購買壓縮機、軋碎機或壓綑機，甚至連運送這些分類好的東西給買家的舊卡車也買不起。這個合作社沒辦法把他們整理好的東西賣給最後使用這些資源的製造商。相對地，「Cooper-Glicério」還必須把東西賣給市區的大型貨運公司，如同畢斯波所說，這些公司也與黑幫掛勾，控制整個回收事業的企業聯盟；因為該企業聯盟非常龐大，幾乎控制了售價。據畢斯波所說，這個企業聯盟每公斤銅支付十二里奧（相當於七美元），如果他們把這些銅再轉賣給鐵工廠，每公斤就可以賣得三十里奧（相當於十八美元）。只因為這個企業聯盟比畢斯波他們的合作社大，就可以有將近一．五倍的獲利。紙箱的行情就更糟糕了：這個企業聯盟賺的錢是他們付給「Cooper-Glicério」的十三倍。「Cooper-Glicério」隸屬於「全國資源回收運動協會」的全國性組織，這個合作社可以幫成員爭取國家的認可，一起提供市府服務。但是，儘管巴西政府承諾與這個組織合作，三十萬個拾荒者中卻只有三萬五千人（或者可以換算成每十個中只有一人）加入這個協會。蘇尼拉．馬瑞拉．戴絲（Sonia Maria Dias）是個積極於民運的學者，她與自己家鄉的貝洛．奧里藏特（Belo Horizonte），已經和全國拾荒者合作好幾十年（她戲稱自己是垃圾學家，而不是社會學家）。她承認，加入會員的數量實在很令人沮喪；這些回收工作者通常是典型的個人主義者，不但比較喜歡獨立在行政體系外工作，同時也不想被政府盯著。

無論是有組織，或是獨立的資源回收者，他們最近都因為一件不是自己能力可以掌控的事情，而大受打擊。過去由於中國對回收資源的大量需求，讓回收事業變好；但在二〇〇九年，中國的大型公司因為想要大量吸收所有事業的廢棄物，而買了過多的廢紙與紙板，當需求不再，全球廢棄物的價格於是慘跌。在巴西，廢紙在兩年內跌了百分之八十，印度的回收業者也有類似的價格慘跌情況。蘇尼拉在價錢慘跌的重挫當中，還可以找到黑色幽默，「我想你大概可以稱為是市場中那隻看不見的手了。」雖然無法確定價格何時才會回升到可以維持生意的水準（對大型回收廠而言，二〇一〇年曾經一度回漲，但街頭回收人員的收入一直都不好）。事實是，這些回收人員做的是很重要的工作，他們讓地球免於被垃圾淹沒的災難，重新使用並賦予不同的功用。藉由組織合作社，他們可以提高回收和販售的數量，確保賺的錢確實支付給這些付出勞力的回收人員，而不是永無止境地一再被中間商、腐敗的企業聯盟抽成。在這個合作社裡，他們可以創造更好、更安全的工作環境。如果更多國家仿效巴西，並且設立政策鼓勵設立回收合作社，就可以提供街頭回收人員誘因，讓他們跳過中間商的剝削，直接把撿到的東西賣給願意支付高價的顧客。

全世界D體系的努力故事

兩個在印度很重要的團體，目前正在引導合作社的發展。它們分別是「自營職業婦女協會」（簡稱 SEWA），與「青坦」（在都市中提倡環保與永續發展的非營利組織）。他們組織回收人員，並試圖改造市場，讓女人可以晉升到第一線的領導階層，創造較好的工作環境、提高薪資、籌措保險、貸款基金，並參與更多合作社運動，為更多體制外的員工謀求工作安全保障（雖然男人通常會控制著商會和D 體系裡的大公司，但女人往往才是D體系中的主要勞動人口；特別在垃圾回收方面，如果加以組織，這樣的姊妹情誼的確可以成為一股很強大的經濟力量）。透過這些組織擴展的D體系勞工人脈，讓女人們開始在政治議題上有機會發聲。

「Jua Kali」在斯瓦希里語的意思是「火熱的太陽」，同時也是許多東非國家D體系的專業術語。來自各國的商人創立了年度「Jua Kali」展覽，讓工匠與商人有機會展示自己的商品和想法。除了「Jua Kali」，其他從辛巴威、馬拉威和肯亞來的街頭小販，也組成團體，讓大家可以分享策略、建立網絡，為彼此提供支援，以抵抗政府摧毀他們的市場政策。「Maker Faire Africa」是非洲大陸集結投資者與企業家的年度大會，也是這類活動的另一個範例。這樣的運作模式可以從區域性活動，慢慢推廣成全球性的串連。

全世界，還有許多D體系的努力故事。在舊金山，「La Cocina」正在為無證照的餐飲業提供技術協助，讓D體系的攤販有機會跨足到體制內。在紐約，「Vendor Project」正在動員所有有照、無照的商人捍衛自己的權利。一個名為「PharmAccess Foundation」的荷蘭非營利組織，已經提出一個實驗性計畫，與當地醫院和拉格斯一群女性汽車維修業者合作，幫助D體系裡的勞工建立健康保健網絡。此外，「WIEGO」這個在美國麻薩諸塞州劍橋的全球運行非營利組織，也正在提倡D體系。所有的團體都在推動世界性的改變，讓D體系可以占有一席之地。這裡面，有些（或者可以說所有的）團體都凝聚起來，強調D體系在全球經濟體系所扮演的正向角色，創造一個全世界上千位工匠、貿易商可以進行交易、彼此學習並組織的場所，同時也讓其他人了解他們可以帶來什麼樣的好處。

畢斯波的合作社、「Piepowder」法庭、自發組成管理全球街頭攤商的商會、讓三月二十五日街（Rua 25 Março）市集運作良好的完善規定、為了D體系共同保險與更好工作環境、努力分享策略的女人們的付出，這些都是組成合作社的方法。但是D體系的合作社並非萬靈丹，偉大的當代合作經濟理論家亞歷山大・恰亞諾夫（Alexander Chayanov）深刻的了解。身為知名的蘇聯經濟學家，他遭受到史達林的勞改，在一九三一年被逮捕並在一九三七年處決，只因為他認為聯合許多市場的合作社所連結體系，比集體農場更有道理。但是，他提出警告，表示這些聯合市場團體、商譽合作社、保險基金協會、消費者購物社團的本土合作社，以及無法加入巨大的超級合作社，雖然彼此的經濟利益不同（無論如何分工組織，酪農想要牛奶賣到最好的價錢，但是買牛奶的家庭卻希望可以付越少錢越好），但各公司都認為自己的投資眼光正確，並且最終都有回報。但他還是認同，結合不同利益團體可以在政府管理與公共政策上達成協議。如果現今的D體系可以參與這種自發自立的活動，就可以鞏固市場的合作方向，逐漸加強自主性和力量，讓他們在地方政策與商業政策的決策上有影響力。然後，就可以聯合其他城市或國家組織，在全球市場展現力量。這樣的覺醒，將賦予D體系與其規模和重要性相對的團體發聲權；透過合作組織，D體系可以決定世界經濟的未來。

現代支持傳統——有照的江湖郎中

在「National Theatre」旁的一家戶外酒館裡，五個人重現「L'Elisird'amore」（The Elixir of Love，〈愛情靈藥〉（註4））裡的場景。舌燦蓮花的小販不斷吹誇他袋子裡墨黑色的草藥酒，對驅除各種疾病多麼有效，甚至意有所指地小聲強調，「可以壯陽」。坐在桌邊的四個人，各個受過高等教育、聰明且對這個小販的推銷毫無招架之力。最後，四人中有三個人買了好幾瓶這款藥水。

在一輛載滿乘客，正要轉進距離「Mile 2」不遠的拐彎處；同樣的場景再次出現，但又帶著些許不同。一個人突然站了起來，整整十分鐘的時間，他大力宣傳良好的行為、正向思考、保持健康，以及與上帝一起堅持為善。接著他開始做生意，他的用詞還是很像神職人員，但是語調卻非常務實。他在公車上流傳著幾瓶藥片，原來這名傳道者賣的是驅蟲藥。最後，車上一半以上的乘客買了他所兜售的這瓶沒有醫師處方的成藥。

這兩個小插曲沒什麼新鮮的。賣成藥早在葛塔諾・多尼采蒂（Gaetano Donizetti）的歌劇前就有的事情。從現代醫學角度來看，我們通常把這樣的小販當成宣稱假蛇油具神奇療效的詐騙集團；但是，許多現代醫藥櫃上的藥材都在這樣的商業宣傳下，從受質疑、沒有驗證過的藥物轉變而來的。「Vicks VapoRub」和「Pepto-Bismol」這兩家藥廠（現在都屬於寶僑公司），就是從成藥起家。其他像止頭痛藥「Bromo-Seltzer」、安哥斯圖娜苦酒「Angostura bitters」、胃乳和咳嗽藥水「Luden's cough drops」，也曾經是成藥，賣這些藥片、軟膏、護膚霜和磨砂膏的人，一直以來都被認為是江湖郎中。但是，相對於大家現在對這個字比較貶抑的觀感，這也曾經是個受人尊敬的行業。在文藝復興時期的義大利，江湖郎中事實上是有執照的醫療人員。每個城邦都有自己委任的醫師，稱為「protomedicato」。一般而言，委員會通常延攬這個城鎮傑出且受尊重的幾位內科醫師。每劑藥、每次包紮、每帖補藥和擦劑都必須要檢討。「protomedicato」的委員會聽取這些街頭小販的說詞，研究他們的產品、化驗後，如果認為這種藥劑或乳液對人體有益，且不會帶來任何傷害，就會同意讓這個人成為江湖郎中，來販賣這種藥。這些年來，「protomedicato」法庭發出上千張執照，允許江湖郎中賣藥。

奈及利亞有個現成的行政組織，專門處理這些藥商；也就是這個行政組織，管理著裝在熱壓封口塑膠袋裡的「純水」製造。每個製造「純水」的公司，都必須向奈及利亞食品藥物管理局登記。根據奈及利亞食品藥物管理局的管理辦法，每個鑿孔至少要有一百五十英尺，抽出來的水必須經過過濾，如果必要，再經過化學淨化，然後殺菌，最後才可以輸送到裝袋機器加熱封口。每家公司都必須通過檢查，收到證照後才能開始賣水。每六個星期，奈及利亞食品藥物管理局會重新檢查，確認所有機器維修狀況良好、這些水也適合飲用。根據機構規定，販售裝袋超過兩個月的「純水」是違法的，因為在這段時間內，塑膠袋裡面的化學物質會開始滲入水裡。這樣清楚的規定運作地非常成功，「純水」公司遵從這樣的規定，大家都把奈及利亞食品藥物管理局的認證編號印在袋子上，雖然他們還是可能會隱瞞自己的利潤或逃避環境責任。

規範江湖郎中跟奈及利亞食品藥物管理局對「純水」所做的規範其實很相似，檢查以確保大眾安全，並且只要這些小販遵循最基本的規定，而且只販賣他們授權販賣的東西，他們就可以自由地走在街上推銷。這個機構甚至想要招募知名的傳統治療師，來監督這些街頭攤販，讓他們在這些成藥在販售之前，先經過仔細評估。這些通過現代版「protomedicato」審核的藥商，不一定要有商業執照或成立公司。在這樣簡單的規定下，目標很清楚。它不會將傳統的醫療行為趕盡殺絕，也不會剷除街頭賣藥的商業模式；相反地，它運用了現代的醫療技術，來支持傳統醫療行為。這當然會增加政府的行政費用，但是，如果這些藥商和傳統醫護人員為了幫這些藥取得許可，都付給奈及利亞食品藥物管理局些許費用，這樣的計畫就可能自給自足。為了社會大眾帶來的健康，絕對值得這樣投資。

執法還不如把餅做大，讓更多人分享

全世界，思考縝密的政治人物都想拉攏D體系；尤其是在菲律賓，有四分之三的勞動人口（大約兩億四千六百萬人）在D體系內工作。積極的立法委員推動一項法案，幫體制外的部分建立一個大憲章。該法案不會逼迫未登記、無證照、沒有行號的小公司歸化到體制內，但是會提供D體系的勞工們一整套政府認可的權力，包括安全而人性化的工作場合，可以組公會的權力，以及可以取得解決紛爭的管道等，這些都將大大改善這些人的工作環境。同時，這個法案會創造誘因，讓這些體制外的小公司為了得到可負擔的保險和社會福利，而取得營業執照。相對地，這些公司必須付給政府微薄的登記費和年費，公共資金將會增加兩千五百萬到五千萬美元不等。在肯亞的官員也受到路邊攤商組織的施壓，考慮將勞工保護制度擴展到街頭攤販和市場人員身上。雖然這個提案近期可能不會通過，但光是讓立院體系開始考慮，就已經象徵了D

體系的大躍進。

在玻利維亞，超過三分之二的人口在D體系工作，總統艾摩．摩瑞拉斯（Evo Morales）宣布了一項新政策，為D體系的工作者帶來退休後的福利。這個平民主義者只希望可以在今年，將他們之中的十萬人註記在退休金制度內。這項計畫的資金來自市場工作者和D體系內其他成員的募款，但是這筆款項將會因為另外對這些工作者徵收其百分之〇．五薪水，以及對體制內公司老闆徵收百分之三的稅收而增加。這些錢將會投注在艾摩所謂的共同基金，用在支付工資低廉勞工的退休金制度上。接下來幾年，艾摩政府希望有更高比例的D體系員工加入。

另一種照顧D體系工作者的制度，最近在紐約開始施行。二〇一〇年十一月二十九日成為州際法的「家政服務員權益法」，為州裡二十萬名保母、居家照顧者和清潔人員建立基本工作標準。這是第一次他們的工作時間被限定在最多六天；如果任何一週工時超過四十個小時，他們就可以要求更高的工資，它們也可以要求短期的有薪假（在工作十二個月以後，可以享有三天假期，這是法律上明定的，但是就任何標準看來，仍然不足）。這個法案甚至適用於薪水不入帳戶的人。但是，令人失望的是，立院駁回其他提案，其中甚至還包括，解僱前兩週必須提出通知、差遣費、可以加入公會和聯合議價的權力。

阿爾法頌．摩洛瑞斯（Alfonso Morales）是威斯康辛大學都市計畫的教授。他在研究所就讀時，在麥斯威爾街市集以低價販售電腦硬體設備賺取學費。他提出另一個折衷建議，讓政府可以不用為難這些人，收到一些不在帳目上的錢，避免讓他們在景氣不好的時候無法生存。他表示，街頭攤商對發展非常重要，美國或是其他地方的市府、州際和中央政府，都必須學習與他們合作。他說，「我們必須要把心態從『執行』法律調整到『讓我們一起把餅做大，讓更多人分享』。我們應該讓這些攤販循序漸進地主動加入體制內；如果這麼做，就會有進步空間。」他提議的機制很簡單，不強迫這些不情願轉入正式體制內的企業加入體制，但也不讓這些D體系的小公司完全不負市民責任。相對於讓商人把公司立案，並且繳付稅款，政府將證照發給這些體制外的商人，但是提高證照費用；如此一來，這些公司就算沒有繳稅，也對國庫有所貢獻。取得證照的好處很明顯，在街上賣東西的時候，這些攤商再也不會被警察騷擾或逮捕。但是他也說，這樣取照的流程不應逼迫他們立案或申報所得。如此看來，應該是雙贏的局面，讓體制外的商人在法律上站得住腳之外，政府也可以增加收益。

D體系才是銀行開發客戶的主力戰區

更進一步的政府干預，應該包括直接的投資。羅伯特．波林（Robert Pollin）是在麻塞諸塞州大學阿默斯特校區的經濟學家，他率領的團隊希望可以創造「幫助弱勢、關注就業的經濟政策」，對南非和肯亞應該都是解藥。根據他們估計，失業應該是非洲的重大問題之一（同時我們也可以將這種說法延用在許多發展中國家上）。他們的想法是，政府應該刺激某些有可能提供很多工作機會的產業。除了建立基礎建設（例如，在南非，經濟學家提出增加三百億蘭特（相當於四十三億美元）的預算，並且從提高稅收和礦區使用費來增加這些基金，他們提議政府制訂新政策，要求銀行從一般借貸保留百分之二十五的資產，把這些錢留給政府核可會創造工作機會的公司），政府可以為這些貸款做保，讓這些低息貸款引發更多經濟活動，比政府在房貸上的津貼影響多上好幾倍。經濟學家表示，這些接受雙重津貼補助的公司，大約占據全部經濟活動的四分之一之多。

羅伯特和他的同事堅持，這些銀行和政府輔助的公司必須要是正式公司，而因為官方統計，南非一千兩百九十萬名勞動者當中，只有兩百萬人的薪水不入帳戶（這是千真萬確的事實，長久以來南非就因為自己是非洲國家中，只收現金的勞動者比例最低，而引以為傲）；但是一個名為「Adcorp」的人力仲介公司，挑戰南非所提出的數據。相較於國內的支出、資金結構和銀行款項流動，「Adcorp」推斷另外還有六百萬名南非人，積極投入經濟活動，但卻沒有被計入南非政府的數據中。經濟學教授兼安全投資策略分析師在一封財金電子郵件中發表自己的看法——政府對D體系工作者的人數統計與事實相差太遠。「官方的數據大約是百分之五到六的國內生產總值。這個數據真是太扯了。在義大利是百分之十五，而美國和英國更高。」

沒錯，知道如此為數眾多D體系工作者的政府官員，並不擔心政府投資不入帳戶的生意。像麻省理工畢業的經濟學家阿強・桑古塔（Arjun Sengupta），曾任「印度國家地下經濟企業委員會」主席，最近在推動一項對D體系的財務投資計畫，將投資八十二億美元到這些既不被認可，也不受管理的生意。二〇一〇年過世的阿強，積極地把這項計畫當作人權來推行，是少數不怕跟D體系有往來的經濟學家。「整體概念是以大眾投資和花費的方式，來針對這八億八千萬人賴以維生的非正式經濟，引入資金刺激。」他在二〇〇九年的《印度經濟時報》這樣寫道，要確保印度廣大人口繼續生存、興盛，政府和D體系之間必須保有合作的彈性空間。

最後，政府也可以藉由使用管理中央和地方銀行的權力，靠D體系獲益。在「Himalayan News Service」最近刊登的一篇文章裡，尼泊爾中央銀行董事以非常直接的文字描述這樣的問題，「錢在非正式的貿易區塊。」某銀行局長于巴拉傑・卡巴堤哇達（Yubaraj Khatiwada）稱為「長期問題」。如果你相信貿易就應該為銀行而存在，這當然是個問題。畢竟，銀行一定非常歡迎D體系的存款；但銀行卻很少貸款給這些存款人，這才是問題所在。

如果銀行存在的目的，少部分是為了服務顧客，我們就必須扭轉這樣的思考模式。如果銀行必須讓當地市場滿意，情況會如何？畢竟現狀不盡然對銀行不利。無論存款來自於哪裡，他們都可以透過這些存款賺錢，但這些把錢存在銀行的D體系工作者，除了有個安全存放現金的地方，卻沒有得到任何利益。應該開始商討一個全球共識，訂出適當的銀行體制。原則應該是「銀行應該要有責任服務社區的需求」，如果在這個社區裡存在著D體系市場，銀行就有責任想到可以幫助這個D體系市場的方法。其中將這樣的想法更向前推進一步的方法，就是要求銀行將帳目公開，顯示每個分行有多少存款、出借多少貸款給當地社區。如果資訊真的代表權力，那麼了解這些資訊就有機會可以讓D體系的工作者和小公司，甚至整個市場，醞釀杯葛某間忽視他們需求的銀行。這種有組織的消費者行為，將會督促銀行重新評估他們的運作方式。這些提案，牽涉許多已開發、開發中國家，會提供相較於政府政策略小的藍圖，創造出中間地帶，讓D體系的小公司和勞動者可以被認同，而不一定得被迫加入體制內，才能擁有一定權力。如果實施了，就可以確保D體系為了讓國家和國際社會更好，而有所貢獻。

趕盡殺絕無法迎擊利益團體，也錯失法律先機

參與D體系也可以幫助打擊某些全球地下經濟中比較困難、不正當，或較易引起衝突的部分。二〇〇七年，瑪舒特・艾羅（Monsurat Aro）把她大部分的早晨時間花在奈及利亞拉格斯的「Mile 2」，賣著一袋袋的「純水」。不像大部分攤販，她把賺的錢投資在自己的教育上。每天四個小時，她頭上頂著一個裝有好幾袋飲用水的桶子追著公車跑，試著推銷她的水。瑪舒特的進貨量不多，所以每袋大概只賺兩奈拉，相較於其他賣「純水」攤販三・五奈拉的利潤，她賺的錢很少。但是一般的日子裡，她可以賺進兩百二十奈拉（將近一美元），這些錢夠她買上

學所需的制服、筆記本和背包。

當我跟她訪談的時候，瑪舒特才十三歲；這個年紀她不應該在工作，但是政府沒有提供幫助。那些以低價購買水，再高價賣給瑪舒特的批發商也沒有幫忙。好幾家因為把水用幫浦從地下打出來裝袋販賣，而賺了不少錢的公司也不會幫忙。老實說，我也沒有幫忙。但是如果她不再工作，她很可能會被踢出學校，因為學生就應該要有書、書包和制服，如果她打破這些規矩，就會被學校開除學籍；所以，她必須繼續工作。瑪舒特追著另一輛黃色廂型車，大叫「純水」。在她頭上的藍色水桶，不斷上下晃動，汗水從她的臉頰滑落，一直滴到她的脖子、手臂，滲進那一捲她緊緊抓著、慢慢變厚、皺皺髒髒的五元、十元奈拉鈔票，這是她取得更好教育和更好生活的入場券。

毫無疑問地，童工制度很可憎；這在世界任何地方應該都是違法的，而且要依法被起訴。虐待兒童來賺錢的人（在這個例子裡是大人）都是罪犯。無庸置疑地，某些D體系的商人也有罪。尤其是那些製造盜版產品的公司，被指控有大規模的虐待童工行為。但是，當我們向童工制度發起聖戰，我們也必須面對瑪舒特故事背後隱藏的矛盾的地方。如果我們不讓瑪舒特工作，我們同時也阻止她上學，這真的是個完全與目標背道而馳的結果。當然，不只D體系裡有童工制度。在一九九〇年代，NIKE和其他國際大廠例行性的在發展中國家僱用童工製造產品。這樣的行為持續到行動主義者揭發這樣的事情，引起國際社會關注後才停止。中國謊報國家代表隊其中一位成員的年紀，以支持她在北京奧運成績的正當性。錯誤地奴役小孩不只存在D體系，也存在政府和受世人尊敬的公司裡。

但是，當我們把這些工作趕到檯面下的同時，我們也同時錯失了一個可以正面迎擊這些工作背後強大的獲利團體，以及用法律規範這樣糟糕勞役制度的機會。對大家（員工、雇主、政府和改革提倡者）來說，也許最好的方式是認可D體系工作者的存在。如此一來，當政府官員或是檢查人員闖進工作場合時，這些員工和領班，就不用再害怕被起訴，甚至很可能會協助調查。沒有政府的介入，D體系也會提供商人簡單（但是不好）的方法，來逃避重要的環境規定；例如舊電腦的大型快速緩衝貯存區和行動電話，這些產品原本都應該在淘汰後被回收，但最後卻都被運送到世界各地，而且還會附上偽造的證明文件。一旦他們被載到任何一個國家，就無法追蹤，因為他們會被分送到當地市場；在那邊，工人會把這些東西拆解，取出其中最有價值的材料，然後任由其他有毒的部分（像是水銀、塑膠和其他造成汙染的化學物質）腐爛損壞、滲到地下水裡或直接燒掉，汙染泥土並排放有毒廢氣。

並非所有D體系裡的商人都參與違法，但隨著越來越多被丟棄在中國、非洲和印度的過時電腦、廢棄手機，已經對環境造成相當嚴重的問題。一個名為「巴塞爾行動網絡」的環保團體（這個名字來自科技廢器協議研討和簽署地瑞士的巴塞爾），揭發多起非法傾倒事件。藉由從未授權的垃圾場蒐集而來的廢棄物，這些從美國和歐洲政府、大學、私人企業送來的硬碟和其他零件，在奈及利亞和中國大陸被拆解、丟棄並焚燒（我到阿拉巴、拉迪帕和電腦村外圍地帶晃晃，每個市集都可以到工人把一大堆電路板、塑膠電腦殼和其他零件掃成一堆一堆，然後一口氣燒掉它們）。史蘭波是德里的邊界地區，最近被*Tehelka*新聞雜誌揭露，展現這樣地下交易的缺點。「當我們只需要把塑膠和銅分開，每天就可以賺高達兩百盧比時，為什麼還要去學校？」這個十五歲大的男孩這樣告訴週刊。一個已經從事這樣從科技廢器拆下銅製品的工作長達十二年，但是還是賺得比這些半薪水還少的媽媽描述，她家裡的情況是這樣的，「我的小孩是死在這堆垃圾下的亡魂。」雖然這家週刊的記者目睹「一堆堆的主機板在這個市場持續燃燒著」。但是政府官員告訴他，「在史蘭波沒有燒主機板這件事。」如果類似的非政府環保團體，可以跟像這樣的D體系市場開誠布公地合作，這樣的市場就可以納入全球監督系統，如此一來，D體系和環保人士就可以一起向不法業者施壓，讓他們改變運作方式。這對那些不斷暴露在有毒殘骸的工人，會有很大幫助，同時也會讓美國和歐洲的商人，無法使用這些市場當他們的垃圾場，進而逃避昂貴的回收工作，來支持他們的收益。

堅持商業原則，維持廉價時尚商譽

關心D體系裡工作環境和環保規章的人，可能會從這個由西班牙起家，高度體制化的全球成衣公司 Inditex 所創造的創新政策裡找到希望。Inditex 是個低價、高級的零售業者，藉由堅持「及時」的商業原則，維持一貫的廉價時尚商譽——每次時尚走秀結束後兩週內，只進限量的新款仿流行品牌服飾。這家公司藉由跟全球超過一千個沒有證照的裁縫師和工作室簽約，透過壓低成本的方式，讓生意蓬勃發展。這些D體系的工作者縫縫補補、剪裁、編織布料和衣物。二〇〇七年，Inditex 跟「國際紡織服裝皮革勞工工會」簽訂協議，保證他們會審查旗下的D體系供應商，並為他們建立一套工作環境標準。此外，Inditex 也保證他們不會跟任何牽涉虐待童工或是奴役工人的公司合作，他們會要求合作的承包商建立每週四十八工時制度。該協議實施的第一年，Inditex 透過審查表，揭露百分之九十的歐洲和美國工作室，以及百分之八十的土耳其供應商，公開他們在審查表上表現優異的事實；只有百分之五十的亞洲供應商面臨考驗，而非洲的數字更低，只有百分之四十三。雖然這家公司拒絕討論細節，但審議制度開始的第一年，Inditex 取消之前跟他們合作的兩百四十七間小公司與四分之一來自全球供應商的合作。

Inditex 的政策是個很正向的範例，展示了正規公司可以用合理且健康的方式，跟D體系的廠商合作。Inditex 舉辦審查供應商工作環境的計畫，沒有逼迫他們接受政府毫無彈性的監督規定，是個很有創意的方法，可以確保工作環境品質，卻不用逼迫D體系的廠商一定要向政府註冊或申報收入；因為這兩個選擇都可能危及他們的運作，並導致停業的後果（當然，這也牽連著 Inditex 的利潤）。這也是寶僑和其他日用品公司，在透過D體系販售商品的同時，可以套用在他們生意夥伴上的合約。

莫須有的犯罪指控

兩個身材壯碩的男人站在東方市小巷內一處昏暗而不起眼的門口，舉著軍用步槍突擊，兩個人都沒有穿制服；但是他們像士兵一樣惡狠狠地盯著每個路人。每天，東方市創造超過八百萬美元的收益，總得有人守護著它們。

一個只接受現金交易的經濟體系，很自然地會吸引有組織的犯罪。執法單位指控，東方市的走私生意都是由「中東黑手黨」這個支援全球恐怖活動的黑幫所管理。一開始，巴拉圭的商人承受為「真主黨」籌措基金的指控。在二〇〇一年九月二十一日後，美國政府很快地在恐怖份子清單又加上一筆「蓋達組織」。

無可否認的，成千上萬的黎巴嫩後裔在這個阿根廷、巴西、巴拉圭三國交界的地方工作、生活；重點是，他們都是守法的公民。一個世紀前，黎巴嫩人開始移民到南美；現在擁有黎巴嫩血統的巴西人（大約有七百萬人），比住在黎巴嫩當地的黎巴嫩人（四百萬）還要多。擁有移民血統的小孩融入當地生活；像聖保羅的市長吉博托．凱沙柏（Gilberto Kassab），就擁有黎巴嫩血統，但是他卻是百分之百的巴西人。他在聖保羅出生、成長、受教育，而且活躍在政治界超過二十個年頭。

也許在東方市人脈最廣的商人屬於真主黨，擁有蒙娜麗莎百貨公司（這是一間沒有窗戶的深藍色建築，你可以在裡面買到非常便宜的義大利西裝、皮件、名牌香水和其他奢侈品）。東方市裡的喧囂、小販的吆喝、摩托車引擎發出的吵雜聲、送貨車的叫囂、撕扯封箱膠帶的聲音，在你踏入這家百貨公司的瞬間，立刻消失。放眼望去，盡是大理石和鏡子、香水噴霧，以及低調奢華、為了這些邊界的議價者而設置的布魯明黛百貨公司。搭著手扶梯往上幾樓，你會看到一家咖啡廳，你可以買杯卡布奇諾或香檳，一邊聽著輕柔雞尾酒吧版本的〈沉默之聲〉（註5），一邊欣賞自己血拼的戰利品。

經過幾年的耳語污衊，美國在經歷二〇〇一年九月十一日紐約和華盛頓攻擊後，開始對東方市和「Foz do Iguaçu」的黎巴嫩社區公開表示興趣。二〇〇二年初，美國加入這個區邊界的三個國家，一起組織調查單位「3+1 Group on Tri-Border Area Security」，任務是深入調查有關該區域是恐怖份子資金贊助營運中心的指控。二〇〇六年，這個組織花費兩百二十萬美元深入調查。有些零星、暗示性的故事在調查後浮出檯面，例如，英國廣播公司（British Broadcasting Corporation，縮寫BBC）報導，二〇〇六年，這個城市的某間貨幣匯兌公司，每年營業額只有少得可憐的五萬美元，卻年年將高達一千萬美元的錢送往黎巴嫩（雖然這聽起來不太可靠，五萬美元大概只有一千萬美元百分之一的一半，再考量企業轉帳所需的昂貴規費，而且沒有證據顯示這些錢是被使用在邪惡的用途上）。一項新的國家法律規定，只要超過一萬美元，匯兌公司就必須記錄每筆交易的寄發人與收受人；這似乎是個合理的方法，以確保資金流動的公開透明化。

但是，沒有任何的公開證據，美國政府就指認東方市的購物中心「Galeria Pagé」（雖然它的名字跟聖保羅的三月二十五日街市集裡某商場一樣，但是兩者並沒有直接的關係）是「全球恐怖主義特派組織」。政府表示商人將他們的獲利繳給Hezbollah；美國財務部的「外國資產管理局」也宣稱，這個購物商場與其所牽扯的附屬網絡，經執法有關當局指出，都是真主黨在這個地區的首腦。但是，很難了解美國掌握了怎樣的證據，因為它們根本就沒有顯現在紀錄上。在美國對大眾發表的正式宣言中，當時「美國國家安全管理局」的查里斯．亞倫（Charles Allen），在二〇〇六年某次會議當中提出，「在巴格達公寓突襲中，警察發現真主黨的宣傳品上，讚揚了殉道者和幾段真主黨領導人韓森．那斯羅伯（Hassan Nasrallah）的演講。」

幾捲錄音帶、幾段演說，以及跟巴格達一點關係都沒有的購物商場，就是唯一被公開的證據。但是，因為它被指認為「全球恐怖主義特派組織」，任何被證實跟「Galeria Pagé」裡任何公司有生意往來的美國公司，都有可能被控密謀執行恐怖主義。的確，在二〇一〇年二月，美國佛羅里達南區檢察官表示，三個邁阿密的商人（一個電子商，另外兩個是貨運業者），在他們把市值好幾十萬美元的電動玩具和數位相機運到「Jomana Import Export」貨運，其中一個販售這些貨物的人就是「Galeria Pagé」的電子業。根據起訴書，這兩個貨運業者與巴拉圭公司一起捏造假文件，掩飾貨物的最後目的地（這當然是東方市所有商業行為的一貫標準流程，因為如果他們不是經營整個D體系在巴拉圭的電腦生意，就不需要付稅）。麥克·丹（Michael Tein）是代表「Khaled T. Safadi」的律師，他的邁阿密公司被控販賣遊戲機到「Galeria Pagé」的公司，這位律師對這起案件表示輕蔑。他告訴邁阿密·河洛（Miami Herald），「信不信由你，起訴書還真的指控這位先生借由運送Sony PlayStations，來幫助邁阿密。我想，這是種新型的大規模毀滅性武器。」雖然很諷刺，他的客戶和其他在起訴書中被提到的名字都被收押，不准保釋。

美國發展協會（美國國務部的一支）的約聘發展顧問蕾娜多·佩能（Reinaldo Penner）也承認，許多城市中的商業活動都有帳目不明的問題，但是堅持他認識的商人中，沒有人跟恐怖份子有關聯。他不否認有些商人會幫販毒的獲利洗錢（有關當局也指出，有許多非法毒品透過帕羅娜河，散布到巴西），但是他堅持東方市相較之下非常正常。「如果有洗錢的事情，那絕對不是發生在東方市，它們會把錢從東方市帶到巴西和阿根廷，然後在那邊洗錢。」而且，他和其他人指出，關於東方市的黎巴嫩商人提供恐怖份子經濟資助這樣的指控，其實很容易調查。一群城裡知名的黎巴嫩後裔，包括擁有蒙娜麗莎百貨公司的Hammoud家族成員，都是美國公民，如果罪證充足，要以美國法律逮捕它們是很容易的。無論這些指控的依據是什麼，東方市裡黎巴嫩籍的記者已經開始躲避記者，擔心新的新聞會讓既有的指控更誇大，因此，讓這樣恐怖份子的相關傳聞更加具有公信力。他們的反駁、抱怨，在報導裡只像是事後意圖解釋。雖然我想要跟「蒙娜麗莎集團」的執行長談話，但是他們將我轉介給巴拉圭美國商業聯合總會（Paraguayan American Chamber of Commerce）的當地官員傑佛瑞・赫茲勒（Jeffrey W. Hesler）。

媒體抹黑才是D體系的真正問題

我跟他在辦公室見面，走上傾斜的樓梯，可以看到這個座落在時髦的蒙娜麗莎集團總部旁邊一個安靜，但是狀況不是很好的建築。差距非常明顯。跟蒙娜麗莎百貨公司內部的所有豪華設備相比，這個商務辦公室裡的一切就像是設定在偏遠落後的香蕉共和國（註6）匪諜片裡的場景。前門的鎖和窺視孔已經壞掉，這兩個O型的洞，讓你可以從外面就看清楚辦公室裡的一切。辦公室裡的家具大部分都很老舊。過大的會議桌上，一片片裝飾板逐漸剝落，椅子的扶手卡了許多灰塵，地毯破破爛爛的。牆上裝飾著俗不可耐的美國景色廉價海報，這些海報大都已經褪色、沾有汗漬、邊緣捲曲，並以奇怪的角度懸掛在牆上。傑佛瑞是三十年前以背包客身分搬到附近的美國公民，看起來也像匪諜片裡的人物（這個我們在東方市的線民，滿身大汗，依舊操著南方口音）。當他聽我說起路過時看到拿著槍的神祕男子時，他笑得有點誇張地久，「老實說吧！東方市是個邊界小鎮，每個邊界都有自己的黑手黨。」接著，他開始回顧歷史，「這些武器、毒品、洗錢事業，都來自於斯特羅斯納時代。那時還是封建社會，要做什麼都必須付點賄款，打發軍隊。」他接著又是一聲長笑，然後坦言，一個接受現金交易的的經濟體系，當然會引誘犯罪。但是他堅持，與所有傳言恰恰相反的是，東方市最大的問題反而是這群糟糕的媒體，因為他們其中很多成功的商人都來自中東地區。「長久以來就有很多抹黑，東方市很容易被指控很多事情；但是從來沒有看過任何證據。」的確，儘管有起訴和恐怖主義指控，美國最後也在文書上承認，他們並沒有在東方市發現任何恐怖組織，也沒有證據可以證明恐怖份子在這邊籌措資金。在二〇〇九年美國國務卿希拉蕊（Hill Diane Rodham Clinton）簽署的報告中指出，國務院承認，經過七年的調查和判斷後，他們提不出這個貿易城市裡的任何不法行為。「美國還是擔心，同情真主黨的人在這個三國交界處，藉由不法行為拉攏該地區廣大的中東族群，籌募基金。」柯林頓（William Jefferson Bill Clinton）的報告書指出，「我們沒有經過證實的資訊，但這些（或其他）伊斯蘭極端主義者，的確在該區域裡營運著某些計畫組織。」

這些對東方市商人不利的指控，不禁令人想到，在獨立運動之前，街頭攤商們所接受的攻擊。一七七〇年早期，整個後來成為美國殖民地區的人民，變得越來越關注街頭攤商的活動，他們非常不喜歡那副景象，並不是因為他們不喜歡那些街頭小販，或認為他們的行為不道德；相反地，這些殖民地的人當時正與英國進行經濟戰爭，所以他們不希望這些小販破壞禁止販售大英帝國貨品的規定。一七七四年（在波士頓茶葉事件後一年），美國康乃迪克州在某篇報導中也承認，從幾個波士頓地區的鄉鎮發現「那些稱自己為小販的人」的確有販賣茶葉的事實，並將那些討厭的貨物沒收並且燒毀。一七七五年，就在即將引爆獨立戰爭事件的前一個月，「the Provincial Congress of Massachusetts」（在獨立宣言前，反叛英國宣布獨立的組織）在一份由約翰．漢克（John Hancock）簽署的法令中，授命當地官員有權力搜查街頭攤商，為的就是要避免街頭小販「販售東印度的商品和茶葉」。因為印度屬於大英帝國的一部分，該組織宣布，販賣印度香料和茶葉，視同「阻礙殖民地居民權力和自由的絆腳石」。因為販賣英國商品，這些街頭小販被視為幫敵人提供幫助、安慰（和金錢），並在這個過程中破壞革命。就像湯瑪士．傑佛森（Thomas Jefferson）之後強調的（他指的是所有的商業行為，還不只是街頭小販），「商人無祖國。他們跟土地的情感聯繫，敵不過他們所賺取的利益。」亞當．史密斯（Adam Smith）也說得很清楚，商業上的道德不是在衝突的兩方選邊站，而是「遵循小販原則，哪裡有錢，就往哪裡去」。

和D體系合作，政府才能打擊不法

當然，不一定要加入D體系，才會犯法或違反貿易規定；合法的公司也會犯罪。在東方市，合法立案的公司也會利用非法的電匯轉帳公司來省錢，並且掩飾跨國生意。二〇〇八年在中國，一家乳製品公司被抓到販售含有三聚氰胺（註7）的有毒奶粉。這樣糟糕的惡劣行徑，不但導致至少六個人死亡，而且還讓成千上萬的小孩病得很重；但是這間公司什麼證照都有，而且還隸屬於知名的紐西蘭乳製品公司，甚至與中國政府維持很好的關係。同樣地，在美國販售有腐蝕性，但卻被廣泛使用的居家建材石膏板，同樣也是持有有證照的合法聯合企業，其中包括人脈很廣的中國公司和德國建設公司。最後，最離譜的體制內犯罪應該是在二〇〇一年到二〇〇七年期間，一間很穩定，且備受尊敬的公司，為了取得合約與利益，透過四千二百八十三次賄賂，支付總值大約十九億美元（也就是一天營業一百萬美元的價錢），買通全世界官員；範圍之廣，遍及委內瑞拉到越南。這個有著可疑行徑的公司，其實非常知名，而且還通過各項規定，完全是正規體系，不但是一家國際電子大廠，而且股票在法蘭克福證券交易所、倫敦、紐約和蘇黎世等地的市場買賣都相當搶手；這家公司就是——德國西門子公司。

但是，政府還是有正當的理由擔心不留交易紀錄的成長。就拿樹薯的例子來說吧！這是對全非洲幾百萬人都很重要的菜根植物，是一種既有經濟價值，又有營養的塊莖植物；只是最近收成受到毀滅性的病毒威脅，導致烏干達的作物持續被破壞。截至目前為止，這種枯萎病還沒有蔓延到東非以外的其他地區，但是健保當局的官員害怕病情可能發生突變，不單純只是因為生物學上的原因，還關係到非法引進國內的廉價種苗所產生的問題。只要給貧窮的邊界守衛幾塊錢，或是躲避有關當局盤查，商人們就可以很輕易地把這些受感染的植株帶出國境。農業和健保相關單位最大的擔心在於，不知情的商人可能會將這些病毒帶往西非，最後波及奈及利亞（全球最大的樹薯產地）當地的作物。如此將會造成大災難，造成飢荒與經濟癱瘓，並對全球經濟產生連帶影響。

沒有任何懲罰或嘗試，可以成功封閉邊界的門戶。無論有沒有管理，總是會有商人躲在陰暗處從事不法。如果政府想要徹底遏制這些違法活動，避免它們在邊界流通，就必須跟D體系合作。維他利絲・歐卡烏地麗・依卡地（Vitalis Okwudili Ikedi）正躺在一個塞滿衣服的大型編織袋子上，他和另外八個人正在網路世界的e領域中休息，這是個在廣州的運貨生意。他們花好幾個小時的時間交換故事、打電話，偶爾抓了店裡一台快要壞掉的筆記型電腦，查看信件、確認消息。維他利絲讓其他人講，自己則躺在那個即將封裝，並運往非洲的袋子上。

聊了一個小時，當我離開那家店時，維他利絲跟我來到這裡，堅持要我聽他的故事。大家都在誇耀生意有多好，維他利絲則保證他的故事可以讓我看到非洲人在廣州的不同面向，因為根據交易和收取利潤的經驗，他的故事跟其他生意人說的，真的有如天壤之別。

無照商人的辛酸血淚

雖然一般商人對於D體系裡不法生意的描述往往誇大其辭，但維他利絲也希望我了解，無照商人生活中的困苦。對很多像大衛這樣的商人來說，相較於奈及利亞，他比較喜歡在廣州的生活（「這是我的國家。但我不騙你，生活很不容易，我比較喜歡在中國的時候。」大衛在拉格斯的汽車零件商協會時，曾經這樣告訴我）；但在這裡，我的眼前卻坐著維他利絲，貧病交迫、非常沮喪，而且沒辦法回家。

維他利絲來自奈及利亞南方產油豐富的Port Harcourt。就跟他其他在三元里的非洲夥伴一樣，他三個月的旅遊簽證已經到期。我見到他的時候，他已經在廣州待了九個月。當初去中國南方是為了做生意，也非常有信心自己能在商場闖出一片天，但是他的夢想最後並沒有實現，沒有一筆交易讓他發財搖身一變成為成功人士。他在廣州的生活是一連串的失敗，沒錢沒勢，完全靠自己的小聰明過活，並靠著打零工方式，跟許多奈及利亞商人收取微薄收入。他把鈔票從口袋掏出來數了數，總共五十元奈拉（相當於兩美元），那是他僅剩的財產。他覺得被整個D體系拋棄了，不但被跟他做生意的中國人拋棄，也被同伴奈及利亞人拋棄。

他說，現在他像隻大蔗鼠一樣被追捕。在我遇到他的前一個月，他被迫搬了三次家，因為警察開始掃街逮捕簽證過期的非洲人。「他們在你睡覺的時候用力敲門。在這裡，一點人權也沒有，如果被抓到，他們就把會你丟關進牢裡。這些人很邪惡，我不知道為什麼，但是他們好像真的不想在這裡看到像我們這樣膚色的人。」

對他來說，這一切已經變成種族議題。中國商人賣給他次級商品，然後當他抱怨時，又罵他是個不識貨的外國人。如果他直接穿越馬路沒有走政府蓋的天橋，路人就會對他投以異樣的眼光。如果他和朋友熬夜通宵，他的鄰居就會報警。

這些不舒服的感覺，無疑地，有些是來自文化的誤解。例如，奈及利亞人很習慣在計程車上殺價，並且堅持在廣州也這樣，即便這些司機被警察抓到沒有根據跳表收費，可能會遭到起訴。因為相較於家鄉的價錢，這邊的車資實在貴得嚇人，這個跟我對談的非洲人就指控，這名計程車司機刻意繞路超收費用。

此地不宜久留。快！買完就走

但是這之中，確實也有些暗流洶湧的種族歧視進行著。即使陳琳達有百分之九十的交易是跟奈及利亞人進行（總金額超過一百萬美元），而且把他們很多人都當作朋友；但是她也表示，不太喜歡有這麼多從撒哈拉以南來的商人到三元里居住。「這個地方看起來就像是個小非洲。我不喜歡這些人待在中國，他們很容易毀了生活品質。」她表示，太多非洲人可能傷害整體商業環境，並破壞社會結構。「這些人不了解他們的生意夥伴，也不認識這裡的文化。」琳達的生意大都仰賴與非洲人建立良好的關係，但她也告訴我，她支持圍捕那些簽證到期的外籍人士。

為了避免在最近的突襲中被逮捕，維他利絲說他就是在警察敲前門時，從公寓後門逃走。倉促之下，他把所有文件都留著，所以，現在他護照沒了、邀請函（這是非洲人取得簽證的必要文件）沒了，他覺得現在的他什麼也不能做，因為他很害怕如果自己去警察局，有關當局會把他關進牢裡，不僅因為現在他是非法居留在中國，也因為他現在完全沒有證明身分的文件。

維他利絲和上千個跟他一樣的人都被逼到絕境。「像這樣的人會跟你說，他們今天就想要回家。」一個也在網路世界打發時間的成功奈及利亞商人這樣說。「但是，他們必須先付罰款（目前定價五千元奈拉，大約比七百美元再多一點），然後買新機票，總共得花費大概超過兩千美元。」換句話說，他們在中國賺不到錢，但是他們要付錢，而這是比他們大多數人所有的錢超出更多，然後他們才能離開這裡回家。

維他利絲堅持非洲人不應該永遠待在廣州。「應該要到中國經商嗎？」我的回答是，「不，中國一點都不好。如果你有錢，就來這邊買你想要的，然後買了就走。就這麼簡單。」

在海外經商一定有風險。詹姆士·伊茲費歐馬（James Ezeifeoma）是從阿拉巴國際商場來的大進口商，他回顧前兩次國外經商之旅都是成功的。但在第三次，他試著要把貨運回奈及利亞，卻在換匯的過程中遇到奸商換給他一大把假鈔，所以損失了一萬三千五百美元，這在當時是一筆很大的數目。現在他可以把這件事當作經驗一笑置之，但是在那時候，這卻是很大的打擊。但是，詹姆士在開始從事國際貿易的時候，就已經是個有生意基礎的商人。他不想要在海外待上好幾個月，就像維他利絲說的，他旅行到某個地方，買完東西以後就回家。不幸的是，大部分我在廣州遇到的奈及利亞商人都不太同情維他利絲。大衛・奧比（David Obi）在中國的前幾個月跟維他利絲一樣，他撐過一個一個小筆交易，以過來人的經驗對我說，跟中國人做生意，訣竅在這裡，「遵守他們的規則，並且提供他們想要的。」但是，在D體系做生意還是會有風險；有些人比其他人善於評估風險，並且在虧損後存活下來。維他利絲睡眠不足，又被乾咳折磨，他不想要成為D體系下的傷兵。

值得慶幸的是，維他利絲有辦法和其他D體系商人解套。他們的國家和聯合國應該研討通過核發三年不限次數進出商業簽證協議的可能性，這樣一來，所有在廣州做生意的非洲人都可以在廣州合法經商，並且回家（如果他們願意，還可以再回到中國）；也就是說，認同D體系是個全球化的市場。而且讓這些商人更容易取得簽證，可以提供更大的安全和責任，因為這些商人不會有任何理由以遊客的身分非法居留，或是消失在D體系裡，而在這樣的處境下，他們往往被騷擾、威脅，而且當他們簽證到期後，就會開始被有關單位追捕。

五十年後，你將見證非洲地下經濟奇蹟

不可否認的，這些針對D體系的生產力，所做的努力或想法，的確比較少，有些成功、有些失敗，而有些還沒被試過。但是，整體而言，他們給予一個希望，讓全世界超過半數的工作者，

有機會創造價值可比超級強權的廣大市場。他們提供了另類的全球化遠景，一個賦予權力、工作機會、全球平等的遠景，它奠基在具體的跳蚤市場原則上，而不是抽象的自由市場。

凱絲．哈特（Keith Hart）這個四十年前「發現」非正式經濟體系的人類學家認為，藉由D體系的進步來發展是可行的，甚至可能無法避免。「沒錯，非正式經濟是一股潛在的成長動能。」但是他也表示，有些強權會抵抗這股祕密力量。「我不認為我們可以將它們視為理所當然，或是無限推廣到未來。物流是資金擴張很重要的來源，我可以想像來自發展有成的供應連鎖店的壓力，試著想要削弱街頭攤商的競爭力。要求行政單位掃蕩這些攤販的聲音很可能不斷且強烈地出現。」但是凱絲堅持，在他夢想最初的地方做研究，那個他依然最熟悉的地方——非洲，地下經濟活動最後會勝出。「在接下來的五十年，非洲將會出現很大的經濟奇蹟，而某些現存的地下經濟活動將會蓬勃發展。」如果在非洲的D體系市場願意努力建立他們的合作機構，就可以建立更大的自治力，擁有更多掌控和穩定性，同時也可以取得更多資訊，在政治決策上更有影響力。他們會真的準備好站在主動的位置，迎接即將到來的經濟起飛時代，蓬勃發展。

D體系為你築夢美好的未來

巴西的政治哲學家羅伯特．瑪格伯特．昂格爾（Roberto Mangabeira Unger）在哈佛大學教法律，他沒有那麼樂觀，但也同意這些D體系的企業家在經濟創新和發展上，開發一塊沃土。這個領域可以是「小型實驗的溫床，以集合資源的方式，結合許多小規模的經濟體系」；如果那些在D體系裡奮戰的人，願意增加彼此合作的可能性，那麼他們可能會是全球人力中重要的一群，他們有潛力可以創造改變。

我們現在所處的經濟體系已經創造很多財富，但同時也讓這個世界變成令人擔憂的不平等的地方。我們還是必須面對這個長久以來困擾經濟學家的共生問題——失業和不平等。儘管幾百年來我們建立了許多理論和武斷的說詞，這兩個災難性的議題似乎跟自由經濟的觀念被發展前一樣無解。

在這樣停滯的狀況下，商業領袖、經濟學家和政府官員應該都不意外——D體系會帶著自己的解決方式崛起（畢竟，D體系長期以來都在做這樣的事）。這些努力，不管是暫時或隨意，不是在西方優越的政府行政大樓大廳、令人敬畏的跨國非營利組織，或是任何經濟學家口中的理性和有效率超市發展出來；相反地，他們是在街上醞釀，在油膩的拉迪波小巷、骯髒的伊凱賈電腦村街頭、擁擠的攤販邊、在那群阿拉巴國際商場沿街兜售叫賣的國際商人間、破破爛爛的三元里店面，和東方市以及Foz do Iguaçu間的友誼大橋，在三月二十五日街市集過於擁擠的街道上。解決的方法，在所有D體系商人計畫、謀略、開會、貿易、交換條件時產生，而且以無數的各種小方法，透過一次一筆交易的方式，建立起更美好的世界。

註1　在空氣不足的情況下，燃燒碳氫化合物後，會得到極細微的碳黑粉，經過處理，與廢氣分離後所得到的純黑粉末，稱為碳煙。

註2　聚氯乙烯（Polyvinyl Chloride）的縮寫。

註3　就像巴西受歡迎的前總統路易斯．因納修．魯拉．達．西瓦（Luiz Inácio Lula da Silva），因為大家都喊他Lula，所以他最後也以姓氏來稱呼自己。

註4　這是葛塔諾．多尼采蒂（G aetano Donizetti）在一八三一年發表的喜歌劇。

註5　保羅．賽門（Paul Simon）在一九又四年作詞作曲。歌曲透過描寫大眾沉浸在沉默（盲目、壓制等象徵）之中的異象，批判社會只知道盲目崇拜物質偶像，不知道、也不敢正視社會真實面（例如地下鐵與廉價公寓中的窮人）。

註6　形容經濟受外資控制的中美洲小國。

註7　這是用來製作福米加（Formica）塑料板的樹脂。

國家圖書館出版品預行編目資料

地下經濟：透析全球網路拍賣、攤販文化、山寨仿冒、水貨走私、盜版猖獗的金錢帝國／林豊智、張維書、王淑儀譯.
-- 初版 . -- 臺北市：日月文化（寶鼎出版）, 2013.02
336 面；14.7*21 公分
譯自：Stealth of nations : the global rise of the informal economy
ISBN 978-986-248-303-9（平裝）
1. 地下經濟

550　　101025413

地下經濟：透析全球網路拍賣、攤販文化、山寨仿冒、水貨走私、盜版猖獗的金錢帝國

Stealth of nations : the global rise of the informal economy

作　　者：羅伯特．紐沃夫（Robert Neuwirth）
譯　　者：林豊智、張維書、王淑儀
總 編 輯：林慧美
寶鼎行銷顧問：劉邦寧
主　　編：王淑儀
特約編輯：李寶怡
封面設計：朱陳毅
版面設計：王淳安

發 行 人：洪祺祥
出　　版：日月文化出版股份有限公司
製　　作：寶鼎出版
地　　址：台北市信義路三段 151 號 9 樓
電　　話：（02）2708-5509
傳　　真：（02）2708-6157
讀者服務信箱：service_books@heliopolis.com.tw
日月文化網路書店：http://www.ezbooks.com.tw
郵撥帳號：19716071 日月文化出版股份有限公司
法律顧問：建大法律事務所
財會顧問：高威會計師事務所
總 經 銷：聯合發行股份有限公司
電　　話：（02）2917-8022
傳　　真：（02）2915-7212
印　　刷：禾耕彩色印刷事業股份有限公司
初　　版：2013 年 02 月
初版 3 刷：2013 年 03 月
定　　價：350 元
I S B N：978-986-248-303-9

STEALTH OF NATIONS:The Global Rise of the Informal Economy
This translation published by arrangement with Pantheon Books, an imprint of The Knopf Doubleday Group, a division of Random House, Inc.

日月文化集團
HELIOPOLIS
CULTURE GROUP
服務專線 02-2708-5509
服務傳真 02-2708-6157
服務信箱 service_book@heliopolis.com.tw

廣告回函
台灣北區郵政管理局登記證
北台字第 000370 號
免貼郵票

日月文化集團
讀者服務部 收

10658 台北市信義路三段 151 號 9 樓

www.ezbooks.com.tw

對折黏貼後，即可直接郵寄

● **日月文化集團之友・長期獨享購書 79 折**
（折扣後單筆購書金額未滿 499 元須加付郵資 60 元），並享有各項專屬活動及特殊優惠！

● **成為日月文化之友的兩個方法**
・完整填寫書後的讀友回函卡，傳真至 02-2708-6157 或郵寄（免付郵資）至日月文化集團讀者服務部收。
・登入日月文化網路書店 www.ezbooks.com.tw 完成加入會員。

● **直接購書的方法**
郵局劃撥帳號：19716071 戶名：日月文化出版股份有限公司
（請於劃撥單通訊欄註明姓名、地址、聯絡電話、電子郵件、購買明細即可）

大好書屋　寶鼎出版　山岳文化　唐莊文化　EZ 叢書館　EZ TALK 美語會話誌　EZ Japan 流行日語會話誌

感謝您購買　地下經濟

為提供完整服務與快速資訊，請詳細填寫以下資料，傳真至 02-2708-6157 或免貼郵票寄回，我們將不定期提供您最新資訊及最新優惠。

1. 姓名：＿＿＿＿＿＿＿＿　性別：□男　□女
2. 生日：＿＿年＿＿月＿＿日　職業：
3. 電話：（請務必填寫一種聯絡方式）
   （日）＿＿＿＿（夜）＿＿＿＿（手機）＿＿＿＿
4. 地址：□□□＿＿＿＿＿＿＿＿
5. 電子信箱：＿＿＿＿＿＿＿＿
6. 您從何處購買此書？□＿＿＿＿縣／市＿＿＿＿書店／量販超商
   □＿＿＿＿網路書店　□書展　□郵購　□其他
7. 您何時購買此書？　年　月　日
8. 您購買此書的原因：（可複選）
   □對書的主題有興趣　□作者　□出版社　□工作所需　□生活所需
   □資訊豐富　□價格合理（若不合理，您覺得合理價格應為＿＿＿＿）
   □封面／版面編排　□其他＿＿＿＿
9. 您從何處得知這本書的消息：　□書店　□網路／電子報　□量販超商　□報紙
   □雜誌　□廣播　□電視　□他人推薦　□其他
10. 您對本書的評價：（1. 非常滿意 2. 滿意 3. 普通 4. 不滿意 5. 非常不滿意）
    書名＿＿　內容＿＿　封面設計＿＿　版面編排＿＿　文／譯筆＿＿
11. 您通常以何種方式購書？□書店　□網路　□傳真訂購　□郵政劃撥　□其他
12. 您最喜歡在何處買書？
    □＿＿＿＿縣／市＿＿＿＿書店／量販超商　□網路書店
13. 您希望我們未來出版何種主題的書？＿＿＿＿
14. 您認為本書還須改進的地方？提供我們的建議？

視野 起於前瞻，成於繼往知來

Find directions with a broader **VIEW**

寶鼎出版